Interkulturelle Kompetenz

Spanisch

von
Francisco Javier Montiel Alafont
Christoph Vatter
Elke Christine Zapf

Ernst Klett Verlag
Stuttgart • Leipzig

Die beiliegende CD ◎ enthält alle im Buch abgedruckten (spanischen) Arbeitsblätter sowie deren deutsche Versionen. Außerdem können hier die Kopiervorlagen, Lösungen bzw. Lösungsvorschläge, die Audiodateien (und Transkriptionen) zu Übung 16 sowie eine farbige DIN-A3-Version des Spielplans von Übung 31 abgerufen werden.

Hinweis:
- Bei der beiliegende CD handelt es sich um eine Multisession-CD. Die darauf ebenfalls vorhandenen Audio-Dateien werden Ihnen am PC im Normalfall nicht angezeigt. Sie können nur auf einem CD-Spieler angehört werden.
- Sollten Sie Probleme mit dem vorliegenden Programm haben, finden Sie in der Datei „Hotline.txt", die sich auf der obersten Ebene der CD-ROM befindet, unsere Kontaktdaten und weitere Hilfestellungen.
- Auf der CD-ROM befindet sich ein ausführliches Handbuch zum Programm.

1. Auflage 1 1 2 3 4 5 | 2018 17 16 15 14

Autorinnen und Autoren: Prof. Dr. Francisco Javier Montiel Alafont, Karlsruhe; Prof. Dr. Christoph Vatter, Saarbrücken; Dr. Elke Christine Zapf, Birkenfeld
Muttersprachliche Beratung: Elena Martínez Muñoz, Berlin; Julia Martín Vigo, Stuttgart

Redaktion: Redaktionsbüro Ute Haßfeld, Dortmund; Bernd Binkle, Stuttgart
Gestaltungskonzept: Miriam Brusniak

Satz: Satzteam 7, Bondorf
Druck: Medienhaus Plump GmbH, Rheinbreitbach

Printed in Germany
ISBN 978-3-12-536961-0

9 783125 369610

Die mit ☆ gekennzeichneten Übungen können auch bei sehr geringen Sprachkenntnissen bereits auf Spanisch durchgeführt werden.

¿Entiende usted cultura? – Herausforderung interkulturelle Kommunikation im Spanischunterricht

Einleitung

Interkulturelle Kommunikation und interkulturelle Kompetenz finden sich vermehrt über alle Niveaustufen hinweg unter den häufigsten Schlagwörtern in Lehrplänen, Kompetenzprofilen, Bildungsstandards und anderen offiziellen Texten des Fremdsprachenunterrichts. Dieser wahren Proliferation der Begriffe steht ein ambivalentes Verhältnis vieler Lehrender gegenüber. Denn neben einer manchmal beobachteten Unsicherheit oder Ratlosigkeit, wie sich die Ausbildung interkultureller Kompetenz konkret im Unterricht umsetzen lässt, führt eine gewisse Unschärfe im Umgang mit den Konzepten dazu, dass bisweilen der Eindruck entsteht, es handele sich dabei nur um Modebegriffe für die Landeskunde und andere althergebrachte Ansätze, die nun im neuen Gewand daherkommen.

Die vorliegende Sammlung von Arbeitsblättern und Unterrichtsideen möchte einen kleinen Beitrag zur Klärung dieser Situation leisten. Warum soll überhaupt – neben den nicht geringen sonstigen Anforderungen – interkulturelle Kompetenz im Spanischunterricht vermittelt werden? Zum einen fordern global agierende Unternehmen interkulturelle Fähigkeiten und Kompetenzen ihrer Mitarbeiter im Umgang mit international operierenden Geschäftspartnern. Zum anderen lebt die pluralistische multikulturelle Gesellschaft zunehmend von gelungenen interkulturellen Handlungs- und Reflexionsprozessen in einer multikulturellen Lebens- und Arbeitswelt.

Der Spanischunterricht kann dazu einen wichtigen Beitrag leisten, denn das Spanische gewinnt als Weltsprache mit knapp 500 Mio. Sprechern weiter an Bedeutung und eröffnet Einblicke in zahlreiche Kulturen auf allen Kontinenten.

Wie ist das Buch aufgebaut?

In der Einleitung werden zuerst Grundbegriffe interkultureller Kommunikation wie „Kultur", „interkulturelle Kompetenz", „Kulturdimensionen" sowie „Kulturstandards" aus wissenschaftlicher Perspektive beleuchtet. Im Anschluss daran wird ausgeführt, dass die Vermittlung interkultureller Kompetenz nach Verständnis der Autoren eine fächerübergreifende Querschnittsaufgabe in der Schule ist und der Fremdsprachenunterricht dabei zwar eine wichtige, aber keineswegs die alleinige Rolle spielt. Schließlich folgen Hinweise zur konkreten Arbeit mit diesem Buch. Im Praxisteil wird auf dieser Grundlage den Spanischkollegen ein Repertoire an praxisbezogenen Methoden und Übungen zum Einsatz im Spanischunterricht an die Hand gegeben.

Grundbegriffe interkultureller Kommunikation

In den aktuellen wissenschaftlichen Debatten um die interkulturelle Kommunikation stehen vor allem die Begriffe „Kultur" und „interkulturelle Kompetenz" im Zentrum intensiver Diskussionen[1].

Kultur

Beim Begriff „Kultur" besteht weitgehend Konsens darüber, dass – in Abgrenzung zu einem medien- und textbezogenen Kulturbegriff oder auch einem elitären Verständnis im Sinne von „Hochkultur" – Kultur im anthropologischen Sinne zu verstehen ist. Dieser anthropologische Kulturbegriff umfasst damit beispielsweise alltägliche Lebenswelten, Rituale und Praktiken, Einstellungen, Werte etc.[2] Wird der Begriff „Kultur" im Hinblick auf Länder oder Nationen verwendet, wie häufig auch im Fremdsprachenunterricht, ist dies insofern problematisch, als die von Migrations- und Globalisierungsprozessen geprägten aktuellen Gesellschaften sich kaum mit der Vorstellung homogener, feststehender Konstrukte mit spezifischen Eigenheiten in Einklang bringen lassen. Ein dynamischer Kulturbegriff, der darum bemüht ist, Kulturen als Prozess ständigen Wandels und auch als Ergebnis interkultureller Austauschprozesse zu verstehen, stößt dagegen in der Unterrichtspraxis häufig an Grenzen, da als Ziel des Spanischunterrichts und als Erwartungshaltung der Schüler[3] die Vorbereitung auf reale Kontaktsituationen mit „Spaniern" angesehen wird. Der Fremdsprachenunterricht kann aber nicht zum Austragungsort kulturtheoretischer Debatten werden, sodass sich aus der

1 Einen Überblick über die aktuelle Forschungsdiskussion bietet Rathje, Stefanie: „Interkulturelle Kompetenz – Zustand und Zukunft eines umstrittenen Konzepts". In: Zeitschrift für interkulturellen Fremdsprachenunterricht. 11 (3), 2006, http://zif.spz.tu-darmstadt.de/jg-11-3/beitrag/Rathje1.htm [23.06.2014].

2 Vgl. Lüsebrink, Hans-Jürgen: *Interkulturelle Kommunikation. Interaktion, Fremdwahrnehmung, Kulturtransfer.* Stuttgart/Weimar: Metzler; 2008, S. 10ff.

3 Aus Gründen der Lesbarkeit wird in diesem Buch bei Nomen, die eine männliche und eine weibliche Form aufweisen (der Lehrer/die Lehrerin; der Schüler/die Schülerin) nur die männliche Form verwendet. Sie umfasst selbstverständlich immer auch die weiblichen Vertreterinnen.

skizzierten Problematik in erster Linie ein Plädoyer für den bewussten Umgang mit dem Begriff „Kultur" ergibt. Dazu gehört, dass die „Zielkultur Spanien" nicht wie eine in einem Aquarium eingeschlossene Welt beobachtet wird[4], sondern dass immer wieder auch Brüche und innere Widersprüche aufgezeigt sowie Begegnungssituationen selbst behandelt werden und der Blick auf gesellschaftliche Vielfalt gerichtet wird. Die Öffnung auf einen erweiterten hispanophonen Kulturraum sowie die Einbindung der realen interkulturellen Vielfalt im Klassenzimmer leisten einen wichtigen Beitrag dazu. Zusammenfassend kann gesagt werden, dass die Beschäftigung mit Spanien und „spanischer Kultur" im anthropologischen Sinne im Spanischunterricht eine pragmatische Berechtigung hat und eine wichtige Orientierungsfunktion für die Schüler erfüllt. Durch Verweise auf interkulturelle historische Zusammenhänge, auf die Verflechtungen und Hybridisierungsprozesse innerhalb des hispanophonen Kulturraums und auf seine Vernetzungen mit anderen Kulturen kann ein bewusster Umgang mit der Problematik gefördert werden.

Interkulturelle Kompetenz

„Interkulturelle Kompetenz" ist der zweite Begriff, der an dieser Stelle etwas genauer diskutiert werden soll. Bezogen auf den Spanischunterricht kann interkulturelle Kompetenz als die Fähigkeit zur erfolgreichen Interaktion mit spanischsprachigen Personen verstanden werden. Dabei spielen sowohl sprachliche als auch pragmatische und kulturelle Faktoren eine Rolle, beispielsweise hinsichtlich der situationsadäquaten Verwendung von Sprache (Register) sowie der Vertrautheit mit nonverbalen Codes wie der Begrüßung und komplexeren kulturellen Verhaltensweisen z. B. in Geschäftsverhandlungen. Sprachliche Voraussetzungen und interkulturelle Faktoren gehen dabei Hand in Hand, denn Kenntnisse über Vokabeln und sprachliche Strukturen gehen nicht automatisch mit pragmatischen Fertigkeiten sowie psychologischen Voraussetzungen einher – der Begriff des „fluent fool", der zwar die Fremdsprache mit ihren Regeln beherrscht, aber an kulturellen Faktoren scheitert, beschreibt dies anschaulich. Welche Aspekte gehören nun im Einzelnen dazu? In der Forschungsliteratur lässt sich eine Entwicklung von Listenmodellen, in denen Teilkompetenzen aufgezählt werden, hin zu offenen, prozessorientierten Darstellungen interkultureller Kompetenz feststellen. Grundlegend ist die Unterscheidung von kognitiven, affektiven und verhaltensbezogenen Dimensionen interkultureller Kompetenz[5].

- Zum kognitiven Bereich gehören beispielsweise Kenntnisse über interkulturelle Kommunikationsprozesse, Besonderheiten interkulturellen Handelns, Metakommunikationsfähigkeit, aber auch landeskundliche Aspekte.
- Die affektive Dimension beschreibt Teilkompetenzen wie Ambiguitäts- und Frustrationstoleranz, Empathie, Rollendistanz, interkulturelle Lernbereitschaft etc.
- Die verhaltensbezogenen Aspekte zielen auf die erfolgreiche Umsetzung kognitiver und affektiver Voraussetzungen in der Interaktion mit Menschen aus anderen Kulturen ab.

Die Vielfalt dieser Teilkompetenzen macht deutlich, dass eine Unterrichtseinheit oder auch ein Unterrichtsfach alleine lediglich einen kleinen Beitrag dazu leisten kann und daher interkulturelle Kompetenz im schulischen Kontext auch nur als Querschnittsaufgabe behandelt werden kann.[6] Aus dieser Erkenntnis heraus sind auch aktuellere Modelle interkultureller Kompetenz zu verstehen. Jürgen Bolten verweist zu Recht darauf, dass viele der in derartigen Listen erfassten Teilkompetenzen auch in monokulturellen Kontexten zu wichtigen Schlüsselqualifikationen gehören und versteht unter interkultureller Kompetenz „das erfolgreiche ganzheitliche Zusammenspiel von individuellem, sozialem, fachlichem und strategischem Handeln in interkulturellen Kontexten"[7]. Neben der Fähigkeit, interkulturelle Kommunikationsprozesse zu reflektieren und zu beschreiben, sind hier natürlich auch Fremdsprachenkenntnisse eine zentrale Voraussetzung.

4 Jürgen Bolten bringt diesen Sachverhalt folgendermaßen auf den Punkt: „Kulturen sind keine Container." Vgl. Bolten, Jürgen: *Interkulturelle Kompetenz.* Erfurt: Landeszentrale für politische Bildung Thüringen; 2007, S. 14.

5 Vgl. Lüsebrink, Hans-Jürgen: *Interkulturelle Kommunikation. Interaktion, Fremdwahrnehmung, Kulturtransfer.* Stuttgart/Weimar: Metzler; 2008, S. 77. Im Zusammenhang mit Fremdsprachenunterricht spiegeln sich diese Dimensionen in der Unterteilung in Wissen (Knowledge), Haltungen und Einstellungen (Attitudes) und Handlungen bzw. Handlungsfähigkeit (Skills) wider. Eine Alternative stellen auch die fünf Komponenten interkulturellen Lernens nach Michael Byram dar: Savoir (interkulturelles Wissen), Savoir-faire (interkulturelle Handlungsfähigkeit), Savoir-être (interkulturelles Bewusstsein/Awareness), Savoir-s'engager (kritische Auseinandersetzung mit der eigenen und anderen Kulturen) und Savoir-apprendre/comprendre (Fähigkeit zum interkulturellen (Weiter-)Lernen). Vgl. Byram, Michael: *Teaching and Assessing Intercultural Communicative Competence.* Clevedon: Multilingual Matters, 1997.

6 Schon die 1996 veröffentlichten Empfehlungen der Kultusministerkonferenz *Interkulturelle Bildung und Erziehung in der Schule* sehen die Vermittlung interkultureller Kompetenz als Querschnittsaufgabe. Diese Empfehlungen wurden im Dezember 2013 überarbeitet (Text unter http://www.kmk.org/fileadmin/veroeffentlichungen_beschluesse/1996/1996_10_25-Interkulturelle-Bildung.pdf; [23.06.2014]).

7 Bolten, 2007, S. 87.

Die Lernspirale „Interkulturelle Kompetenz"

Die im Auftrag der Bertelsmann-Stiftung entwickelte „Lernspirale ‚Interkulturelle Kompetenz'" verdeutlicht, dass der Erwerb interkultureller Kompetenz niemals abgeschlossen, sondern als ständiger Entwicklungs- und Lernprozess zu verstehen ist.[8] Das Modell umfasst vier Dimensionen, die sich wechselseitig beeinflussen:

1. Dimension: **Haltungen und Einstellungen** wie Ambiguitätstoleranz und ein grundsätzlich positives Verhältnis zum interkulturellen Austausch
2. Dimension: **Handlungskompetenz** mit grundlegenden Schlüsselqualifikationen und Fertigkeiten sowie kulturellem Wissen als Voraussetzungen für die erfolgreiche Interaktion
3. Dimension: **Interne Wirkung:** Entwicklung von Reflexionskompetenz, die darauf verweist, dass interkulturelle Interaktion immer auch eigene Referenzrahmen und Einstellungen verändert
4. Dimension: **Externe Wirkung:** konstruktive Interaktion in konkreten Kontaktsituationen

Der direkte Kontakt wirkt wiederum auf Haltungen und Einstellungen sowie die Handlungskompetenz zurück, sodass sich eine Lernspirale ergibt, in der jede theoretische oder praktische Beschäftigung mit interkultureller Kommunikation zu einem Zuwachs an Erfahrung und Kompetenz führt.

Auf den Spanischunterricht übertragen, könnten diese Ebenen beispielsweise wie folgt beschrieben werden:

- **Haltungen und Einstellungen:** Durch die Beschäftigung mit der anderen Sprache und Kultur reflektieren die Schüler auch ihre eigene Kultur, können eine positive Grundeinstellung gegenüber dem interkulturellen Austausch entwickeln und werden motiviert, sich auf den interkulturellen Austausch mit spanischsprachigen Personen einzulassen und eventuelle Unklarheiten und uneindeutige Situationen auszuhalten.
- **Handlungskompetenz:** Grundlegende kommunikative und soziale Kompetenzen in der Fremdsprache werden zur Vorbereitung auf reale Interaktionssituationen erprobt.
- **Interne Wirkung:** Durch die Beschäftigung mit der anderen Kultur und anderen Wertesystemen wird auch der eigene kulturelle Referenzrahmen hinterfragt und reflektiert. Insbesondere durch Übungen zum Perspektivenwechsel oder auch die Nachbereitung von Begegnungen wie z. B. im Schüleraustausch trainieren die Schüler Reflexionskompetenz.
- **Externe Wirkung:** Die erfolgreiche Bewältigung von Kommunikationssituationen, z. B. im Rahmen von Schulpartnerschaften, Praktika, Klassenreisen oder Austauschprojekten, also die Fähigkeit zu konstruktiver Interaktion, kann sich dann wiederum positiv auf die Motivation und die Einstellung zur spanischen Sprache und Kultur auswirken, sodass die Lernspirale erneut durchlaufen wird.

Kommunikationsmodell für interkulturelle Begegnungen

Der Fokus interkultureller Arbeit liegt meist auf „Kultur". Wenn wir interkulturelle Kompetenz jedoch, wie oben ausgeführt, in unserem Kontext als gelungene Interaktion mit spanischsprachigen Personen verstehen, dann gilt es, die gesamte interkulturelle Begegnung im Blick zu behalten. Treffen beispielsweise die spanischen Austauschpartner mit einstündiger Verspätung ein, wird dies gerne mit dem anderen Zeitverständnis der spanischen Partner erklärt. Vielleicht hatte aber einfach der Zug Verspätung. Die an der Begegnung beteiligten Personen führen das Handeln der anderen meist auf kulturelle Aspekte zurück, vernachlässigen jedoch, wie im Beispiel, die konkrete Situation. Ferner handeln wir zwar vor dem Hintergrund unserer kulturellen Prägung, sind jedoch

8 Vgl. Bertelsmann-Stiftung: *Interkulturelle Kompetenz – Die Schlüsselkompetenz im 21. Jahrhundert?* Thesenpapier der Bertelsmann Stiftung auf Basis der Interkulturellen-Kompetenz-Modelle von Dr. Darla K. Deardorff. Gütersloh, 2006, http://www.bertelsmann-stiftung.de/cps/rde/xbcr/SID-C0ED483A-CA2E3986/bst/xcms_bst_dms_30236_30237_2.pdf [23.06.2014].

Individuen mit einer entsprechenden Lebensgeschichte. Hierfür ist folgendes Modell hilfreich, das neben der Dimension „Kultur" auch die Dimensionen „Person" und „Situation" berücksichtigt.

Quelle: modifiziert nach: Bosse, Elke: „Vielfalt erkunden – ein Konzept für interkulturelles Training an Hochschulen". In: Hiller, Gundula Gwenn / Vogler-Lipp, Stefanie (Hg.): *Schlüsselqualifikation Interkulturelle Kompetenz an Hochschulen. Grundlagen, Konzepte, Methoden.* Wiesbaden: VS Verlag für Sozialwissenschaften; 2010, S. 109–134.

Modelle zur Beschreibung kultureller Unterschiede

Als Grundlage interkultureller Kommunikation wurden – inzwischen als klassisch geltende – Ansätze zur Beschreibung kultureller Differenzen entwickelt, die als Orientierungsrahmen für die Beschreibung interkultureller Unterschiede hilfreich sein können. Im Folgenden soll ein knapper Überblick über diese Ansätze sowie ihre Erklärungsfähigkeit in Bezug auf Spanien gegeben werden.

- Der Anthropologe **Edward T. Hall** gilt als Pionier der interkulturellen Forschung.[9] Auf ihn gehen vor allem die Kulturdimensionen Zeit, Raum und Kontext zurück.
  1. Bezüglich des Umgangs mit **Zeit** unterscheidet er zwischen monochronen und polychronen Kulturen. Während monochrone Kulturen, zu denen Hall auch die deutsche zählt, sich u. a. durch eine strukturierte, sequenzielle und straffe Zeitplanung, langfristige Absprachen und die Wertschätzung von Pünktlichkeit auszeichnen, beschreibt der Begriff „polychron" Kulturen mit großer zeitlicher Flexibilität, parallel ablaufenden Handlungen und einem geringen Grad an organisierter Planung – ganz so, wie Deutsche bisweilen die Zusammenarbeit mit spanischen Partnern beschreiben.
  2. Die Dimension des **Raums** umfasst beispielsweise die Proxemik, d. h. das Distanzverhalten. Diese Kategorie beschreibt u. a. geringere Körperdistanz und häufigeren Körperkontakt und Berührungen in vielen südlichen im Vergleich zu nordeuropäischen Kulturen.
  3. Schließlich unterscheidet Hall zwischen „high context" (Kontext gebundenen) und „low context" (Kontext **un**gebundenen) Kulturen.

     In Ersteren, zu denen er u. a. auch Spanien und die lateinamerikanischen Länder zählt, verläuft die Kommunikation eher indirekt und implizit und bezieht in starkem Ausmaß auch nonverbale Aspekte mit ein. Kontextungebundene Kulturen wie die deutsche zeichnen sich laut Hall durch einen sehr direkten und expliziten Kommunikationsstil aus, sodass beispielsweise auch Dissens und Kritik unmittelbar geäußert werden, was in anderen Kulturen vielleicht schon als Kränkung aufgefasst werden könnte.

- Die einflussreichste Untersuchung nationalkultureller Unterschiede geht auf den niederländischen Psychologen **Geert Hofstede** zurück, der anhand einer Befragung von mehr als 116 000 Mitarbeitern des IBM-Konzerns in 72 Ländern fünf Kulturdimensionen herausarbeitete:
  1. **Machtdistanz** beschreibt die Akzeptanz von ungleicher Verteilung von Macht und den Umgang mit Hierarchie und Autorität.
  2. **Individualismus / Kollektivismus** gibt den Grad von individueller Autonomie bzw. der Eingebundenheit in Gruppen an.
  3. **Maskulinität / Feminität** bezeichnet die klare Abgrenzung („maskulin") bzw. die Überschneidung („feminin") zwischen den Geschlechterrollen und die sich daraus ergebenden Konsequenzen, z. B. für den Führungsstil in Unternehmen.
  4. **Unsicherheitsvermeidung** bezieht sich auf die Risikobereitschaft und den Umgang mit unbekannten Situationen und Unsicherheit.
  5. **Langfrist- / Kurzfrist-Orientierung** schließlich wurde in erster Linie zur Erklärung von Unterschieden zwischen ostasiatischen und westlichen Kulturen im wirtschaftlichen Bereich herangezogen.

9 Hall, Edward T.: *The silent language.* New York: Doubleday; 1959. Ders.: *The hidden dimension.* New York: Doubleday; 1966. Ders.: *Beyond Culture.* New York: Anchor Press; 1976.

Für jede dieser Dimensionen ermittelte Hofstede Indexwerte, die einen Vergleich der Ausprägung dieser Werte in verschiedenen Ländern ermöglichen. Für Deutschland, Spanien und Mexiko ergibt sich in der Gegenüberstellung beispielsweise folgendes Bild[10]:

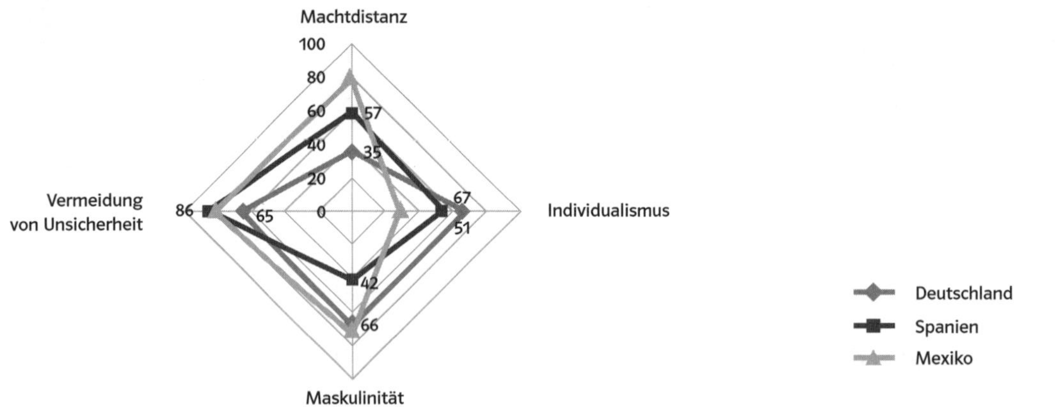

- Als letztes Beispiel soll der Ansatz des Psychologen **Alexander Thomas** vorgestellt werden. Er spricht in diesem Zusammenhang von „Kulturstandards", d. h. Einstellungen, Werten und Normen, die von Mitgliedern einer Kultur als „normal, selbstverständlich, typisch und verbindlich angesehen werden"[11]. Je nachdem, welche Kulturen in der interkulturellen Zusammenarbeit aufeinandertreffen, werden bestimmte Kulturstandards besonders wirksam. So kommen in der deutsch-spanischen Zusammenarbeit sicherlich nicht die gleichen spezifischen Verhaltensweisen und Kommunikationsschwierigkeiten zum Tragen wie beispielsweise in der deutsch-mexikanischen Kommunikation. Die im deutsch-spanischen Kontext erhobenen spanischen Kulturstandards sind folgende[12]:
  - **Familienorientierung:** Die Familie ist demnach in Spanien eine zentrale gesellschaftliche Instanz, die sich z. B. als Solidargemeinschaft zur Kompensation staatlicher Versäumnisse, auch finanzieller Art, versteht. Sie wird außerdem als eine um Verwandte und enge Freunde erweiterte Kernfamilie verstanden.
  - **Interpersonale Distanzminimierung:** Darunter wird, im Privat- wie im Berufsleben, der Wunsch nach enger körperlicher, sozialer und emotionaler Nähe auch mit zunächst unbekannten Personen verstanden. Herzliche Begrüßungsrituale oder auch eine Offenheit in Bezug auf private Themen sind mögliche Ausdrucksformen davon.
  - **Soziale Beziehungspflege:** Dieser Kulturstandard unterstreicht die Bedeutung von Vertrauen und Verbindlichkeit in einem engen, von Solidarität geprägten Beziehungsnetzwerk, das mit einem hohen Zeitaufwand für soziale Interaktionen, Geselligkeit und Gastfreundschaft einhergeht.
  - **Kommunikationsgestaltung:** Die Bedeutung von mündlichen Absprachen, häufigen Unterbrechungen im Gespräch, die Interesse signalisieren, sowie die Bedeutung von rhetorischem Geschick und das In-Szene-Setzen der eigenen Person sind Ausdrucksformen dieses Kulturstandards.
  - **Indirektheit:** Prinzipiell eher positive Kommunikation und das Aufrechterhalten von Ansehen und Harmonie in sozialen Beziehungen, die Ablehnung von direkter Kritik und von offenen Konflikten stehen für diesen Aspekt in der deutsch-spanischen Kommunikation.
  - **Statusorientierung:** Hier wird beschrieben, wie personenorientiert der Führungsstil ist und welche Bedeutung hierarchische Strukturen haben.
  - **Regelrelativismus:** Während in Deutschland Regeln, Vorgaben und Termine verbindlich sind, sehen spanische Partner diese nur als Orientierungswerte, die je nach Situation auch flexibel gehandhabt werden können.

10 Hofstede, Geert / Hofstede, Geert Jan: *Lokales Denken, globales Handeln: Interkulturelle Zusammenarbeit und globales Management.* München: dtv; 2011.

11 Thomas, Alexander: „Kulturverständnis aus Sicht der Interkulturellen Psychologie. Kultur als Orientierungssystem und Kulturstandards als Orientierungshilfen". In: Lüsebrink, Hans-Jürgen: *Konzepte der Interkulturellen Kommunikation: Theorieansätze und Praxisbezüge in interdisziplinärer Perspektive.* St. Ingbert: Röhrig Universitätsverlag; 2004, S. 145–156, hier S. 151.

12 Vgl. Rehbein, Ramona / Thomas, Alexander / Steinhuber, Sybille: *Beruflich in Spanien: Trainingsprogramm für Manager, Fach- und Führungskräfte (Handlungskompetenz im Ausland).* Göttingen: Vandenhoeck & Ruprecht; 2009, hier S. 159 ff. Dieses Buch ist ein didaktisch aufbereitetes Trainingsprogramm, das anhand von Fallbeispielen deutsch-spanischer Kommunikation, so genannten *critical incidents*, eine vertiefte und differenzierte Auseinandersetzung mit spanischen Kulturstandards aus deutscher Sicht bietet.

Kulturkontrastive Ansätze wie diese sind nicht unumstritten, da sie als Ausdruck eines starren Kulturverständnisses mit homogenen Nationalkulturen verstanden werden können, die nur wenig der Dynamik einer globalisierten Welt und pluraler Gesellschaften gerecht zu werden scheinen. Insbesondere die grundlegenden Untersuchungen Hofstedes werden häufig kritisiert, u. a. wegen des erheblichen Alters der ursprünglichen Daten, die zwischen 1968 und 1972 erhoben wurden, der gewählten Begrifflichkeiten selbst sowie der Beschränkung auf IBM-Mitarbeiter. In der Tat erlauben die errechneten Zahlenwerte und der Vergleich von Einstellungen in verschiedenen Kulturen nur begrenzt Rückschlüsse auf den tatsächlichen Verlauf der interkulturellen Zusammenarbeit – schließlich beeinflusst z. B. auch das Bewusstsein über die Interkulturalität der Situation die eigenen Interaktionsmuster. Dennoch können Hofstedes Konzepte und die anderen vorgestellten Ansätze als Orientierungsrahmen zur Benennung und Reflexion beobachteter kultureller Phänomene dienen. So verweisen z. B. die aus der Grafik ersichtlichen unterschiedlichen Ausprägungen von Machtdistanz und Maskulinität auf das Selbstverständnis und den Managementstil vieler spanischer Führungskräfte, die aus deutscher Sicht bisweilen einen eher autoritären und weniger kooperativen Führungsstil zu pflegen scheinen. Aber auch zur Vorbereitung und Aufarbeitung von Austauschmaßnahmen können diese Konzepte herangezogen werden, wenn Lehrende sie umsichtig einsetzen und auf intrakulturelle Variationen und Grenzen der Kulturdimensionen und -standards verweisen.

Während die beschriebenen Ansätze von Hall, Hofstede und Thomas kulturkontrastiv angelegt sind, nehmen andere Autoren vorwiegend aus sprachwissenschaftlicher Perspektive konkrete Interaktionssituationen selbst in den Fokus.[13] Diese wollen dem so genannten fundamentalen Attributionsfehler entgegenwirken, der darin besteht, dass beim anderen beobachtete Handlungsweisen eher mit psychologischen Eigenheiten erklärt werden, während das eigene Agieren vor allem mit der Situation oder Kontextbedingungen begründet wird.
Mit Hilfe der Untersuchung von Kommunikation, z. B. anhand von Gesprächstranskription und -analyse, soll die unterschiedliche kommunikative Realisierung einer Handlung sichtbar gemacht werden, sodass (interkulturelle) Unterschiede nicht quasi automatisch mit „typischen" Charaktereigenschaften erklärt werden. „Kultur" wird so in ihrer Dynamik sichtbar, denn sie ist unter diesem Blickwinkel nicht ein festgeschriebenes Set von Objekten und Eigenschaften, sondern wird in der Interaktion erst konstruiert – kurz: Erst durch die Bezeichnung als „fremd" wird ein Fremder zum Fremden. Da eine ausführliche Erläuterung und Diskussion dieser interaktionsorientierten Ansätze linguistischer Provenienz hier nicht geleistet werden kann, sind hier exemplarisch nur Jürgen Boltens Überlegungen zu kommunikativen als kulturellen Stilen und einige Anwendungsperspektiven im Fremdsprachenunterricht skizziert.
Jürgen Bolten unterstreicht die bedeutungs- und damit auch kulturerzeugende Funktion von Sprache, Medien und Kommunikation: „[W]eil Konventionen, Regeln, Rituale und alles andere, was als Wissensvorrat unser Handeln bestimmt, über Jahrhunderte hinweg kommunikativ ausgehandelt und tradiert worden ist, bilden die Medien dieser Kommunikationsprozesse gleichsam die Nabelschnur zu der solchermaßen kommunikativ erzeugten [...] Lebenswelt."[14] Kulturelle Unterschiede oder Werte sind demnach keine unveränderbaren Eigenheiten von Angehörigen einer Kultur, sondern vielmehr ein Produkt von kommunikativen Prozessen, das sich über einen langen Zeitraum hinweg entwickelt hat und sich auch weiterhin dynamisch verändern kann. Daher kann der Zugriff auf andere Lebenswelten auch über kommunikative Elemente wie Medien und Texte erfolgen, sodass sich über die Analyse von Schlüsselwörtern, die Beschreibung von Kommunikationsebenen und des spezifischen Sprachgebrauchs in einer Kultur Merkmale charakteristischer Stile – wie z. B. Wirtschafts-, Führungs-, Werbe-, Lern- oder Erziehungsstile – herausarbeiten lassen, die sich in manchen Bereichen überschneiden oder auch unterscheiden können.[15]
Für den Fremdsprachenunterricht ergibt sich aus Ansätzen wie diesem zum einen, dass auch kulturübergreifend gearbeitet werden sollte, um vielfältige Perspektiven zu ermöglichen und Übertragungspotenziale über die Zielkultur im engeren Sinne (z. B. „Spanien") hinaus aufzuzeigen. Die Behandlung von Zeitverständnis, nonverbaler Kommunikation oder auch des Distanz-

13 Vgl. hierzu Helmolt, Katharina von: „Interkulturelles Training: Linguistische Ansätze". In: Straub, Jürgen / Weidemann, Arne / Weidemann, Doris (Hg.): *Handbuch interkulturelle Kommunikation und Kompetenz. Grundbegriffe – Theorien – Anwendungsfelder.* Stuttgart / Weimar: Metzler; 2007, S. 763–773; zum Folgenden vgl. Bosse, Elke: „Vielfalt erkunden – ein Konzept für interkulturelles Training an Hochschulen". In: Hiller, Gundula Gwenn / Vogler-Lipp, Stefanie (Hg.): *Schlüsselqualifikation Interkulturelle Kompetenz an Hochschulen. Grundlagen, Konzepte, Methoden.* Wiesbaden: VS Verlag für Sozialwissenschaften; 2010, S. 109–134.

14 Bolten, Jürgen: *Einführung in die interkulturelle Wirtschaftskommunikation.* Göttingen: Vandenhoeck & Ruprecht; 2007, S. 75 f.

15 Vgl. ebd., S. 83.

verhaltens (Proxemik) und anderer interkultureller Themen sollte daher nicht auf feste Verhaltensregeln oder „Merksätze zum Umgang mit Spaniern" hinauslaufen, sondern eine Öffnung hin zu intrakultureller Variation und vor allem auch die eigenen (interkulturellen) Erfahrungen der Schüler miteinbeziehen.
Zum anderen stellt die vergleichende Erkundung von Texten wie Werbeanzeigen oder die Erforschung der sozialen Dimension von Begriffen, die in Deutschland und Spanien unterschiedlich und mit völlig anderen Konnotationen verknüpft sein können, einen Weg dar, diese Perspektive aufzugreifen: So schließt z. B. Familie / *familia* die im Spanischen häufig auch engen Bindungen im Sinne einer erweiterten Großfamilie ein, oder verweist Kaffee / *café* auch auf andere soziale Rituale („Kaffee trinken", „Kaffee und Kuchen", „Kaffee-Klatsch"), ähnlich wie Aperitif / *aperitivo*, der sich in Spanien eher auf Getränke *(cañas)* bezieht, die Kollegen gemeinsam z. B. vor dem Mittagessen, also zwischen 12 und 14 Uhr, trinken können, und also nicht nur das in deutschen Kontexten eher seltene, feierlichen Anlässen vorbehaltene Getränk vor der Mahlzeit bezeichnet – von den verschiedenen üblichen Getränkesorten ganz zu schweigen ... Ein weiteres Beispiel könnte auch die Arbeit mit Begriffen darstellen, die sich nicht 1:1 übersetzen lassen, wie z. B. „Feierabend", „gemütlich", „tertulia" etc.

Ansätze zur Vermittlung interkultureller Kompetenz

In der Diskussion um interkulturelle Kommunikation und interkulturelle Kompetenz und ihre Vermittlung lassen sich **zwei Grundtendenzen** unterscheiden: Einerseits liegt der Schwerpunkt auf Kulturkontakt, Personenaustausch und internationaler Zusammenarbeit, andererseits stehen Fragen der Integration und des interkulturellen Zusammenlebens in der multikulturellen Gesellschaft im Vordergrund[16]. Für den Umgang mit der Thematik in der Schule lässt sich eine häufige Zweiteilung nach diesen Perspektiven beobachten: Während die innergesellschaftliche Perspektive der Integration als eine übergreifende Aufgabe der Organisation des schulischen Zusammenlebens und gesellschaftswissenschaftlicher Fächer angesehen wird, wird die Vermittlung interkultureller Kompetenz für den internationalen Austausch und die Vorbereitung auf eine von der globalen Zusammenarbeit geprägte Arbeitswelt häufig als zentrale Aufgabe des Fremdsprachenunterrichts betrachtet. In der interkulturellen Trainingspraxis in Unternehmen und Institutionen versucht man heute, beide Perspektiven in so genannten Diversity-Ansätzen zu verbinden[17], die anstreben, eine große Vielfalt innerhalb der Belegschaft besonders wertzuschätzen und als Schlüssel für den Erfolg eines Unternehmens zu sehen. Neben kulturellen und ethnischen Zugehörigkeiten gehören Geschlecht, Religion, sexuelle Orientierung, Alter sowie Behinderung zu den wichtigsten Diversity-Faktoren. Die Materialiensammlung in diesem Heft trägt dieser Entwicklung Rechnung und verbindet Ansätze aus den außerschulischen Bereichen interkulturellen Trainings in der Wirtschaft und aus der Jugend- und Integrationsarbeit mit dem Spanischunterricht. Demnach beziehen viele Übungen die eigene Kultur und Persönlichkeitsaspekte der Lerner mit ein und sind nicht nur auf den hispanophonen Kulturraum zentriert. Da die Materialien auf Spanisch und Deutsch angeboten werden, ermöglicht dies eine lernerzentrierte Beschäftigung mit dem Thema „Interkulturelle Kommunikation" und fördert die Öffnung zur Behandlung des Themas als fächerübergreifende Querschnittsaufgabe.

Interkulturelle Lernprozesse

Dies führt zu der Frage, wie „Kulturen" überhaupt gelernt und gelehrt werden können. Ausgangspunkt interkultureller Lernprozesse sind sowohl interkulturelle Begegnungen als auch Wissen über interkulturelle Kommunikation.

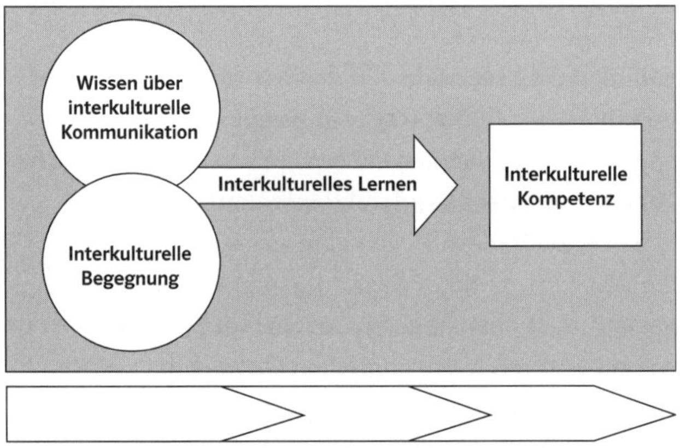

Quelle: modifiziert nach Grosch, Harald / Leenen, Wolf Rainer: „Bausteine zur Grundlegung interkulturellen Lernens". In: Bundeszentrale für politische Bildung (Hg.): *Interkulturelles Lernen. Arbeitshilfen für die politische Bildung.* Bonn, 1998, S. 29–46, hier S. 29

16 Wolf Rainer Leenen spricht in diesem Zusammenhang von dem Kulturkontakt- bzw. Differenzparadigma auf der einen und dem Benachteiligungs-/Diskriminierungsparadigma auf der anderen Seite. Vgl. Leenen, Wolf Rainer: „Interkulturelles Training – Psychologische und pädagogische Ansätze". In: Straub, Jürgen / Weidemann, Arne / Weidemann, Doris (Hg.): *Handbuch interkulturelle Kommunikation und Kompetenz. Grundbegriffe – Theorien – Anwendungsfelder.* Stuttgart / Weimar: Metzler; 2007, S. 773–784.

17 Vgl. ebd., S. 773 ff.

Lange Zeit erfreute sich die so genannte Kulturkontakthypothese großer Popularität, der zufolge die Begegnung mit Menschen aus einem anderen kulturellen Kontext quasi automatisch zu interkultureller Kompetenz führe – auch heute wird dies noch vielfach angenommen. Inzwischen zeigen Forschungsergebnisse zum Kulturaustausch aber deutlich, dass eine interkulturelle Begegnung ohne entsprechende interkulturelle Vorbereitung, Begleitung und Nachbereitung die Gefahr birgt, Stereotype und Vorurteile sogar zu verstärken und weitere Gräben aufzuwerfen. Auch das Wissen allein über interkulturelle Kommunikation, das über entsprechende Lehr- und Lernsettings vermittelt wird, ist für sich genommen nicht ausreichend für die gelungene Bewältigung interkultureller Begegnungssituationen.
Erst beide Elemente zusammen ermöglichen die Initiierung von interkulturellen Lernprozessen, die zu interkultureller Kompetenz führen können.
Sicherlich können – und sollen – echte Interaktionen nicht ersetzt werden, doch gibt diese Übungssammlung Materialien an die Hand, um interkulturelle Begegnungen mit Spanisch sprechenden Personen vor- und nachzubereiten und zu begleiten. Vor allem jedoch ermöglichen die Übungen den Schülern die Schaffung eines eigenen Reflexions- und Erfahrungsraumes zur individuellen Entwicklung interkultureller Kompetenz.

Methoden zur Vermittlung interkultureller Kompetenz
Hier schließt sich die Frage nach den Methoden zur Vermittlung interkultureller Kompetenz an, die im Folgenden diskutiert werden. Grundsätzlich lassen sich zwei Tendenzen ausmachen:

- Methoden, die vornehmlich der kognitiven Dimension zugeordnet werden können
- Methoden, die eher teilnehmer- und damit erfahrungsorientierte Lernsettings bieten

Zielen die Methoden eher auf die kognitive Dimension, werden vor allem Vorträge, Fallstudien oder z. B. ein Culture-Assimilator-Training[18] eingesetzt. Steht eher die Erfahrungsorientierung im Zentrum, dann werden vor allem Simulationen, Rollen- und Planspiele verwendet. Inzwischen findet sich in der Praxis jedoch meist eine Kombination der verschiedenen Methoden.[19]
Ferner wird zwischen kulturspezifischen und kulturübergreifenden Trainings unterschieden. Kulturspezifische Trainings sind speziell auf ein bestimmtes Land zugeschnitten und dienen meist der Vorbereitung von Fachkräften internationaler Unternehmen, die für eine bestimmte Dauer in ein anderes Land geschickt werden, so genannter Expatriates. Kulturübergreifende Trainingsmaßnahmen dagegen sollen z. B. Mitarbeiter in Behörden, die mit Vertretern vieler verschiedener Kulturen in Kontakt kommen, oder multikulturelle Projektteams in global agierenden Unternehmen allgemein in Richtung interkulturelle Unterschiede sensibilisieren.
Auch in der pädagogischen Literatur finden sich ganze Listen mit Methoden für die interkulturelle Arbeit. Neben den oben genannten Methoden kommen auch, je nach Lernziel, Verfahren zur Selbsteinschätzung zum Einsatz, aber auch Biografiearbeit, erlebnis- und theaterpädagogische Ansätze, soziometrische Übungen, Projekte, Austauschmaßnahmen usw. Das vorliegende Buch verknüpft verschiedene Ansätze schulischer sowie außerschulischer interkultureller Kompetenzvermittlung, um erfolgreiche Konzepte auch für den schulischen Kontext fruchtbar zu machen, was sich auch in der Wahl der Methoden widerspiegelt, die je nach Lernziel ausgewählt und kombiniert werden. Alle Übungen beruhen zudem auf viel Erfahrung, denn die meisten wurden in der schulischen Praxis schon über viele Jahre erprobt.

Zur Arbeit mit diesem Buch

Das Buch ist so konzipiert, dass es **unabhängig vom eingeführten Lehrwerk**, aber auch **unabhängig von der jeweiligen Schulart** im Spanischunterricht **in unterschiedlichen Klassenstufen** eingesetzt werden kann. Auf diese Weise ist ein flexibler Umgang mit dem komplexen Thema „Interkulturelle Kompetenz" gewährleistet.
Die Arbeitsblätter sind im Buch auf Spanisch erstellt; so können sie mit Schülern, die über ein mittleres bis fortgeschrittenes Sprachniveau verfügen, in der Fremdsprache durchgeführt werden. Zu einigen Arbeitsblättern werden Lösungsvorschläge angeboten, deren Verteilung natürlich im Ermessen des Lehrers steht. Für die Übungen 19, 20 und 21 sollen sie in erster Linie als Diskussionshilfe dienen. Zahlreiche Aufgaben sind auch für den Anfängerunterricht geeignet; manchmal kann es zweckmäßig erscheinen, auf die deutschen Versionen, die auf der CD-ROM ◎ vorliegen, zurückzugreifen.

---

18 Siehe Übung 22.

19 Vgl. Kinast, Eva-Ulrike: „Interkulturelles Training". In: Thomas, Alexander / Kinast, Eva-Ulrike / Schroll-Machl, Sylvia: *Handbuch Interkulturelle Kommunikation und Kooperation (Band 1: Grundlagen und Praxisfelder).* Göttingen: Vandenhoeck & Ruprecht; 2003, S. 181–203.

Dies führt zu der Frage nach dem **Einsatz der Muttersprache** bzw. des Deutschen bei der Vermittlung interkultureller Kompetenz im Spanischunterricht. Es geht in erster Linie um die Vermittlung einer Schlüsselkompetenz am Beispiel hispanophoner Kulturen, die auch einen wichtigen Platz im Fremdsprachenunterricht hat. Die Bearbeitung der Übungen erfordert meist im Anschluss eine Reflexionsphase, für die genügend Raum zur Verfügung gestellt werden sollte, da die Schüler gerade in dieser Phase die wichtigsten Lernprozesse durchlaufen. Häufig werden die Fremdsprachenkenntnisse der Schüler jedoch nicht ausreichen, um ihr Empfinden und ihre Überlegungen auf Spanisch differenziert artikulieren zu können. Deshalb kann es auch bei fortgeschrittenen Lernern, gerade in der Reflexionsphase, erforderlich werden, vom Dogma der Einsprachigkeit im Fremdsprachenunterricht abzuweichen. Übungen ganz auf Deutsch durchzuführen, kann bei Anfängern notwendig sein, wenn damit das Ziel der Vermittlung einer auf den hispanophonen Kulturraum bezogenen interkulturellen Kompetenz verfolgt wird.
Neben den „klassischen" Übungen werden hier auch Übungen und Methoden eingeführt, die üblicherweise eher nicht im Spanischunterricht zum Tragen kommen, um der Komplexität interkultureller Herausforderungen gerecht werden zu können.
Diese anderen Methoden stellen allerdings an den **Lehrer** gerade bei z. B. Interaktionsspielen auch **andere Herausforderungen** als der klassische Fremdsprachenunterricht. Seine Rolle in diesem Kontext besteht in erster Linie darin, die Teilnehmer dabei zu unterstützen, ihre Einstellungen und Verhaltensweisen zu überprüfen und Veränderungs- und Entwicklungsmöglichkeiten auszuloten.
Dabei hat der Lehrer die folgenden Aufgaben:

- Schaffung geeigneter Rahmenbedingungen; dazu gehören die Auswahl und die Vorbereitung der Materialien, hinreichende Zeiteinteilung und die Fähigkeit, Impulse für den Reflexionsprozess zu geben.
- Auswahl geeigneter Übungen, um Erfahrungen zu initiieren; Raum für diese Erfahrungen lassen, ermutigen, sie individuell zu durchleben, und bei der Reflexionsphase durch Impulsfragen assistieren.
- Erläuterung grundlegender Spielregeln zu Beginn einer Übung(seinheit), z. B.:
  - Jeder arbeitet nach besten Kräften am Workshop mit, denn der Erfolg des Workshops hängt von jedem Einzelnen ab.
  - Jeder lässt sich auf Neues ein.
  - Jeder erzählt nur so viel und das von sich, was er auch wirklich erzählen möchte.
  - Jeder begegnet dem anderen mit Respekt und Wohlwollen:
    - Keiner wird beleidigt, angegriffen oder auf andere Art herabgesetzt.
    - Jeder darf ausreden.
    - Jeder hört dem anderen zu.
- Wahrnehmung von Gruppenprozessen. Dabei muss die Wirkung der Übungen auf die Schüler ständig im Blick behalten und entsprechend gedeutet werden. Es kann auch sein, dass Schüler bei bestimmten Übungen „aussteigen". Dann sollten diese Reaktionen der Schüler nicht gewertet, sondern kommentarlos akzeptiert werden. Hierbei ist es wichtig zu unterscheiden, ob der Schüler sich nicht traut mitzuspielen oder ob es ihm gerade zu viel ist. Daher sollte immer wieder zum Mitmachen eingeladen werden. Es kann auch hilfreich sein, selbst bei den Übungen im Sinne einer teilnehmenden Beobachtung mitzuspielen.
- Integration der interkulturellen Lernprozesse in die Realität von multikulturellen Klassenzimmern. Die Vorstellung einer „deutschen" bzw. „spanischen" Kultur ist ein Konstrukt, das für die Analyse interkultureller Konflikte notwendig sein kann, um bestimmte Phänomene dann in der pädagogischen Praxis aufarbeiten zu können. Im Sinne eines Diversity-Ansatzes wird es immer wichtiger, mit den vielen verschiedenen Werthaltungen respektvoll umzugehen.

Die Übungen sind so konzipiert, dass zu Beginn die Rahmenbedingungen wie der Zeitbedarf und evtl. nötige Vorbereitungen aufgelistet sind. Die Durchführung ist detailliert beschrieben. Außerdem werden entsprechende Fragen als Impulse für die Reflexionsphase vorgeschlagen. Des Weiteren gibt es eine Reihe von Übungen, die im Sinne eines eher traditionellen Sprachunterrichts eingesetzt werden können. Zu einigen Übungen gibt es Lösungen bzw. Lösungsvorschläge, die keinen Anspruch auf Vollständigkeit erheben. Der Bezug zu anderen Übungen sowie Vorschläge zur Vertiefung runden die Materialsammlung für den individuellen Einsatz im Spanischunterricht ab.
Die folgende Übersicht gibt Anregungen, welche Übungen mit welchen Zielen im Unterricht, aber auch bei Austauschmaßnahmen verwendet werden können.

Vorschläge zum Einsatz der Übungen

1. Sprachanfänger

Eine Reihe von Übungen kann auch mit sehr geringen Sprachkenntnissen bereits auf Spanisch durchgeführt werden. Diese sind im Inhaltsverzeichnis mit ✧ gekennzeichnet.

2. zwei Unterrichtsstunden

Falls nicht viel Zeit zur Verfügung steht, aber trotzdem ein Block mit interkulturellen Übungen in den Unterricht eingebaut werden soll, bieten sich die unter a) aufgeführten Übungen für einen eher kognitiv ausgerichteten Unterricht an, der auf Interaktionsspiele und Ähnliches weitgehend verzichtet, aber dennoch das Ziel der Vermittlung interkultureller Kompetenz fokussiert; unter b) sind Übungen für Lehrer zusammengestellt, die gerne auch interaktive und erfahrungsorientierte Elemente einsetzen möchten. Die Reihenfolge der Übungen ist sinnvoll, kann aber auch geändert werden.

a) eher kognitiv orientierte Übungen

- Schwerpunkt: Kultur und Kulturbegriff
  - *01 ¿Preparados para España? Un juego para entrar en materia / Fit für Spanien? – Ein Quiz zur Einführung*
  - *03 Cosas «típicas» / Landestypische Dinge*
  - *02 El iceberg cultural / Der Eisberg – Ein Kulturmodell*
  - *05 Te tomo la palabra: proverbios y valores / Beim Wort nehmen – Sprichwörter und Werte*
- Schwerpunkt: Auslandsaufenthalte und interkulturelle Begegnungen
  - *12 ¿De quién se habla? / Über wen spricht man?*
  - *26 La guía de viajes intercultural / Der interkulturelle Reiseführer*
  - *28 El choque cultural: un vademécum intercultural / Der Kulturschock – Ein interkulturelles Hilfspaket*
  - *19 Encuentros hispano-alemanes: casos prácticos / Begegnungen im Partnerland: Fallstudien*
- Schwerpunkt: kommunikative Kompetenz
  - *06 Falsos amigos / Falsche Freunde*
  - *16 El tono hace la música / Der Ton macht die Musik* (Intonation / Körpersprache)
  - *04 ¡Entenderse por señas! La comunicación no verbal en español / Mit Händen und Füßen sprechen – Nonverbale Kommunikation auf Spanisch*
  - *17 Hasta aquí… La proxémica, la lengua del espacio / Nähe und Distanz – Proxemik, die Sprache des Raumes*
  - *18 Los estilos de comunicación / Kommunikationsstile*
  - *30 Para tener éxito en la comunicación / Für eine gelungene Kommunikation*
  - *29 El desafío de hablar una lengua extranjera: consejos y estrategias para comunicarse / Herausforderung Fremdsprache: Kommunikationsstrategien und -tipps*

b) Interaktionsspiele

- Variante 1
  - *10 ¿Todos iguales pero diferentes? / Alle gleich und doch verschieden?*
  - *30 Para tener éxito en la comunicación / Für eine gelungene Kommunikation*
  - *24 Los de Villarriba se reúnen con los de Villabajo: una simulación intercultural / „Villarribas" und „Villabajos" – Eine interkulturelle Simulation*
  - **oder:** *25 En casa de los «Bum-Bum-Boas»: una simulación intercultural / Bei den „Bumm-Bumm-Boas" – Eine interkulturelle Simulation*
  - **oder:** *15 El mapa incompleto / Der verrückte Stadtplan*
- Variante 2
  - *09 Mi universo familiar / Meine Weltkarte – meine Wurzeln*
  - *07 Mi flor cultural / Meine Kulturblume*
  - **oder:** *17 Hasta aquí… La proxémica, la lengua del espacio / Nähe und Distanz – Proxemik, die Sprache des Raumes*

3. ein Vormittag

Steht ein kompletter Vormittag zur Verfügung, ist dies ein Vorschlag für ein Übungssetting, das in der vorgeschlagenen Reihenfolge gut eingesetzt werden kann. Auch hier gibt es eine Variante mit eher kognitiven, an Sprachübungen orientierten Übungen und eine Version mit eher erfahrungsorientierten Übungen und Interaktionsspielen. Beide Übungsformen können natürlich auch gemischt werden.

a) eher kognitive Übungen

- *09 Mi universo familiar / Meine Weltkarte – meine Wurzeln* (Variante auf Papier)
- **oder:** *10 ¿Todos iguales pero diferentes? / Alle gleich und doch verschieden?* (Variante auf Papier)
- *04 ¡Entenderse por señas! La comunicación no verbal en español / Mit Händen und Füßen sprechen – Nonverbale Kommunikation auf Spanisch*
- *05 Te tomo la palabra: proverbios y valores / Beim Wort nehmen – Sprichwörter und Werte*
- *06 Falsos amigos / Falsche Freunde*
- *02 El iceberg cultural / Der Eisberg – Ein Kulturmodell*

14 *Una cuestión de perspectiva / Eine Frage der Perspektive*
13 *La rueda de la percepción / Das Wahrnehmungsrad*
22 *Las dos caras de la misma moneda: reinterpretar estándares culturales / Die zwei Seiten der Medaille – Kulturstandards umdeuten*

- Je nach Kontext (Schwerpunkt Alltag und Schule oder Berufsorientierung):
  19 *Encuentros hispano-alemanes: casos prácticos / Begegnungen im Partnerland: Fallstudien*
  oder: 20 *La cooperación hispano-alemana: casos prácticos / Deutsch-spanische Zusammenarbeit: Fallstudien*
  oder: 21 *La normativa: caso práctico / Die Vorschrift: Fallstudie*
- Bei Maximalplanung kann abgeschlossen werden mit
  23 *El cuadrado de los valores culturales / Kulturquadrate*

b) eher erfahrungsorientierte Übungen und Interaktionsspiele

09 *Mi universo familiar / Meine Weltkarte – meine Wurzeln* (als soziometrische Übung)
in Verbindung mit:
11 *¡Así también vale! Mis preferencias culturales / Es geht auch anders! – Meine kulturellen Vorlieben*
22 *Las dos caras de la misma moneda: reinterpretar estándares culturales / Die zwei Seiten der Medaille – Kulturstandards umdeuten*
02 *El iceberg cultural / Der Eisberg – Ein Kulturmodell*
14 *Una cuestión de perspectiva / Eine Frage der Perspektive*
16 *El tono hace la música / Der Ton macht die Musik* (Intonation / Körpersprache)
30 *Para tener éxito en la comunicación / Für eine gelungene Kommunikation*
24 *Los de Villarriba se reúnen con los de Villabajo: una simulación intercultural / „Villarribas" und „Villabajos" – Eine interkulturelle Simulation*
oder: 25 *En casa de los «Bum-Bum-Boas»: una simulación intercultural / Bei den „Bumm-Bumm-Boas" – Eine interkulturelle Simulation*
oder: 15 *El mapa incompleto / Der verrückte Stadtplan*

Je nach Kontext (Schwerpunkt Alltag und Schule oder Berufsorientierung):
19 *Encuentros hispano-alemanes: casos prácticos / Begegnungen im Partnerland: Fallstudien*
oder: 20 *La cooperación hispano-alemana: casos prácticos / Deutsch-spanische Zusammenarbeit: Fallstudien*
oder: 21 *La normativa: caso práctico / Die Vorschrift: Fallstudie*

4. Austauschmaßnahmen / Vorbereitung von beruflichen Praktika

Soll eine Austauschmaßnahme bzw. ein Betriebspraktikum für die Schüler vor- und nachbereitet bzw. begleitet werden, bieten sich folgende Übungen an:

01 *¿Preparados para España? Un juego para entrar en materia / Fit für Spanien? – Ein Quiz zur Einführung*
11 *¡Así también vale! Mis preferencias culturales / Es geht auch anders! – Meine kulturellen Vorlieben*
08 *La cápsula cultural: lo que se debería saber sobre nosotros / Unsere Kulturkapsel – Was man über uns wissen sollte*
02 *El iceberg cultural / Der Eisberg – Ein Kulturmodell*
28 *El choque cultural: un vademécum intercultural / Der Kulturschock – Ein interkulturelles Hilfspaket*
26 *La guía de viajes intercultural / Der interkulturelle Reiseführer*
27 *Antes de lanzarse a la comunicación intercultural… / Bevor wir uns in die interkulturelle Kommunikation stürzen …*
22 *Las dos caras de la misma moneda: reinterpretar estándares culturales / Die zwei Seiten der Medaille – Kulturstandards umdeuten*
oder: 23 *El cuadrado de los valores culturales / Kulturquadrate*
19 *Encuentros hispano-alemanes: casos prácticos / Begegnungen im Partnerland: Fallstudien*
oder: 20 *La cooperación hispano-alemana: casos prácticos / Deutsch-spanische Zusammenarbeit: Fallstudien*
oder: 21 *La normativa: caso práctico / Die Vorschrift: Fallstudie*
30 *Para tener éxito en la comunicación / Für eine gelungene Kommunikation*
oder: 29 *El desafío de hablar una lengua extranjera: consejos y estrategias para comunicarse / Herausforderung Fremdsprache: Kommunikationsstrategien und -tipps*

5. Vertretungsstunden

Abschließend sei noch angemerkt, dass einige der Übungen Teilkompetenzen berücksichtigen, die auch in monokulturellen Kontexten zu wichtigen Schlüsselqualifikationen gehören (vgl. Einleitung, S. 5), sodass ihr Einsatz auch z. B. in Vertretungsstunden sinnvoll erscheint.

Literaturempfehlungen

- Zur Vertiefung:
  Lüsebrink, Hans-Jürgen: Interkulturelle Kommunikation. Interaktion, Fremdwahrnehmung, Kulturtransfer. 3., aktualisierte und erweiterte Auflage. Stuttgart/Weimar: Metzler; 2011: *auf den frankophonen Kulturraum bezogene grundlegende Einführung in die Thematik mit vielen anschaulichen Beispielen, auch zur interkulturellen Analyse von Medien wie Film und Werbung.*

  Bolten, Jürgen: Interkulturelle Kompetenz. Erfurt: Landeszentrale für politische Bildung Thüringen; 2007: *leicht zugängliche Einführung, die praxisnah Grundlagen interkultureller Kommunikation und Kompetenz vermittelt.*

  Rupp, Anne u. a. (Hg.): Spanien von innen und außen. Eine interkulturelle Perspektive. Berlin: LIT, 2011: *Die Autoren beleuchten kulturelle Unterschiede zwischen Spaniern und Deutschland im Alltag und im Beruf und vermitteln vielfältige Einblicke in die spanische Kultur aus interdisziplinärer Perspektive.*

- Praktische Übungen:
  Losche, Helga: Interkulturelle Kommunikation. Sammlung praktischer Spiele und Übungen. 5., überarbeitete Auflage. Augsburg: Ziel; 2009: *eine umfangreiche Sammlung, die vor allem auch Übungen aus der Jugendarbeit vorstellt.*

  Jugend für Europa (Hg.): Interkulturelles Lernen. T-Kit Nr. 4. Bonn, 2002. http://youth-partnership-eu.coe.int/youth-partnership/documents/Publications/T_kits/4/German/tkit4_german.pdf [23.06.2014].

  Rehbein, Ramona / Thomas, Alexander / Steinhuber, Sybille: Beruflich in Spanien. Trainingsprogramm für Manager, Fach- und Führungskräfte. Göttingen: Vandenhoeck & Ruprecht, 2009: *Dieses Buch wie auch die folgenden Titel enthalten ein didaktisch aufbereitetes Trainingsprogramm, das anhand von Fallgeschichten, so genannten* critical incidents, *eine vertiefte und differenzierte Auseinandersetzung mit Kulturstandards des jeweiligen Landes aus deutscher Sicht bietet. Die Reihe ist für den Einsatz im beruflichen Kontext konzipiert, kann aber auch für schulische Zwecke adaptiert und eingesetzt werden, insbesondere bei Bezug zur Arbeitswelt.*

  Foellbach, Sabine / Rottenaicher, Katharina / Thomas, Alexander: Beruflich in Argentinien. Trainingsprogramm für Manager, Fach- und Führungskräfte. Göttingen: Vandenhoeck & Ruprecht, 2002.

  Ferres, Renate / Meyer-Belitz, Friederike / Röhrs, Bettina / Thomas, Alexander: Beruflich in Mexiko. Trainingsprogramm für Manager, Fach- und Führungskräfte. Göttingen: Vandenhoeck & Ruprecht, 2005.

  Kammhuber, Stefan / Ellenrieder, Larissa: Beruflich in Chile. Trainingsprogramm für Manager, Fach- und Führungskräfte. Göttingen: Vandenhoeck & Ruprecht, 2009.

  Maurial de Menzel, Carmen / Thomas, Alexander: Beruflich in Peru. Trainingsprogramm für Manager, Fach- und Führungskräfte. Göttingen: Vandenhoeck & Ruprecht, 2012.

  Dalipi, Merlinda (Hg.): ¡Preparados para Alemania! Interkulturelle Kompetenz für spanische Studierende in Deutschland. Münster u. a.: Waxmann, 2013: *Die Übungen und Unterrichtsmaterialien sind für die Vorbereitung spanischer Studierender auf einen Aufenthalt in Deutschland konzipiert, bieten aber auch für den schulischen Einsatz Anregungen.*

¿Preparados para España? Un juego para entrar en materia / Fit für Spanien? – Ein Quiz zur Einführung

Die spielerische Beschäftigung mit Etikette und Höflichkeitsregeln dient als erster Einstieg in das Thema „Interkulturelle Kommunikation".

Lernziele / Kompetenzen
- Wissen über spanische Etikette und Höflichkeitsregeln
- Sensibilisierung für interkulturelle Unterschiede

Organisatorisches	
Dauer	45 Minuten
Sozialform	Einzel- bzw. Partnerarbeit oder Gruppen gegeneinander
Material	Arbeitsblätter
Unterrichtssprache	Spanisch / Anfänger auch auf Deutsch

Durchführung

Häufig ist es für Schüler verblüffend, wie unterschiedlich manche Situationen in Deutschland und Spanien ablaufen. Gleichzeitig macht es ihnen großen Spaß, sich mit Regeln zu Etikette und Höflichkeit auseinanderzusetzen. Das Thema wird meist direkt mit „Interkultureller Kommunikation" assoziiert, sollte aber nur als erste, unterhaltsame Annäherung betrachtet und mit weiteren Aktivitäten verknüpft werden. Etikette und Höflichkeitsregeln können in präzisen, sehr formalisierten Situationen eine Orientierung bieten, werden aber der Komplexität interkultureller Kommunikation und Zusammenarbeit nur unzureichend gerecht.
Die Übung wird wie ein Quiz durchgeführt, kann aber auch in Einzel- oder Partnerarbeit bearbeitet werden. Sie eignet sich auch hervorragend als Klassenquiz, in dem Gruppen gegeneinander antreten.

Hoja de ejercicios / Arbeitsblatt

Aunque conozcas bien Alemania y sepas muy bien cómo comportarte en tu país ante cualquier circunstancia, para ser educado en España habrá ocasiones en que tengas que actuar de forma muy distinta si quieres mostrar buena educación.

Comprueba tus conocimientos a través de las siguientes preguntas:

1. Estás haciendo unas prácticas en España y vienen a visitarte tus padres, que te invitan a un restaurante. ¿Qué comportamiento se espera de vosotros cuando entréis en el restaurante?

a) Os sentáis en la mesa libre que os guste.
b) Esperáis hasta que el camarero os atienda en la entrada.
c) Vais a una mesa que tenga asientos libres y preguntáis si podéis compartirla.

2. ¿Cuál es el orden típico de los menús en España? Ordena correctamente los siguientes platos.

☐ Primer plato
☐ Postre
☐ Segundo plato
☐ Café
☐ Entrante

3. Cuenta a tus padres en qué se diferencian los restaurantes españoles de los alemanes. En los restaurantes españoles ...

a) siempre hay una botella de vino en la mesa.
b) suelen servir pan antes de tomar el pedido.

Interkulturelle Kompetenz – Spanisch
ISBN 978-3-12-536961-0

4. Estás haciendo un intercambio escolar en España. Por la noche vais a comer pizza con vuestros compañeros españoles. ¿Cómo pagáis la cuenta?

a) Uno de vosotros paga la cuenta y después le dais cada uno vuestra parte. Para ello dividís la suma entre el número de comensales.
b) Cada uno calcula lo que tiene que pagar y pone su parte sobre la mesa.
c) Le pedís al camarero que os haga la cuenta por separado y cada uno paga lo que ha pedido.
d) Dividís el importe total entre el número de personas presentes y todos pagáis lo mismo.

5. A la hora de pagar discutís sobre cómo vais a dar la propina.

a) Esperáis a que os traigan las vueltas y, al iros dejáis la propina en el mismo platillo o bandeja en que venían.
b) Redondeáis la suma en el momento y decís al camarero cuánto tiene que cobrar.
c) En los restaurantes españoles no se da propina.

6. ¿Cómo se suelen saludar las personas cuando ya se conoce?

a) Siempre se da la mano.
b) Siempre se dan dos besos.
c) Las chicas se saludan dándose la mano.
d) Los chicos se saludan dándose dos besos.
e) Entre chicas y entre chicos y chicas se dan dos besos, mientras que entre chicos se dan la mano.

7. Al final de tu estancia quieres hacerles un regalo a los padres de tu compañero para darles las gracias. ¿Qué regalos son apropiados?

a) Una caja de bombones para la madre y un ramo de flores para el padre.
b) Un vale del Corte Inglés (grandes almacenes) para la madre y una botella de vino para el padre.
c) Una caja de bombones para la madre y una botella de vino para el padre.

8. Comiendo en casa de tu familia anfitriona, tras terminarte el segundo plato, la madre quiere rellenártelo inmediatamente. Sin embargo tú ya estás satisfecho / satisfecha. ¿Cómo le dices que ya no quieres más?

a) Le dices que ya estás satisfecho / satisfecha y le das las gracias.
b) Alabas la comida, le aseguras que seguirías comiendo porque está riquísima, pero que ya no puedes más por que la ración era muy abundante.
c) Aceptas todavía una cucharada y la dejas en el plato, sin comértela, como señal de que ya no quieres más.

9. Estás haciendo unas prácticas en una empresa española y asistes a una comida de negocios. ¿Qué puedes observar?

a) Los representantes de las dos empresas se preguntan rápidamente cómo están y empiezan enseguida a hablar del negocio.
b) El tema principal no se aborda hasta el final de la comida.
c) Los participantes alternan en su conversación asuntos privados con intercambios de opiniones sobre aspectos del negocio.

10. Durante el período de prácticas un día vas al aeropuerto para recoger a un cliente y decidís volver en taxi. ¿Cómo os sentáis en el coche?

a) Os sentáis juntos en el asiento trasero.
b) Le dejas al cliente el «asiento de honor»: el delantero, junto al conductor.
c) Tú te sientas junto al conductor para que el cliente tenga más espacio en el asiento trasero.

11. Alexander se va con un compañero de la oficina, Pedro, a tomar una caña después del trabajo. En el bar coinciden con amigos de Pedro. ¿Cómo se dirige Alexander a estos amigos?

a) Los trata de usted ya que aún no se conocen.
b) Los trata de tú puesto que son amigos de Pedro y además tienen todos más o menos la misma edad.
c) Evita dirigirse a ellos directamente y espera a que le ofrezcan el tú.

Interkulturelle Kompetenz – Spanisch
ISBN 978-3-12-536961-0

Soluciones a la hoja de ejercicios / Lösungen zum Arbeitsblatt

1. b)

2. Entrante
Primer plato
Segundo plato
Postre
Café

3. b)

4. a), d)

5. a)

6. e)

7. c)

8. b)

9. c)

10. a)

11. b)

Interkulturelle Kompetenz – Spanisch
ISBN 978-3-12-536961-0

El iceberg cultural / Der Eisberg – Ein Kulturmodell

Am Bild des „Eisbergs“ wird den Schülern bewusst gemacht, dass wir lediglich einen kleinen Teil einer anderen Kultur direkt wahrnehmen und ein viel größerer Anteil unter der Oberfläche verborgen bleibt.

Lernziele / Kompetenzen

- Wissen über Kultur / Kulturmodelle
- Bewusstsein für die eigene kulturelle Prägung
- Reflexion über Vorstellungen von der spanischen und deutschen Kultur

Organisatorisches	
Dauer	mindestens 45 Minuten
Sozialform	Plenum
Material	• Moderationswand mit Papierbogen (groß) • Stifte • Moderationskarten, ggf. Folie
Vorbereitung	Eisberg-Modell auf den Papierbogen der Moderationswand zeichnen
Unterrichtssprache	Spanisch / Einführung auch auf Deutsch

Durchführung

Der Begriff „Kultur“ wird in der Klasse besprochen. Hierfür werden die Schüler in einem ersten Schritt gefragt, was sie unter „Kultur“ verstehen bzw. was aus ihrer Sicht alles zur „Kultur“ gehört. Die Begriffe werden auf Moderationskarten notiert. Der Lehrer kann schon vorbereitete Moderationskarten mit Elementen der Kultur aus dem Lösungsvorschlag mitbringen und ergänzen.
Der Lehrer stellt das Eisberg-Modell kurz anhand einer Zeichnung auf einer Moderationswand vor. Dies kann auf Deutsch erfolgen.

Das Eisberg-Modell
Das Besondere eines Eisbergs besteht darin, dass sich ein großer Teil unter Wasser befindet. Damit ist die Situation vergleichbar, in der sich Menschen – und ganz besonders Menschen mit einem anderen kulturellen Hintergrund – begegnen: Wir sehen nur einen Teil dessen, was diesen Menschen ausmacht. Das meiste bleibt uns verborgen bzw. wird von uns nur vermutet, wobei gleichzeitig unsere Vorurteile und Stereotype aktiviert werden können.
Es ist offensichtlich, dass wir, je länger wir jemanden kennen, desto besser wissen, was sich unterhalb der Oberfläche befindet. Der Eisberg als Kulturmodell entspricht zwar nicht einem dynamischen Kulturbegriff, der die prozesshafte Wandelbarkeit von kulturellen Austauschprozessen und kultureller Vielfalt, wie es modernen Gesellschaften entspricht, reflektiert. Dennoch ist seine Verwendung im Spanischunterricht im Hinblick auf seine Pragmatik und Orientierungsfunktion für die Schüler gut zu vertreten.

Danach ordnen die Schüler die Moderationskarten dem Eisberg mit folgender Aufgabenstellung zu: „Stellt euch vor, ihr reist als Tourist erstmals in ein Land. Welche dieser Elemente, die zur Kultur gehören, sind gleich sichtbar und welche sind nicht gleich zu erkennen? Pinnt die Elemente, die ihr erkennen könnt, über die Wasseroberfläche; die, die ihr nicht erkennen könnt, unter die Wasseroberfläche.“
Wichtig ist, dass der Lehrer an dieser Stelle nicht eingreift, sondern die Schüler dazu ermuntert, erst einmal eine eigene Entscheidung zu treffen. Danach schließt sich eine Diskussion an.

Auswertung Die Klasse betrachtet den so entstandenen Eisberg. Sollten Begriffe in der ersten Arbeitsphase falsch angeordnet worden sein, wird dies in einem gemeinsamen Gespräch – evtl. mit Hilfestellung des Lehrers – diskutiert und entsprechend korrigiert. Dazu kann es sinnvoll sein, Impulsfragen zu stellen:

- Woran erkennst du, ob jemand Deutscher, Türke, Kroate etc. ist?
- Woran erkennst du, welche Religion jemand ausübt? Woran erkennst du, dass jemand keine Religion ausübt?
- etc.

Wichtig ist, dass die Schüler genügend Raum erhalten, um zu erkennen, dass die meisten Kärtchen unterhalb der Wasseroberfläche angebracht werden. Dies verdeutlicht die Komplexität von Kultur.
Außerdem wird oft deutlich, dass auch in einer relativ homogenen Gruppe ein Begriff unterschiedlich verstanden wird.

Varianten **Bei wenig Zeit:**
Wenn nur wenig Zeit zur Verfügung steht, wird nur das Arbeitsblatt von den Schülern in Einzel- oder Partnerarbeit ausgefüllt und im Anschluss diskutiert. Der Lehrer hat eine Folie mit dem Eisberg-Modell als Lernzielkontrolle dabei.

Bei mehr Zeit:
Die Schüler erhalten folgende Fragen als Leitfragen auf einer Folie:

1. Was versteht ihr unter Kultur?
2. Wozu dient Kultur?
3. Wie entwickelt / verändert sich Kultur?
4. Welche Arten von Kulturen gibt es?
5. Was sind sichtbare / unsichtbare Elemente von Kultur?

Die Schüler diskutieren in Gruppen über jede Frage und halten ihre Ergebnisse auf Moderationskarten fest.
Danach werden die Ergebnisse pro Frage an Moderationswänden angebracht, wobei die Ergebnisse zu Frage 5 am Modell des Eisbergs, das dann eingeführt wird, festgehalten werden.

Vertiefung

- Die Schüler überlegen, was bzw. welche Begriffe zu einem deutschen bzw. spanischen Eisberg gehören könnten.
- An dieser Stelle kann das Thema „Stereotype / Vorurteile" diskutiert werden.
- Die Übung kann immer dann eingesetzt werden, wenn der Begriff „Kultur" diskutiert wird.
- Thematisch gut schließt sich folgende Übung an:
  15 El mapa incompleto / Der verrückte Stadtplan

Quelle Hofmann, Heidemarie / Mau-Endres, Birgit / Ufholz, Bernhard: Schlüsselqualifikation Interkulturelle Kompetenz. Arbeitsmaterialien für die Aus- und Weiterbildung. Bielefeld: Bertelsmann; 2005, S. 10 f.

Hoja de ejercicios / Arbeitsblatt

Ejercicio 1

Imagínate que vas a un país por primera vez. ¿Qué conforma para ti la cultura de un país?
¿Qué elementos forman parte de esa cultura?
Anota todos los términos que se te ocurran.

____

____

____

____

____

Ejercicio 2

¿Qué elementos de los que has enumerado en el ejercicio 1 son visibles rápidamente cuando vas a un país por primera vez y cuáles no se pueden reconocer tan deprisa?
Anota los elementos visibles en la parte superior del iceberg por encima de la superficie del agua y los que no son visibles en la parte inferior del iceberg sumergida en el agua.

Interkulturelle Kompetenz – Spanisch
ISBN 978-3-12-536961-0

Posibles soluciones a la hoja de ejercicios / Lösungsvorschlag zum Arbeitsblatt

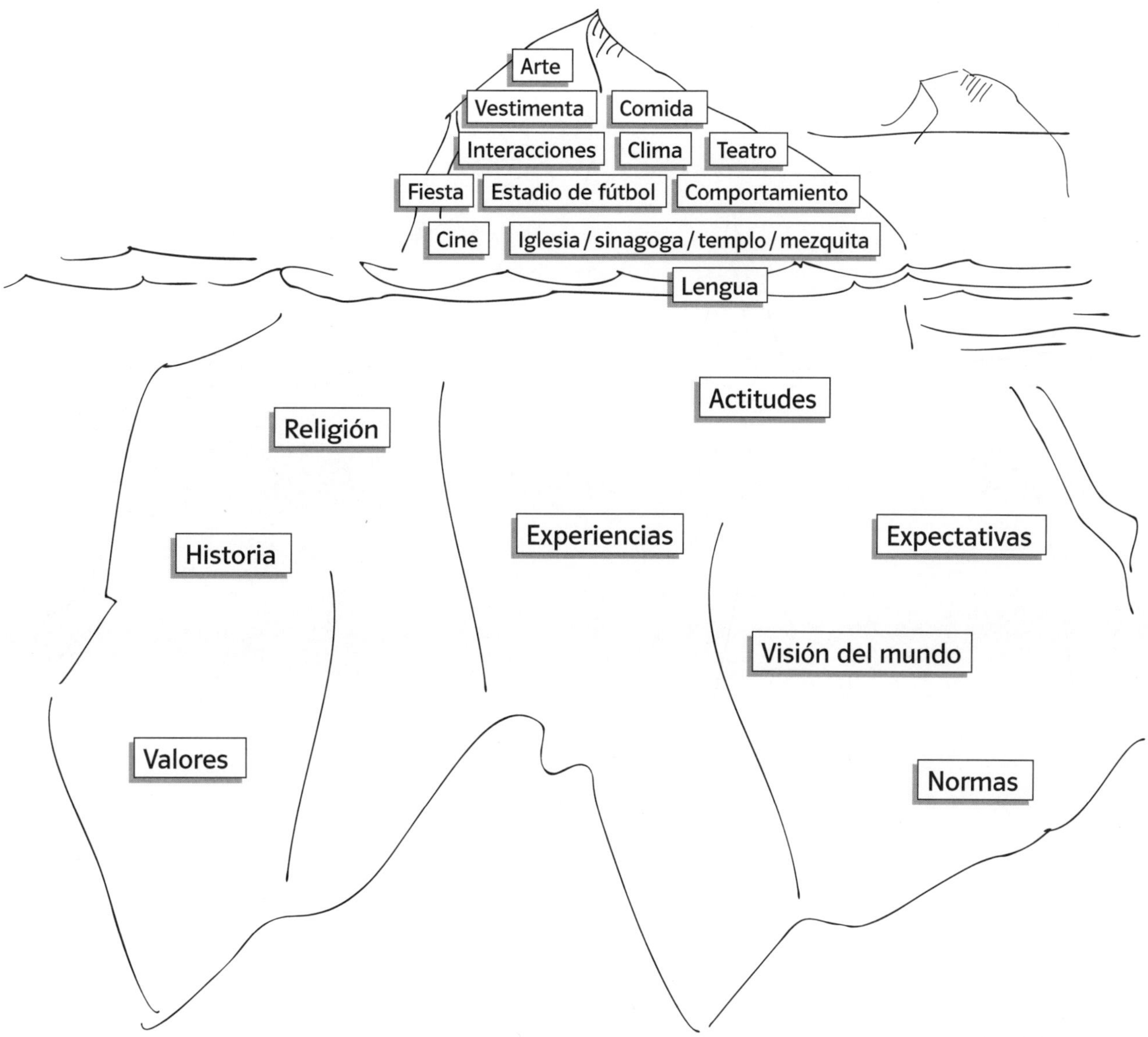

Interkulturelle Kompetenz – Spanisch
ISBN 978-3-12-536961-0

Material fotocopiable / Kopiervorlage

Interkulturelle Kompetenz – Spanisch
ISBN 978-3-12-536961-0

Cosas «típicas» / Landestypische Dinge

Am Beispiel von Gegenständen, die zwar für viele Menschen in Deutschland zum Alltag gehören, in Spanien aber meist völlig unbekannt sind, entwickeln die Schüler ein Bewusstsein für die eigene Kultur. Im Anschluss erarbeiten sie eine Beschreibung und Erklärung dieser Dinge für Angehörige der anderen Kultur und trainieren damit die Übernahme der Fremdperspektive.

Lernziele / Kompetenzen
- Bewusstsein für die eigene Kultur
- Perspektivenwechsel

Organisatorisches	
Dauer	ca. 30 Minuten
Sozialform	Einzel- oder Partnerarbeit, Kleingruppen möglich
Material	Arbeitsblätter
Unterrichtssprache	Spanisch / Anfänger auch auf Deutsch

Durchführung Das Arbeitsblatt kann im Unterricht in Partnerarbeit oder in Kleingruppen bearbeitet oder als Hausaufgabe vorbereitet werden. Die Präsentation der Ergebnisse kann im Plenum erfolgen. Der erste Teil des Arbeitsblattes befasst sich mit deutschen Gegenständen, die in Spanien weitgehend unbekannt sind.
Im zweiten Teil lernen die Schüler einige „typisch spanische bzw. lateinamerikanische" Dinge kennen und erkunden deren Bedeutung und Zweck. Hierfür kann es hilfreich sein, einen Internetzugang, Wörterbücher oder andere Recherchemöglichkeiten zur Verfügung zu stellen. Möglicherweise können die Schüler die Aufgabe auch aus der eigenen Erfahrung, durch Befragung des Lehrers oder Spekulation lösen.

Varianten
- Die beiden Teile der Übung können auch getrennt voneinander behandelt werden.
- In fortgeschrittenen Gruppen können auch nur Bilder bzw. die Gegenstände als Anlass zur freien Textproduktion in der Fremdsprache (schriftlich/mündlich) gezeigt werden.
- Eine kreative Variante zur Erweiterung der Betrachtungsperspektiven besteht in der Aufgabe, für jedes Objekt alternative Verwendungsmöglichkeiten zu finden und diese zu beschreiben.
- Bei jüngeren Schülern kann ein jahresübergreifender Geburtstagskalender als „deutsches Objekt" gebastelt werden, der dann an eine Partnerklasse geschickt wird.
- Objekte aus anderen Kulturen (aus dem Herkunftsland der Eltern, Souvenirs aus dem Urlaub, nach Internetrecherche ...), die „fremd" oder „anders" erscheinen, können als Gegenstand oder Bild in den Unterricht mitgebracht und vorgestellt werden. Auch der Lehrer kann eigene „spanische" Dinge mitbringen.

Vertiefung
- Vertiefend kann auf den Kulturbegriff eingegangen werden: Neben den Gegenständen gehören auch Handlungsweisen und Werte zur Kultur. In der Diskussion sollte darauf hingewiesen werden, dass Kulturen Produkte interkultureller Austauschprozesse und keinesfalls homogen und starr sind. So kommen manche als „typisch" empfundene Dinge gar nicht aus der vermuteten Kultur, wie z. B. die Kartoffel nicht aus Deutschland, sondern aus Südamerika. Ausgehend von den kulturspezifischen Beispielen des Arbeitsblattes sollten auch Gemeinsamkeiten erarbeitet und auf Gegenstände, die in beiden Kulturen vorhanden sind, hingewiesen werden.
- Im Anschluss an diese Übung bietet sich die Bearbeitung folgender Übung an: *02 El iceberg cultural / Der Eisberg – Ein Kulturmodell*

Hoja de ejercicios / Arbeitsblatt

Ejercicio 1

Cosas desconocidas en España y Latinoamérica

Los siguientes objetos son propios de la vida cotidiana en Alemania, pero no se conocen en España ni en Latinoamérica. Explícale a un amigo español o latinoamericano qué son y para qué sirven.

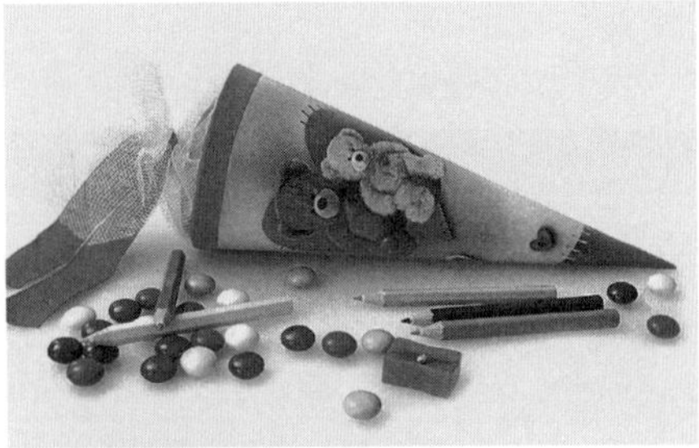

Me regalaron una «Schultüte» cuando ______________________________

____

Dentro de una «Schultüte» hay por ejemplo ______________________________

____

Se pueden encontrar muchos «Strandkörbe» en ______________________________

____

Un «Strandkorb» sirve para ______________________________

____

Puedes encontrar un «Eierpiekser» en ______________________________

____

Un «Eierpiekser» sirve para ______________________________

____

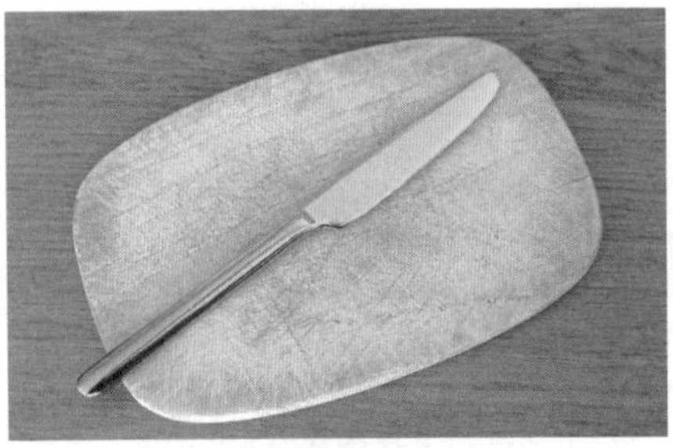

Hay «Frühstücksbrettchen» en ______________________________

____

Una «Frühstücksbrettchen» sirve para ______________________________

____

Puedes encontrar un «Stövchen» en ______________________________

____

Un «Stövchen» sirve para ______________________________

____

Interkulturelle Kompetenz – Spanisch
ISBN 978-3-12-536961-0

Un «Geburtstagskalender» suele estar en ______________________________

____

Un «Geburtstagskalender» sirve para ______________________________

____

Hay «Fahrradstraße(n)» en ______________________________

____

Una «Fahrradstraße» consiste en ______________________________

____

Suelen tener un «Poesiealbum» ______________________________

____

Un «Poesiealbum» sirve para ______________________________

____

Un «Putzplan» suele estar en ______________________________

____

Un «Putzplan» sirve para ______________________________

____

Ejercicio 2

Cosas desconocidas en Alemania

Los siguientes objetos se encuentran frecuentemente en España o en distintos países de Latinoamérica pero no son comunes en Alemania. Explícale a un amigo alemán qué son y para qué sirven.

Puedes encontrar una grasera en ______________________________

____

Una grasera sirve para ______________________________

____

La guampa y la bombilla se usan sobre todo en ______________________________

____

La guampa y la bombilla sirven para ______________________________

____

Interkulturelle Kompetenz – Spanisch
ISBN 978-3-12-536961-0

Hay moto-taxis en ____

____

Una moto-taxi sirve para ____

____

Verás kioscos de prensa en ____

En un kiosco de prensa puedes comprar ____

Verás kioscos de la ONCE en ____

En un kiosco de la ONCE puedes ____

Hay tornos de entrada en ____

____

Un torno de entrada sirve para ____

____

Se usan piñatas sobre todo en ____

____

Dentro de una piñata hay por ejemplo ____

El «baby» lo llevan ____

____

El «baby» sirve para ____

____

Se usan sábanas en ____

____

Una sábana sirve para ____

Interkulturelle Kompetenz – Spanisch
ISBN 978-3-12-536961-0

Posibles soluciones a la hoja de ejercicios / Lösungsvorschlag zum Arbeitsblatt

Ejercicio 1
Me regalaron una «Schultüte» cuando empecé a ir al colegio. La «Schultüte» se regala a los niños el primer día de clase. Es un cono grande de cartón, decorado por fuera, que tiene regalos dentro. Dentro de una «Schultüte» hay, por ejemplo, caramelos y dulces, juguetes pequeños, así como materiales para el colegio: lápices de colores, gomas, sacapuntas, etc.

Se pueden encontrar muchos «Strandkörbe» en las playas alemanas del mar del Norte y del mar Báltico. Son asientos para la playa hechos de madera y mimbre. Se pueden sentar dos personas y tienen protección en la parte de arriba y a los lados. Un «Strandkorb» sirve para protegerse del sol, pero también del viento frecuente de las costas del mar del Norte y del mar Báltico.

Puedes encontrar un «Eierpiekser» en muchas cocinas alemanas. El «Eierpiekser» sirve para hacer un agujerito en la cáscara del huevo antes de cocerlo, así no se abre la cáscara durante la cocción.

Hay «Frühstücksbrettchen» en la mayoría de las cocinas alemanas. Se trata de una tabla individual de madera o plástico, que protege la mesa del comedor (o de la cocina). Una «Frühstücksbrettchen» sirve para cortar y preparar sobre ella las rebanadas de pan (así como queso u otros alimentos) para el desayuno y para la cena. De este modo se protege la mesa. Muchas veces se utiliza como plato.

Puedes encontrar un «Stövchen» en la cocina o en el salón de muchas casas alemanas. El «Stövchen» sirve para mantener el té (a veces también el café) caliente mediante el calor de una vela pequeña.

El «Geburtstagskalender» suele estar en la pared de una habitación o de la cocina. También se puede sujetar al frigorífico con imanes. El «Geburtstagskalender» sirve para recordar los cumpleaños de familiares y amigos. Se trata de un calendario con los meses y los días (pero sin los días de la semana, así sirve para todos los años), donde se escriben los nombres de las personas queridas.

Hay «Fahrradstraße(n)» en muchas ciudades de Alemania. Una «Fahrradstraße» consiste en una calle, donde sólo se puede ir en bicicleta. Sólo pueden circular otros vehículos por esta calle si hay una señal que lo permite. En ese caso, la bicicleta tiene preferencia y los demás vehículos tienen que circular a menor velocidad (normalmente 30 Km/h).

Suelen tener un «Poesiealbum» los niños en edad escolar y adolescentes de muchas familias alemanas. Un «Poesiealbum» sirve para coleccionar textos breves (frases, proverbios, poemas, comentarios amables), a veces dibujos o fotografías de amigos, familiares y profesores para tener un recuerdo de ellos. El niño o adolescente le da el álbum a estas personas y ellos mismos escriben o pegan algo antes de devolverlo.

El «Putzplan» suele estar en la pared de la cocina o del pasillo de muchos pisos compartidos en Alemania. Un «Putzplan» sirve para organizar la limpieza semanal de las habitaciones comunes del piso. Cada compañero de piso limpia una habitación distinta cada semana, por ejemplo, una semana la cocina, otra el cuarto de baño, otra el pasillo, etc.

Ejercicio 2
Puedes encontrar una grasera en la mayoría de las cocinas españolas. Una grasera sirve para filtrar y conservar el aceite de freír. El aceite de oliva, muy popular en España, se puede usar una o dos veces más si está limpio, y no pierde sus propiedades. Normalmente se usan diferentes graseras para el pescado y para la carne u otros alimentos (por ejemplo, huevos).

La guampa y la bombilla se usan sobre todo en Argentina, Uruguay, Paraguay y en zonas de Chile, Bolivia y Brasil.
La guampa y la bombilla sirven para beber el mate, que es una infusión (bebida caliente) de la yerba mate. Esta yerba tiene efectos estimulantes y digestivos.

Hay moto-taxis en diversas zonas metropolitanas de Colombia y Perú. La moto-taxi sirve para transportar gente a distancias cortas. Este transporte funciona muy bien en la ciudad y es muy barato. El uso de la moto-taxi a menudo no es oficial, pero hay muchas en estos países.

Verás kioscos de prensa en todas las ciudades españolas. En España es mucho más común comprar el periódico cada día que tener un abono y recibirlo por correo. En un kiosco de prensa puedes comprar todo tipo de periódicos y revistas. En la mayoría de los kioscos venden también otros productos como tarjetas postales o chucherías para los niños.
En un kiosco de la ONCE puedes comprar lotería de esta organización que ayuda a personas invidentes y discapacitadas.

Interkulturelle Kompetenz – Spanisch
ISBN 978-3-12-536961-0

Hay tornos de entrada en todas las estaciones de metro de las ciudades españolas que tienen trenes metropolitanos (Madrid, Barcelona, Bilbao y Valencia). El torno de entrada sirve para validar el billete de viaje y evitar el acceso de pasajeros sin billete.

Se usan piñatas sobre todo en México. Su uso se ha extendido desde allí especialmente a los países de América Central, a los estados del sur de Estados Unidos y también a otros países hispanohablantes, donde tienen menos popularidad. Las piñatas se usan generalmente en los cumpleaños de los niños. Dentro de una piñata hay, por ejemplo, dulces, caramelos, frutas y pequeños regalos o sorpresas. El niño que cumple años, con los ojos vendados y un palo en la mano, tiene que intentar romper la piñata, que cuelga del techo por una cuerda.

El «baby» lo llevan en muchos colegios españoles los niños de preescolar (3 a 5 años) y a veces también los niños que están en los primeros años de la enseñanza primaria (a partir de los 6 años). El «baby» sirve para que los niños pequeños no se manchen o estropeen mucho la ropa en el colegio. También es un tipo de uniforme escolar.

Se usan sábanas en la mayoría de las camas españolas. Encima de las sábanas se coloca una colcha y en invierno se colocan una o varias mantas entre las sábanas y la colcha. La sábana sirve para tapar a la persona que está en la cama. Las sábanas se meten bajo el colchón.

Interkulturelle Kompetenz – Spanisch
ISBN 978-3-12-536961-0

¡Entenderse por señas! La comunicación no verbal en español / Mit Händen und Füßen sprechen – Nonverbale Kommunikation auf Spanisch

Die Schüler lernen spanische Gesten und andere Aspekte nonverbaler Kommunikation kennen und analysieren deren Anwendung in verschiedenen Situationen und mit unterschiedlichen Gesprächspartnern.

Lernziele / Kompetenzen
- Sensibilisierung für nonverbale Kommunikation
- Perspektivenwechsel

Organisatorisches	
Dauer	45 Minuten
Sozialform	Einzel- oder Partnerarbeit
Material	Arbeitsblätter
Unterrichtssprache	Spanisch / Anfänger auch auf Deutsch

Durchführung Die Übung eignet sich als Teil einer größeren Unterrichtseinheit zur interkulturellen Kommunikation, als Eisbrecher am Anfang einer Stunde oder auch als Unterbrechung einer anderen, längeren Unterrichtseinheit.
Zu Beginn sollte der Lehrer auf die Bedeutung nonverbaler Kommunikation hinweisen. Als Einstieg in die Thematik dienen die Fotos auf Arbeitsblatt 1 zu den spanischen Begrüßungsformen.
Bei der Bearbeitung von Arbeitsblatt 2 werden die verschiedenen Begrüßungsformen in Abhängigkeit zu den jeweils Beteiligten reflektiert. Bei der Auswertung von Arbeitsblatt 2 sollte Raum für die Diskussion eigener Erfahrungen der Schüler gegeben werden.
Als Einstieg in Arbeitsblatt 3 kann ein Ausschnitt der spanischen Fernsehserie „Splunge“ (www.ecos-online.de/tags/gestos) gezeigt werden.
Die Schüler verstehen vermutlich nur wenig von den Dialogen, da die Schauspieler relativ schnell sprechen. Im Gespräch wird sich zeigen, dass einige der nonverbalen Elemente verstanden werden konnten, da die Gesten sich selbst erklären (z. B. „fahren“, „kalt“), während andere kulturspezifisch (z. B. „zwei Bier“ oder „die Rechnung“) und damit nicht sofort verständlich sind. Ihre Bedeutung kann aber möglicherweise aus dem Kontext erschlossen werden.
Nun wird der Ausschnitt noch einmal, aber mit Untertiteln (www.ticele.es/2009/10/video-subtitulado-comunicacion-gestual-splunge/) gezeigt. Nach einem abschließenden Gespräch über die Verständlichkeit der Gesten kann noch auf die Kombination von verbaler und nicht verbaler Kommunikation eingegangen werden.
Arbeitsblatt 3 vertieft das Thema durch die Behandlung bedeutungstragender Gesten*, so genannter Embleme.
Die Arbeitsblätter 1 und 2 können auch getrennt voneinander eingesetzt werden.
Mit Arbeitsblatt 3 wird die Übung durch eine kreative Aufgabe erweitert: In einem interkulturellen Gestik-Ratgeber *(una guía de gestos)* sammeln die Schüler Beispiele für Gesten und ihre Verwendung in ihrem eigenen Umfeld. Hier können auch Gesten aus weiteren Kulturen, die in der Lerngruppe vertreten sind, aufgenommen und erklärt werden.

Vertiefung
- Als größeres Projekt kann ein Repertoire von Gesten aus verschiedenen Kulturen erarbeitet und für eine Präsentation aufbereitet werden, z. B. als Handbuch mit Fotos der Gesten oder als Ausstellung etc.
- Thematisch eng verknüpft ist das Thema Gestik mit dem Distanzverhalten, das Thema von Übung 17 ist. Eine Bearbeitung bietet sich also an.
  17 Hasta aquí… La proxémica, la lengua del espacio / Nähe und Distanz – Proxemik, die Sprache des Raumes
- Im Anschluss können folgende Übungen behandelt werden:
  26 La guía de viajes intercultural / Der interkulturelle Reiseführer
  29 El desafío de hablar una lengua extranjera: consejos y estrategias para comunicarse / Herausforderung Fremdsprache: Kommunikationsstrategien und -tipps

*Die Schüler können darauf hingewiesen werden, dass im Internet viele Gesten, darunter natürlich auch «gestos españoles», beschrieben oder auch szenisch dargestellt sind.

Hoja de ejercicios 1 / Arbeitsblatt 1

El saludo

Ejercicio 1

¿Qué pensáis de los diferentes tipos de saludos? ¿Cuál preferís? ¿Por qué?

Ejercicio 2

¿Cómo saludáis vosotros a estas personas? Pregunta a tus compañeros de clase.

Personaje	Gesto	Palabras o frase
Amigo / amiga del mismo sexo		
Amigo / amiga del sexo opuesto		
Mis padres		
Mis abuelos		
Mi profesor / profesora		
Un vendedor / una vendedora en una tienda		
El médico en la consulta		
El rey de España		

Interkulturelle Kompetenz – Spanisch
ISBN 978-3-12-536961-0

Hoja de ejercicios 2 / Arbeitsblatt 2

El saludo

1. El saludo en España: ¿Cuál es el saludo adecuado en las siguientes situaciones?
Relacionad las frases de la columna izquierda con una o varias de la columna de la derecha para crear frases con sentido.

Situación
Cuando me presentan a un compañero / una compañera de trabajo de mis padres,
Cuando veo a lo lejos a unos conocidos en una zona peatonal,
Cuando me encuentro con un buen amigo / con una buena amiga para ir al cine,
Cuando saludo a mi abuela,
Cuando saludo al médico en la consulta,
Cuando saludo a mi jefe,
Cuando dos señores se saludan,
Cuando dos señoras se saludan,

Forma habitual de saludar
continúo mi camino diciendo «hasta luego» y levantando la mano. Otras posibles frases: «¿qué tal?», «chao» (ésta última muy frecuente en Latinoamérica).
le doy un beso (si somos ambas chicas o si somos del sexo opuesto [en algunos países de Latinoamérica, por ejemplo Chile]).
le doy la mano.
le doy la mano o le doy dos besos (si es una mujer y yo soy un chico o si es hombre o mujer y yo soy una chica).
le doy la mano (en una situación especial, por ejemplo un encuentro oficial, o si hace tiempo que no nos vemos).
le doy la mano (si somos ambos chicos).
le doy dos besos (si somos ambas chicas o si somos del sexo opuesto).
digo «hola» o «buenos días» (sin tocarnos).
se dan dos besos.
se dan la mano.
digo «hola» o «buenos días» (sin tocarnos) (si el encuentro es cotidiano).
le doy un beso.
le doy la mano (si es un hombre y yo soy un chico).

2. ¿Cómo saludáis vosotros en las situaciones anteriores? Escribid en qué situaciones os comportaríais de otra forma.

Situación	Saludo

Interkulturelle Kompetenz – Spanisch
ISBN 978-3-12-536961-0

Soluciones a la hoja de ejercicios 2 / Lösungen zu Arbeitsblatt 2

1.

Situación	Posibles reacciones más habituales
Cuando me presentan a un compañero / una compañera de trabajo de mis padres,	le doy la mano (si es un hombre y yo soy un chico).
	le doy la mano o le doy dos besos (si es una mujer y yo soy un chico o si es hombre o mujer y yo soy una chica).
Cuando veo a lo lejos a unos conocidos en una zona peatonal,	continúo mi camino diciendo «hasta luego» y levantando la mano. Otras posibles frases: «¿qué tal?», «chao» (ésta última muy frecuente en Latinoamérica).
Cuando me encuentro con un buen amigo / con una buena amiga para ir al cine,	le doy la mano (si somos ambos chicos).
	le doy dos besos (si somos ambas chicas o si somos del sexo opuesto).
	le doy un beso (si somos ambas chicas o si somos del sexo opuesto [en algunos países de Latinoamérica, por ejemplo Chile]).
Cuando saludo a mi abuela,	le doy un beso.
Cuando saludo al médico en la consulta,	le doy la mano.
	digo «hola» o «buenos días» (sin tocarnos).
Cuando saludo a mi jefe,	le doy la mano (en una situación especial, por ejemplo un encuentro oficial, o si hace tiempo que no nos vemos).
	digo «hola» o «buenos días» (sin tocarnos) (si el encuentro es cotidiano).
Cuando dos señores se saludan,	se dan la mano.
Cuando dos señoras se saludan,	se dan dos besos.

Interkulturelle Kompetenz – Spanisch
ISBN 978-3-12-536961-0

Hoja de ejercicios 3 / Arbeitsblatt 3

El lenguaje corporal

1. ¿Qué crees que significan estos gestos? Anota tus ideas.

A
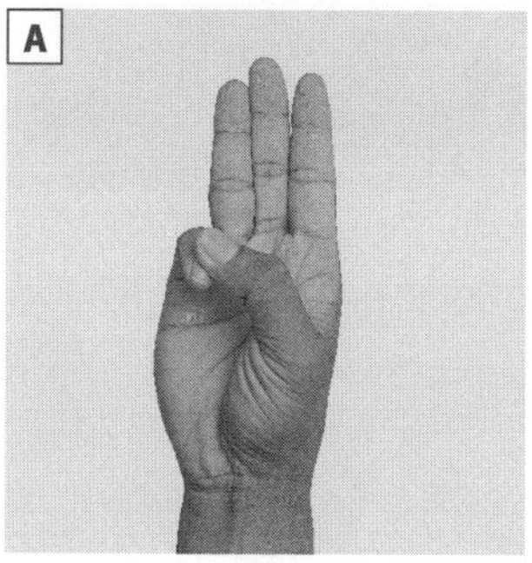

B

C
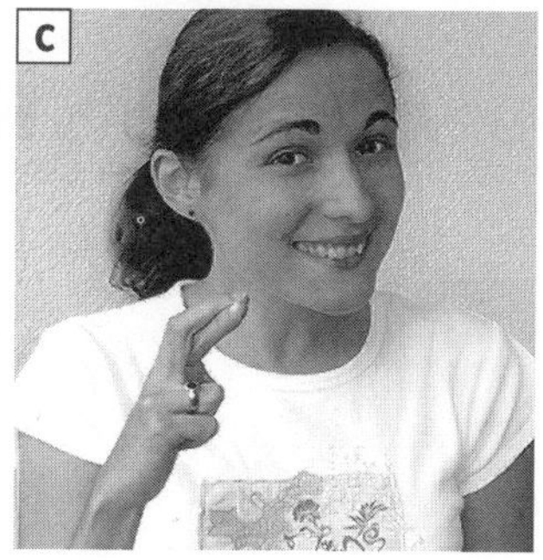

D

E
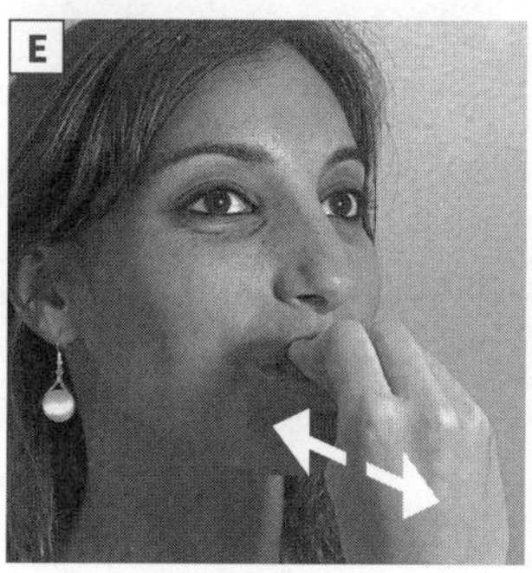

F

G

H

I

J

K

L
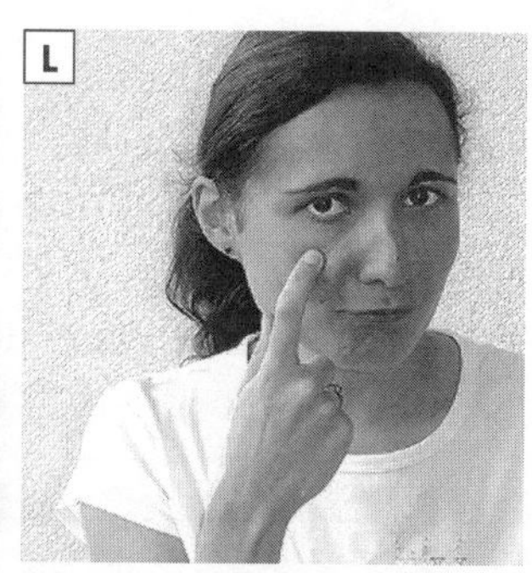

Interkulturelle Kompetenz – Spanisch
ISBN 978-3-12-536961-0

M

N
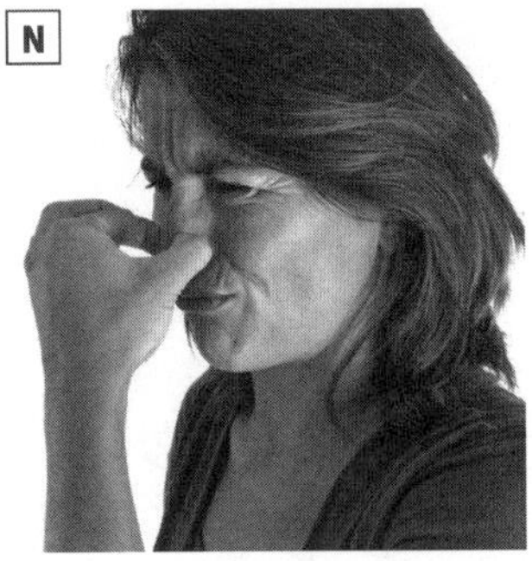

O
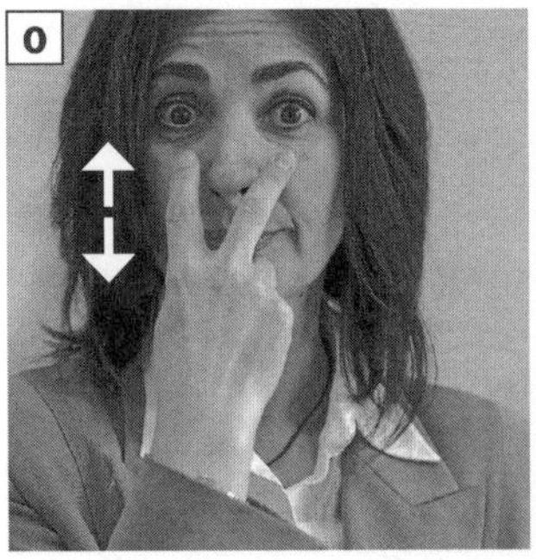

P
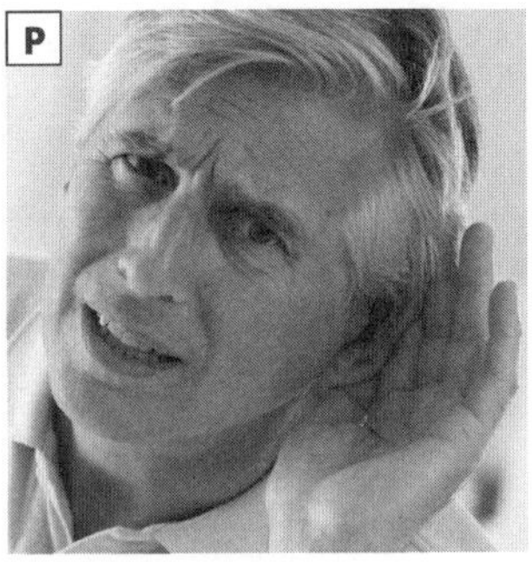

Q
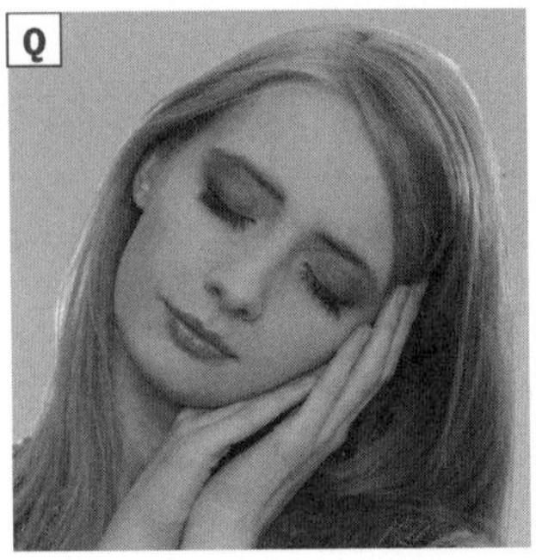

R
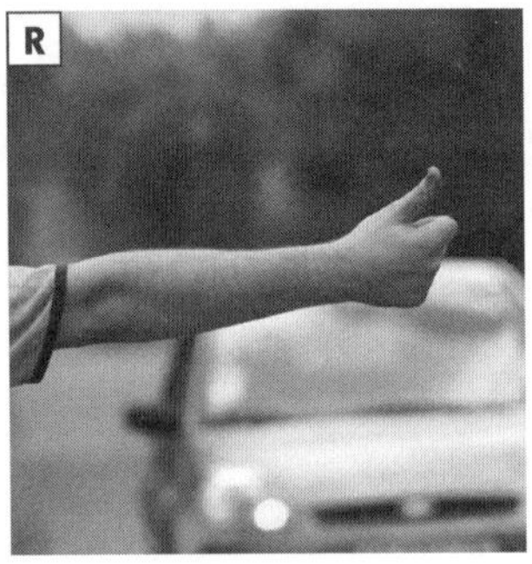

S
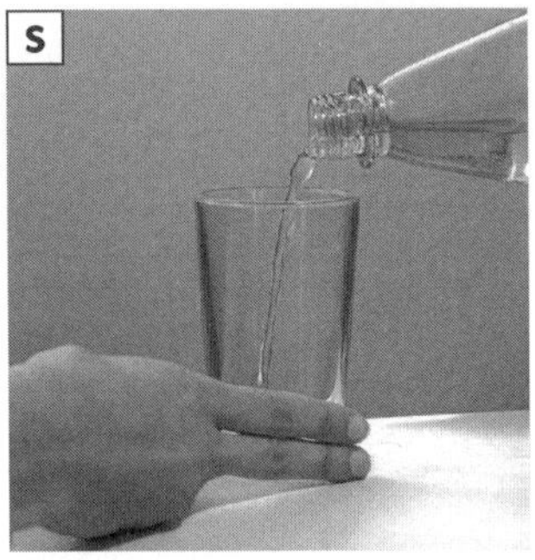

T

2. ¿Cuáles de estos gestos se utilizan también en Alemania?

3. ¿Cuáles de estos gestos tienen un significado diferente en Alemania?

Interkulturelle Kompetenz – Spanisch
ISBN 978-3-12-536961-0

4. Haced una guía de gestos típicos de la cultura alemana o de otras culturas a las que pertenezcáis. Podéis utilizar el modelo de abajo.

Guía de gestos intercultural

Dibujad el gesto aquí.	Dibujad el gesto aquí.	Dibujad el gesto aquí.
País de origen:	País de origen:	País de origen:
Significado:	Significado:	Significado:
Contexto de uso: ☐ entre amigos ☐ con los padres ☐ en clase ☐ con compañeros ☐ con personas mayores ☐ con un director	Contexto de uso: ☐ entre amigos ☐ con los padres ☐ en clase ☐ con compañeros ☐ con personas mayores ☐ con un director	Contexto de uso: ☐ entre amigos ☐ con los padres ☐ en clase ☐ con compañeros ☐ con personas mayores ☐ con un director
Dibujad el gesto aquí.	Dibujad el gesto aquí.	Dibujad el gesto aquí.
País de origen:	País de origen:	País de origen:
Significado:	Significado:	Significado:
Contexto de uso: ☐ entre amigos ☐ con los padres ☐ en clase ☐ con compañeros ☐ con personas mayores ☐ con un director	Contexto de uso: ☐ entre amigos ☐ con los padres ☐ en clase ☐ con compañeros ☐ con personas mayores ☐ con un director	Contexto de uso: ☐ entre amigos ☐ con los padres ☐ en clase ☐ con compañeros ☐ con personas mayores ☐ con un director

Interkulturelle Kompetenz – Spanisch
ISBN 978-3-12-536961-0

Soluciones a la hoja de ejercicios 3 / Lösungen zu Arbeitsblatt 3

A

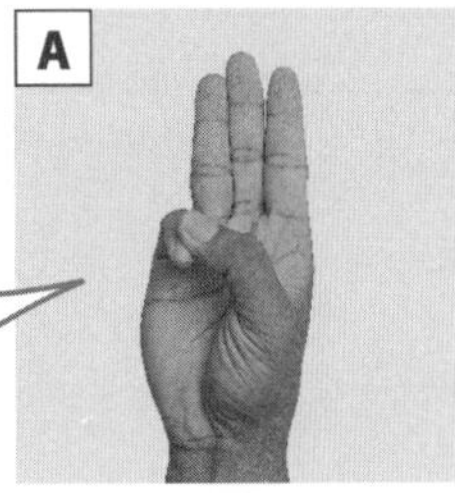

«Tres».

(Drei.)

Daumen und kleiner Finger berühren sich. Die drei anderen Finger sind gestreckt.

B

«Camarero, por favor».

(Kellner, bitte.)

Zeigefinger wird auf und ab bewegt.

C

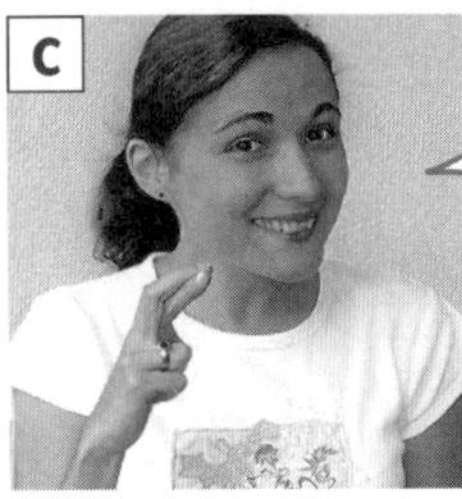

«¡Buena suerte!».

(Viel Glück! Ich drücke dir die Daumen.)

Hand hoch, Zeige- und Mittelfinger gekreuzt.

D

«¿Estás loco / loca o qué?».

(Du tickst wohl nicht richtig! / Spinnst du?)

Zeigefinger dreht sich an der Schläfe.

E

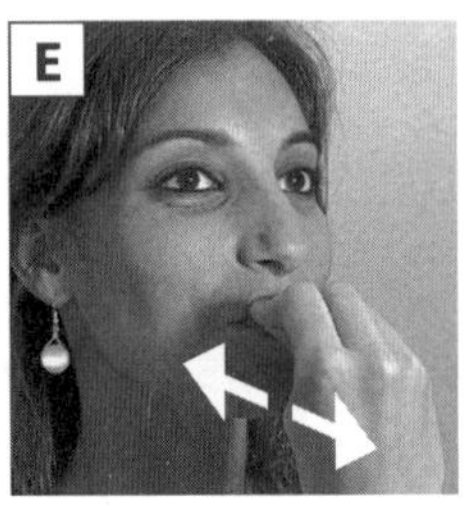

«Vamos a comer».

(Lasst uns essen gehen.)

Finger zu Korb formen und Richtung Mund vor und zurück bewegen.

F

«Te llamo». / «Hablamos por teléfono».

(Wir telefonieren.)

Faust ans Ohr, Daumen und kleinen Finger abspreizen.

G

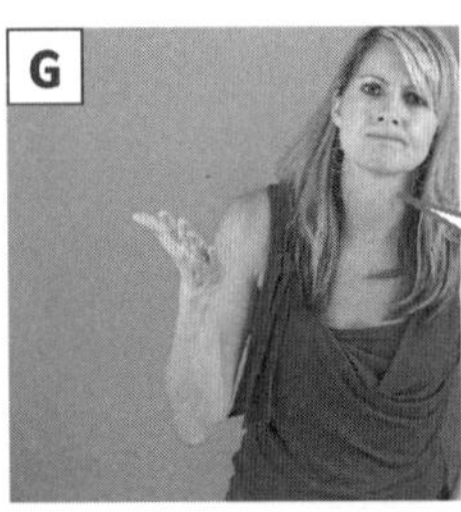

«¡Te vas enterar!». / «Te voy a dar».

(Drohgeste an unartige Kinder)

Arm angewinkelt, Handfläche auf Höhe der Schulter und nach oben gerichtet, Hand wird im Halbkreis nach rechts und links bewegt.

H

«¿Nos vamos?». / «Yo me voy.».

(Schluss jetzt! Lass uns gehen!)

Eine Hand klatscht auf die andere.

I

«¡No sé!». / «¡Ni idea!».

(Keine Ahnung! / Ich weiß auch nicht weiter.)

Schultern hochgezogen, Arme im Ellenbogen gebeugt, Handflächen auf Schulterhöhe nach oben.

J

«¡Chist!». / «¡Silencio, por favor!».

(Psst! / Ruhe!)

Zeigefinger senkrecht vor Mund halten.

Interkulturelle Kompetenz – Spanisch
ISBN 978-3-12-536961-0

K

«¡Qué cara!».

(Unverschämt.)

Handfläche oder Handrücken wird zweimal leicht gegen die Wange geschlagen.

L

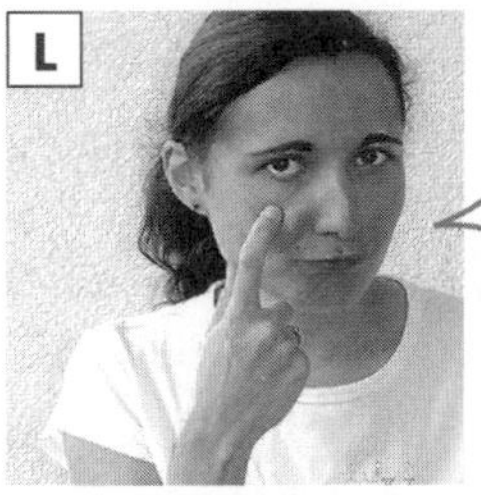

«¡Ten cuidado!». / «¡Mucho ojo!».

(Sei vorsichtig. / Pass auf!)

Zeigefinger „zieht" das Auge nach unten.

M

«¡Victoria!». / «¡Soy el / la mejor!».

(Sieg!)

Hand hoch, Zeige- und Mittelfinger bilden ein V.

N

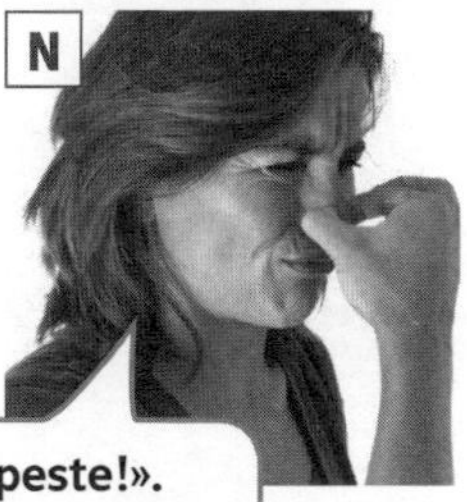

«¡Qué peste!».

(Das stinkt!)

Nase mit Daumen und Zeigefinger zuhalten.

O

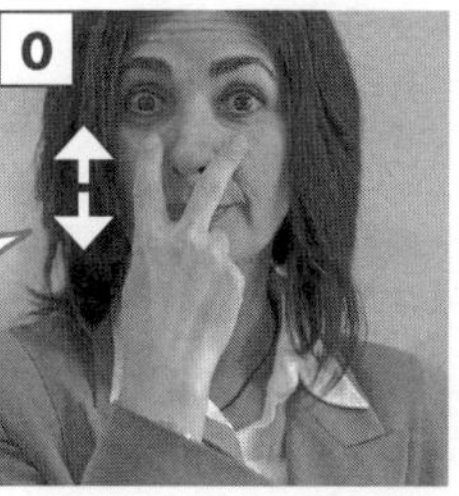

«Estoy a dos velas».

(Ich bin blank. / Ich habe keinen Pfennig mehr.)

Zeige- und Mittelfinger bilden ein „V" und bewegen sich an der Nase auf und ab.

P

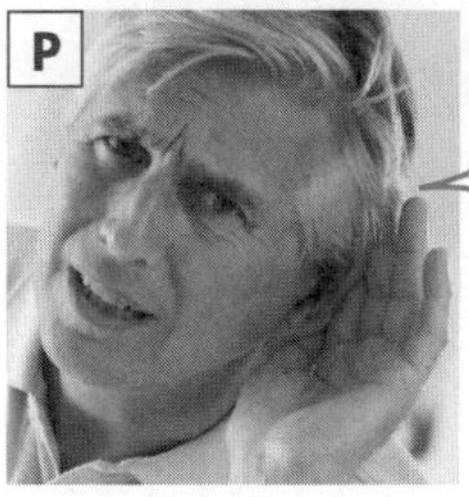

«¿Cómo?». / «¿Puedes hablar más alto?».

(Was? / Sprechen Sie doch etwas lauter!)

Gewölbte Handfläche verlängert die Ohrmuschel.

Q

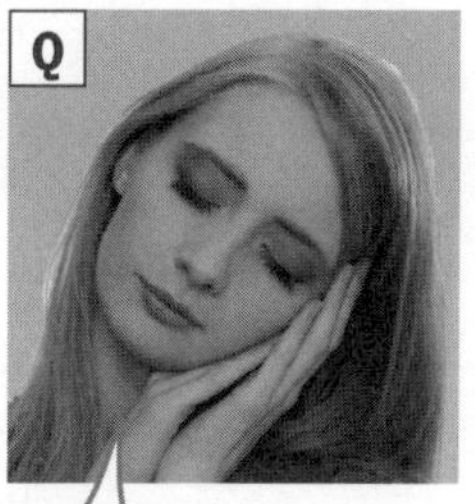

«Sólo quiero dormir».

(Ich möchte schlafen.)

Hände als Kissen unter leicht geneigten Kopf gelegt.

R

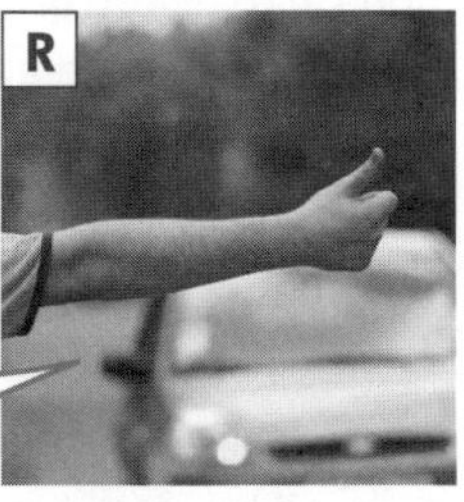

«¿Me llevas? [Haciendo autoestop]».

(der Tramper: Mitfahrgelegenheit gesucht.)

Faust: Daumen zeigt in Fahrtrichtung.

S

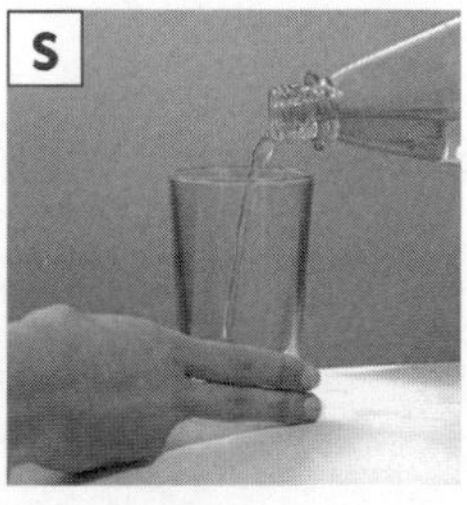

«Ponme un poco, pero sólo dos dedos».

(Also gut, aber höchstens zwei Fingerbreit.)

Zeige- und Mittelfinger werden zur Angabe der gewünschten Menge hingehalten.

T

«¡Esto está lleno de gente!».

(Voll hier!)

Finger einer oder beider Hände wiederholt zu Korb formen.

Interkulturelle Kompetenz – Spanisch
ISBN 978-3-12-536961-0

Te tomo la palabra: proverbios y valores / Beim Wort nehmen – Sprichwörter und Werte

Anhand von spanischen Sprichwörtern erkunden die Schüler das Thema „Kulturelle Wertvorstellungen" und üben, diese zu erkennen. Darüber hinaus werden Gemeinsamkeiten und Unterschiede zwischen den deutschen und spanischsprachigen Kulturen diskutiert. Abschließend wenden die Schüler das Gelernte auf die eigene Kultur an.

Lernziele / Kompetenzen
- Kenntnisse von eigenen kulturellen Werten
- Perspektivenwechsel
- Reflexion und Diskussion von Werten, Unterschieden zwischen Werten sowie des Verhältnisses von Kultur und Werten

Organisatorisches	
Dauer	45 Minuten
Sozialform	Partnerarbeit, dann Diskussion im Plenum
Material	Arbeitsblätter
Unterrichtssprache	Spanisch, ggf. mit Wörterbuch oder Internetrecherche / Anfänger auch auf Deutsch

Durchführung

Sprichwörter
«Un proverbio es una frase corta basada en una larga experiencia.» Dieser Satz des spanischen Schriftstellers Miguel de Cervantes verweist darauf, dass Sprichwörter und Redewendungen häufig in stark verkürzter Form Ansichten, Einstellungen und Werte ausdrücken, die tief in einer Kultur verwurzelt sind. Viele Sprichwörter haben zwar auch über sprachliche und kulturelle Grenzen hinweg Gültigkeit, dennoch eignen sich einige gut dazu, Differenz und Missverstehen zu illustrieren – nicht zuletzt, da sie oft nur sehr schwer zu übersetzen sind. Die Redewendungen und Sprichwörter stehen damit stellvertretend für viele kulturell geprägte Verhaltensweisen und Schwierigkeiten in der interkulturellen Kommunikation.

Das Arbeitsblatt kann in Partnerarbeit oder Kleingruppen bearbeitet werden. Der Lehrer sollte in der Vorstellung der Übung auf den Zusammenhang zwischen den Sprichwörtern und kulturellen Unterschieden hinweisen. Die Schüler erarbeiten zunächst den Sinn der angegebenen spanischen Sprichwörter und versuchen anschließend, über damit verknüpfte Wertvorstellungen zu diskutieren und Übersetzungen anzufertigen. Je nach Sprachkenntnissen können dafür Recherchehilfen wie Wörterbücher oder das Internet genutzt werden. Dabei ist es weniger Ziel, die „richtigen" Werte und Übersetzungen zu finden, als vielmehr für Verständnisprobleme und Übertragungsschwierigkeiten allgemein zu sensibilisieren. Eventuelle Unklarheiten und Übersetzungsprobleme können in der Gruppe aufgegriffen und diskutiert werden.
In der Erweiterung suchen die Schüler nach deutschen Sprichwörtern, die sie für charakteristisch – d. h. „typisch deutsch" – halten, und ordnen diesen Werte zu. Als Beispiele können genannt werden:
- Zeit ist Geld. (Pünktlichkeit / gegen Müßiggang)
- Jeder ist seines Glückes Schmied. (Individualismus / Eigenverantwortung)
- Ohne Fleiß kein Preis. (Fleiß)
- Ordnung ist das halbe Leben. (Ordnung)

Wenn noch Zeit bleibt, kann versucht werden zu (er)klären, warum manche Sprichwörter keine Entsprechung in der jeweils anderen Sprache haben bzw. warum sich die Sprichwörter in Nuancen unterscheiden.

Varianten
- Aufgabe 4 kann auch als Hausaufgabe zur Präsentation und Diskussion in der nächsten Stunde vorgesehen werden. In der Diskussion kann der Fokus dann auf „typisch deutsch" und die Problematisierung der Repräsentativität der ausgewählten Werte gelegt werden.
- In Gruppen mit vielen Schülern mit Migrationshintergrund bietet sich als Vertiefung an, auch Sprichwörter aus anderen präsenten Kulturen einbringen zu lassen und die Diskussion der deutschen Sprichwörter um diese Perspektiven zu erweitern.
- Bei einer interkulturellen Begegnung ist eine Variante sinnvoll, in der zunächst – wie in Aufgabe 4 – in kulturell getrennten Gruppen Sprichwörter in der eigenen Sprache gesammelt werden, die dann nach Muster des Arbeitsblatts von der anderen Gruppe erarbeitet und schließlich im Plenum diskutiert werden.

Vertiefung
- Die Übung kann im Rahmen einer umfassenderen Unterrichtseinheit zur interkulturellen Kommunikation als Einstieg in die Behandlung von Kulturdimensionen und Kulturstandards eingesetzt werden, z. B. zur Bearbeitung interkultureller Missverständnisse, die in den folgenden Übungen thematisiert werden:
  19 Encuentros hispano-alemanes: casos prácticos / Begegnungen im Partnerland: Fallstudien
  20 La cooperación hispano-alemana: casos prácticos / Deutsch-spanische Zusammenarbeit: Fallstudien
  21 La normativa: caso práctico / Die Vorschrift: Fallstudie
- Ebenso kann die Übung als Einstieg in die eher theoretische Auseinandersetzung des Verhältnisses von Werten und Kultur genutzt werden. Dann schließen sich die folgenden Übungen an:
  22 Las dos caras de la misma moneda: reinterpretar estándares culturales / Die zwei Seiten der Medaille – Kulturstandards umdeuten
  23 El cuadrado de los valores culturales / Kulturquadrate
- Weiterhin bietet es sich an, die Übung im Zusammenhang mit dem Kulturbegriff im Eisberg-Modell zu behandeln:
  02 El iceberg cultural / Der Eisberg – Ein Kulturmodell
  Sprichwörter können dort als sichtbarer Ausdruck von (unsichtbaren) Werten eingebracht werden.
- Folgen kann außerdem die Beschäftigung mit persönlichen Einflüssen und Werten:
  07 Mi flor cultural / Meine Kulturblume

Quelle in Anlehnung an Losche, Helga: Interkulturelle Kommunikation. Sammlung praktischer Spiele und Übungen. 3. Aufl. Augsburg: Ziel; 2003, S. 206 f. (dort nach einer Idee von Robert Kohn: „Proverbs: Culture and Values". In: Corder, Lloyd E. & others: Intercultural Training: An Overview. Program and Evaluation. 1989, S. 12)

Hoja de ejercicios / Arbeitsblatt

1. Lee los proverbios o expresiones siguientes. ¿Cuál puede ser su significado en alemán?

Proverbio / Expresión	Significado en alemán
A quien madruga Dios le ayuda.	
Aunque la mona se vista de seda, mona es y mona se queda.	
Con pan y vino se anda el camino.	
Dar gato por liebre.	
¿Dónde va Vicente? Donde va la gente.	
Más vale lo malo conocido que lo bueno por conocer.	
Procura lo mejor, espera lo peor y toma lo que viniere.	
Que me quiten lo baila(d)o.	
Ser como el perro del hortelano, que ni come ni deja comer.	

2. ¿Qué valores crees que representan estos proverbios o expresiones? Discútelo con tus compañeros.

Proverbio / Expresión	Valores (ejemplos)
A quien madruga Dios le ayuda.	
Aunque la mona se vista de seda, mona es y mona se queda.	
Con pan y vino se anda el camino.	
Dar gato por liebre.	
¿Dónde va Vicente? Donde va la gente.	
Más vale lo malo conocido que lo bueno por conocer.	
Procura lo mejor, espera lo peor y toma lo que viniere.	
Que me quiten lo baila(d)o.	
Ser como el perro del hortelano, que ni come ni deja comer.	

3. Algunos de estos refranes o expresiones tienen sus equivalentes en alemán. ¿Cuáles podrían ser?

____

____

____

____

4. Busca cinco expresiones o proverbios de tu lengua materna que en tu opinión reflejen bien tu cultura.

Proverbio / Expresión	Significado

Interkulturelle Kompetenz – Spanisch
ISBN 978-3-12-536961-0

Posibles soluciones a la hoja de ejercicios / Lösungsvorschlag zum Arbeitsblatt

Ejercicio 1

Proverbio / Expresión	Significado en alemán
A quien madruga Dios le ayuda.	Wer nicht faul ist und sich anstrengt, wird (von Gott) mit Erfolg belohnt.
Aunque la mona se vista de seda, mona es y mona se queda.	Eigene Unzulänglichkeiten kann man zwar verstecken, aber nicht ganz loswerden.
Con pan y vino se anda el camino.	Nur auf einer soliden Grundlage kommt man vorwärts.
Dar gato por liebre.	Die Katze im Sack kaufen.
¿Dónde va Vicente? Donde va la gente.	Menschen ohne eigenes Urteilsvermögen folgen blind der Mehrheit.
Más vale lo malo conocido que lo bueno por conocer.	Es ist besser, das zu behalten, was man hat, auch wenn es nicht so gut ist, als es aufzugeben, um nach etwas Besserem zu suchen, das es vielleicht gar nicht gibt.
Procura lo mejor, espera lo peor y toma lo que viniere.	Wenn man etwas unternimmt, sollte man versuchen, das Beste zu erreichen, aber auch auf Rückschläge vorbereitet sein, und sich schließlich mit dem zufrieden geben, was sich tatsächlich ergibt.
Que me quiten lo baila(d)o.	Ein schönes Erlebnis der Vergangenheit kann einem nicht mehr genommen werden, auch wenn man heute als Folge dieses Vergnügens leiden muss.
Ser como el perro del hortelano, que ni come ni deja comer.	Missgünstige Menschen sind unfähig, etwas zu genießen, und gönnen auch anderen nichts.

Ejercicio 2

Proverbio / Expresión	Valores (ejemplos)
A quien madruga Dios le ayuda.	Esfuerzo, diligencia, afán
Aunque la mona se vista de seda, mona es y mona se queda.	Autenticidad
Con pan y vino se anda el camino.	Rectitud, justicia, humanidad
Dar gato por liebre.	Verdad, integridad
¿Dónde va Vicente? Donde va la gente.	Criterio, razón, individualidad
Más vale lo malo conocido que lo bueno por conocer.	Precaución, resignación
Procura lo mejor, espera lo peor y toma lo que viniere.	Voluntad, pesimismo, pragmatismo
Que me quiten lo baila(d)o.	Gozo efímero
Ser como el perro del hortelano, que ni come ni deja comer.	Libertad privada, discreción

Interkulturelle Kompetenz – Spanisch
ISBN 978-3-12-536961-0

Falsos amigos / Falsche Freunde

Durch die bewusste Beschäftigung mit *falsos amigos* und die Reflexion des Übersetzungsprozesses entwickeln die Schüler Distanz zum eigenen kulturellen Referenzrahmen.

Lernziele / Kompetenzen
- Wortschatzarbeit mit *falsos amigos*
- Perspektivenwechsel
- Distanznahme zum eigenen Referenzrahmen

Organisatorisches	
Dauer	45 Minuten
Sozialform	Einzelarbeit, Auswertung im Plenum
Material	Arbeitsblatt; evtl. Folie
Unterrichtssprache	Spanisch / Auswertung ggf. auf Deutsch

Durchführung Als Einstieg in diese Übung kann die Folie mit den drei Dialogen genutzt werden. Im Anschluss liest der Lehrer die Wörter auf dem Arbeitsblatt vor, dabei füllen die Schüler die zweite Spalte des Arbeitsblattes aus. Sie sollen hier notieren, was ihnen spontan einfällt – das werden die gleichlautenden deutschen Wörter sein, es sei denn, sie kennen das spanische Wort und seine Übersetzung schon. Im Anschluss daran erhalten die Schüler ein Wörterbuch, suchen die richtige Übersetzung heraus und notieren sie in die dritte Spalte des Arbeitsblattes. Dieses Vorgehen bietet sich an, damit die Schüler das Gehörte mit ihren „deutschen" Vorstellungen abgleichen können. Sicher gibt es auch Wörter, die sie schon kennen, aber der Reiz der Übung liegt in den Bedeutungsabweichungen, die zu Missverständnissen führen können.
Im Plenum werden die Ergebnisse besprochen.

Auswertung Es ist wichtig, darauf hinzuweisen, dass Sprache mehr ist als eine 1:1-Übersetzung der eigenen Muttersprache in die Fremdsprache. Missverständnisse können auch dadurch entstehen, dass ein (gleichlautendes) Wort in verschiedenen Kulturen etwas völlig anderes bedeutet.

Vertiefung
- Wenn noch Zeit zur Verfügung steht, bearbeiten die Schüler Arbeitsblatt 2, suchen also das korrekte spanische Wort für die *falsos amigos*.
- Schüler, die schon Erfahrungen mit *falsos amigos*, vielleicht beim Vokabellernen oder bei einem Aufenthalt in Spanien, gemacht haben, erzählen davon.
- Zur Erweiterung der Übung kann auch kontrastiv an kulturell verschiedenen sozialen Bedeutungen von Wörtern und Begriffen gearbeitet werden, z. B. ist „Kaffee" zwar die korrekte Übersetzung für „café", das assoziierte Bild („große Tasse" vs. „Espresso") und die soziale Funktion („Kaffee trinken", „Kaffeeklatsch"…) sind aber je nach Kultur anders. Weitere Beispiele aus dem Alltag sind „Frühstück" – „el desayuno", „Abendessen / Abendbrot" – „la cena", „Brot" – „el pan", „Familie" – „la familia" etc. In Klassen mit vielen verschiedenen Kulturen können natürlich auch Erfahrungen einzelner Schüler mit eingebracht werden.

Modelo de transparencia / Vorlage Folie

Interkulturelle Kompetenz – Spanisch
ISBN 978-3-12-536961-0

Hoja de ejercicios 1 / Arbeitsblatt 1

En la columna de la izquierda encontrarás palabras que te sonarán conocidas. Escribe en la columna del centro la palabra correspondiente en alemán. Después busca la traducción de la palabra en un diccionario o en internet. Si crees que ya conoces bien la palabra y su significado, entonces puedes escribir directamente la palabra en la columna del centro y su traducción en la de la derecha.

Palabra española	Palabra alemana que parece ser similar («falso amigo»)	Traducción al alemán
Absolver		
El balón		
El bombón		
Bravo		
La carta		
El cartón		
El círculo		
La clausura		
El colega / la colega		
Cómico		
El compás		
El curso		
El dato		
La demostración		
La feria		
La firma		
El gimnasio		
La limonada		
El mantel		
El mapa		
La noticia		
El profesor / la profesora		
El protocolo		
La sesión		
El tacto		
El tapete		
El término		
El tiempo		

Interkulturelle Kompetenz – Spanisch
ISBN 978-3-12-536961-0

Soluciones a la hoja de ejercicios 1 / Lösungen zu Arbeitsblatt 1

Palabra española	Palabra alemana que parece ser similar («falso amigo»)	Traducción al alemán
Absolver	absolvieren	freisprechen
El balón	der Ballon	der Ball
El bombón	das Bonbon	die Praline
Bravo	brav	wild, tapfer
La carta	die Karte	der Brief
El cartón	der Karton	die Pappe
El círculo	der Zirkel	der Kreis
La clausura	die Klausur	die Schließung
El colega / la colega	der Kollege / die Kollegin	eine Person mit demselben Beruf
Cómico	komisch	lustig
El compás	der Kompass	der Zirkel
El curso	der Kurs	die Klasse
El dato	das Datum	die Angabe
La demostración	die Demonstration	der Beweis
La feria	die Ferien	das Stadtfest; die Messe
La firma	die Firma	die Unterschrift
El gimnasio	das Gymnasium	das Fitnessstudio; die Turnhalle
La limonada	die Limonade	das Zitronengetränk
El mantel	der Mantel	die Tischdecke
El mapa	die Mappe	die Karte (Land-); der Plan (Stadt-)
La noticia	die Notiz	die Nachricht
El profesor / la profesora	der Professor / die Professorin	der Lehrer / die Lehrerin, der Dozent / die Dozentin
El protocolo	das Protokoll	die Etikette
La sesión	die Saison	die Sitzung
El tacto	der Takt	der Tastsinn
El tapete	die Tapete	die (kleine) Tischdecke
El término	der Termin	das Ende; das Fachwort
El tiempo	das Tempo	die Zeit; das Wetter

Interkulturelle Kompetenz – Spanisch
ISBN 978-3-12-536961-0

Hoja de ejercicios 2 / Arbeitsblatt 2

Busca la traducción de los «falsos amigos» en un diccionario o en internet y escríbela en la columna de la derecha.

«falso amigo»	Traducción al español
absolvieren	
der Ballon	
das Bonbon	
brav	
die Karte	
der Karton	
der Zirkel	
die Klausur	
der Kollege / die Kollegin	
komisch	
der Kompass	
der Kurs	
das Datum	
die Demonstration	
die Ferien	
die Firma	
das Gymnasium	
die Limonade	
der Mantel	
die Mappe	
die Notiz	
der Professor / die Professorin	
das Protokoll	
die Saison	
der Takt	
die Tapete	
der Termin	
das Tempo	

Interkulturelle Kompetenz – Spanisch
ISBN 978-3-12-536961-0

Soluciones a la hoja de ejercicios 2 / Lösungen zu Arbeitsblatt 2

«falso amigo»	Traducción al español
absolvieren	Terminar los estudios, egresar
der Ballon	El globo
das Bonbon	El caramelo
brav	Bueno, bien educado
die Karte	El mapa
der Karton	La caja
der Zirkel	El compás
die Klausur	El examen
der Kollege / die Kollegin	El compañero / la compañera
komisch	Raro
der Kompass	La brújula
der Kurs	La clase
das Datum	La fecha
die Demonstration	La manifestación
die Ferien	Las vacaciones
die Firma	La empresa
das Gymnasium	El instituto (de enseñanza superior)
die Limonade	El refresco
der Mantel	El abrigo
die Mappe	La carpeta
die Notiz	La nota, el apunte
der Professor / die Professorin	El catedrático / la catedrática
das Protokoll	El acta
die Saison	La estación
der Takt	El ritmo
die Tapete	El papel pintado
der Termin	La cita
das Tempo	La velocidad

Interkulturelle Kompetenz – Spanisch
ISBN 978-3-12-536961-0

Mi flor cultural / Meine Kulturblume

Die Schüler reflektieren ihre eigene kulturelle Prägung sowie andere prägende Einflüsse in ihrem Leben und sprechen darüber im Plenum. So wird die innere Vielfalt der Klassengemeinschaft mit verbindenden und trennenden Faktoren deutlich.

Lernziele / Kompetenzen
- Bewusstsein für die eigene kulturelle Prägung
- Reflexion verschiedener Einflussfaktoren auf die Persönlichkeit (Personen, Kulturen, Erfahrungen ...)
- Übung von Empathie

Organisatorisches	
Dauer	mindestens 45 Minuten, besser länger
Sozialform	Einzelarbeit, Präsentation im Plenum
Material / Medien	• Flipchartbögen • Stifte
Vorbereitung	Lehrer bereitet seine eigene „Kulturblume“ vor.
Unterrichtssprache	Deutsch und Spanisch / Fortgeschrittene auf Spanisch

Durchführung

Für die Entwicklung interkultureller Kompetenz ist ein wesentlicher Schritt die Auseinandersetzung mit der eigenen (inter-)kulturellen Prägung. Dafür eignet sich diese Übung sehr gut. Es ist eine sehr persönliche Übung, bei der sich auch der Lehrer nur so weit öffnen sollte, wie es ihm angenehm ist.
Der Lehrer bereitet seine eigene Kulturblume vor, indem er auf einem großen Bogen Papier eine Blume nach dem unten stehenden Modell aufmalt und ausfüllt; das heißt, er schreibt ganz konkret in die Blume, welche Personen, welche Ereignisse etc. ihn geprägt haben.

Dann stellt er seine Kulturblume in der Klasse kurz vor, dabei erklärt und erzählt er, warum er gerade diese Personen und Ereignisse gewählt hat – wichtig ist hier, dass die Erläuterungen nicht länger als ca. fünf Minuten dauern. Je nach Gruppe kann es hilfreich sein, den Wortschatz für Länder und Nationalitäten einzuführen bzw. zu wiederholen.

Durch das Beispiel des Lehrers wissen die Schüler, worum es in der Übung geht und wie sie selbst ihre Kulturblume gestalten können. Außerdem schafft der Lehrervortrag die Grundlage für eine vertrauensvolle Arbeitsatmosphäre.
Erst danach erstellen die Schüler ihre eigenen Kulturblumen auf einem großen Bogen Papier. Besonderes Augenmerk sollte dabei auf Erfahrungen mit Spaniern bzw. Spanisch sprechenden Personen gerichtet werden.
Einige Schüler präsentieren ihre Kulturblumen im Plenum. Nach der Vorstellung besteht für alle die Möglichkeit, weitere Fragen zu stellen.
Für die Präsentation in der Klasse ist ein Stuhlkreis geeignet.
Da es hier um sehr persönliche Informationen geht, muss die Übung mit viel Sensibilität eingesetzt werden. Die Schüler sollten z. B. darauf hingewiesen werden, dass sie nur das von sich preisgeben, was sie auch wirklich über sich erzählen möchten. Je nach Gruppe, beispielsweise bei Schülern mit traumatischer Flüchtlingserfahrung, kann auf eine Präsentation im Plenum natürlich verzichtet werden.

Auswertung Entgegen der üblichen und notwendigen Reflexion bei interkulturellen Übungen sollte diese Übung für sich stehen bleiben, da das Risiko besteht, dass manche Schüler aufgrund von Anmerkungen anderer persönlich betroffen reagieren könnten.

Varianten

- Wenn nur wenig Zeit zur Verfügung steht, werden die Kulturblumen der Schüler an die Wände gepinnt. Die Schüler wandern dann wie bei einer Ausstellung durch den Raum. Hierbei kann es sinnvoll sein, dass nur die eine Hälfte „wandert" und die Kulturblumen der anderen betrachtet. Die bei ihren Kulturblumen stehenden Schüler beantworten als Experten die Fragen der Mitschüler.
- Ist mehr Zeit vorhanden, können alle Schüler präsentieren. Bei großen Klassen ist es jedoch sinnvoll, die Präsentation auf mehrere Tage zu verteilen.
- Bei jüngeren Schülern können die Vorgaben in der Kulturblume angepasst werden. Sie stellen dann beispielsweise in den Blütenblättern folgende Elemente vor:
  - mi familia / meine Familie
  - cómo vivo / wie ich wohne
  - nuestras fiestas / was wir feiern
  - lo que comemos y bebemos / was wir essen und trinken
  - usw.

Vertiefung

- Bei manchen Klassen kann es angebracht sein, sich weiter mit dieser biografischen Arbeit auseinanderzusetzen. Hierzu können beispielsweise Tandems gebildet werden, die ihre Ergebnisse vergleichen und als „Buch" oder Collage gestalten. Hierbei ist es wichtig, sowohl Unterschiede als auch Gemeinsamkeiten herauszuarbeiten.
- An diese Übung schließt sich folgende Übung gut an:
  02 El iceberg cultural / Der Eisberg – Ein Kulturmodell

Quelle in Anlehnung an

- Hofmann, Heidemarie / Mau-Endres, Birgit / Ufholz, Bernhard: Schlüsselqualifikation Interkulturelle Kompetenz. Arbeitsmaterialien für die Aus- und Weiterbildung. Bielefeld: Bertelsmann; 2005, S. 26
- Bosse, Elke: „Vielfalt erkunden – ein Konzept für interkulturelles Training an Hochschulen". In: Hiller, Gundula Gwenn / Vogler-Lipp, Stefanie (Hg.): Schlüsselqualifikation Interkulturelle Kompetenz an Hochschulen. Grundlagen, Konzepte, Methoden. Wiesbaden: VS Verlag für Sozialwissenschaften; 2010, S. 109 – 134

La cápsula cultural: lo que se debería saber sobre nosotros / Unsere Kulturkapsel – Was man über uns wissen sollte

Die Schüler wählen Objekte aus, die sie für ihre Kultur für so charakteristisch halten, dass sich Menschen in anderen Kulturen aufgrund dieser Auswahl ein Bild der Fremdkultur machen könnten. Dabei erfolgt eine Reflexion über die eigene Vorstellung von Kultur sowie über Selbst- und Fremdbilder.

Lernziele / Kompetenzen
- Perspektivenwechsel
- Reflexion von Kultur und Kulturbegriffen

Organisatorisches	
Dauer	45 Minuten
Sozialform	Partnerarbeit oder Kleingruppen
Material	• Arbeitsblätter • ggf. Medien und Materialien für die Präsentation
Vorbereitung	ggf. Mitbringen von Gegenständen, die in eine Zeitkapsel gelegt werden können
Unterrichtssprache	Spanisch oder Deutsch

Durchführung

Die Zeitkapsel
Zeitkapseln sind gut verschlossene Behältnisse, die irgendwann in der Zukunft geöffnet werden könnten, um mit typischen Objekten der gegenwärtigen Zeit späteren Generationen Einblick in die Vergangenheit geben zu können. Häufig werden Zeitkapseln im Rahmen von Grundsteinlegungen z. B. in Kirchen oder Rathäusern eingemauert; bekannt sind auch die interstellaren Zeitkapseln, die ins Weltall geschickt wurden, um Informationen über die Menschheit zu vermitteln, wenn sie auf außerirdisches Leben treffen sollten.
Mit der Voyager reisten neben mathematischen Formeln beispielsweise Grußbotschaften in 55 verschiedenen Sprachen, Bilder von wissenschaftlichen Errungenschaften, aber auch Fotos von Menschen, Familien, Schulen, Flugzeugen, Astronauten etc. sowie Natur- und Tiergeräusche, Musikaufnahmen von Bach und Chuck Berry bis hin zu Klängen australischer Ureinwohner. Diese Auswahl sollte einen Einblick in die menschliche Zivilisation möglich machen.

Die Schüler entwickeln in dieser Übung eine Zeitkapsel für eine spezifische Kultur, in der Regel für die eigene. Sie werden zunächst mit dem Begriff „Zeitkapsel" vertraut gemacht, z. B. mit der Vorstellung der interstellaren Voyager-Mission oder auch mit einem Objekt, das der Lehrer für seine eigene Zeit- bzw. Kulturkapsel* vorsehen würde.
Die Schüler erarbeiten eine Zeitkapsel über die deutsche Kultur, die in Spanien geöffnet wird, um dort einen Eindruck von Deutschland zu vermitteln. Die Schüler bearbeiten die Aufgaben auf dem Arbeitsblatt und stellen das Ergebnis im Plenum vor. Dabei sollten einzelne Beispiele auch Anlass zur Diskussion geben.
Wenn die Arbeit an charakteristischen Merkmalen der eigenen Kultur zur Nennung von Klischees und Stereotypen führt, können beispielsweise Rückfragen zu einer Entscheidung beitragen: Möchten die Schüler wirklich, dass andere sie mit diesen Merkmalen verbinden? Sind sie einverstanden mit dem Bild, das sie von sich selbst nach außen vermitteln möchten?

Auswertung Aufbauend auf der Diskussion über die ausgewählten Objekte kann ein Gespräch über Dinge, die die Schüler an der eigenen Kultur schätzen oder ablehnen, erfolgen. So kann die Frage nach der Wichtigkeit gestellt werden: Was würden die Schüler auswählen, wenn sie nur drei Dinge in die Kulturkapsel legen dürften?

*Da die Kapsel im Rahmen des Themas „Interkulturelle Kompetenz" im Wesentlichen Kulturelemente veranschaulichen soll, wird hier auch der Begriff „Kulturkapsel" (synonym für Zeitkapsel) verwendet.

Varianten

- Besonders attraktiv ist die Präsentation des Ergebnisses als Wandzeitung, Collage oder auch die Vorbereitung von realen Kulturkapseln, in die die Schüler Objekte legen.
- Bei Schulpartnerschaften können Kulturkapseln auch zwischen den Klassen in Deutschland und Spanien ausgetauscht werden – natürlich kann dies auch in Form von Dateien über das Internet organisiert werden.
- In multikulturellen Gruppen kann der Fokus auf Deutschland auch offener gestaltet werden, sodass der Blick auf die Heimatkultur als dynamisch und von vielfältigen Einflüssen geprägt herausgearbeitet werden kann.
- Die Kulturkapsel eignet sich auch als Übung nach einem Klassenaustausch oder einer Klassenreise. Es können dann Kapseln über die fremde Kultur erstellt werden, in denen Dinge gesammelt werden, die die Schüler besonders gemocht haben, die ihnen besonders aufgefallen sind oder die sie unbedingt mitnehmen würden, um zu Hause über die andere Kultur zu berichten.

Vertiefung

- Im Falle von Schulpartnerschaften können die Kulturkapseln aus beiden Ländern miteinander verglichen oder im Vorfeld eines Schüleraustauschs ausgetauscht werden.
- Eine Verbindung zur Beschäftigung mit dem Kulturbegriff kann unter Zuhilfenahme des Eisberg-Modells erarbeitet werden:
  02 El iceberg cultural / Der Eisberg – Ein Kulturmodell

Quelle in Anlehnung an Utley, Derek: Intercultural Resource Pack. Intercultural communication resources for language teachers. Cambridge University Press; 2004, S. 52 f.

Hoja de ejercicios / Arbeitsblatt

Participáis en una comisión encargada de construir una cápsula de vuestra cultura. Esta cápsula se enviará a España para mostrar a los españoles vuestra cultura. ¿Qué objetos elegís para dar una imagen representativa de vuestra cultura? ¿Qué deben saber los españoles de vosotros para comprenderos bien?

Ejercicios

1. Haced una lista con todas vuestras ideas.

2. La cápsula debe contener diez objetos diferentes. Discutid qué diez objetos queréis meter en vuestra cápsula y explicad por qué los habéis elegido.

3. Preparad una breve presentación de vuestra cápsula cultural.

Interkulturelle Kompetenz – Spanisch
ISBN 978-3-12-536961-0

Mi universo familiar / Meine Weltkarte – meine Wurzeln

Migrationsbewegungen in der eigenen Familie und in denen der Klassenkameraden werden mit dieser soziometrischen Übung anschaulich erfahrbar gemacht. Durch die Stellung im Raum oder dadurch, dass der eigene Geburtsort, aber auch der der Eltern und Großeltern auf Landkarten eingezeichnet wird, erleben die Schüler, dass Umzug, Wanderung und Migration in unserer Gesellschaft „Normalität" sind.

Lernziele / Kompetenzen

- Erleben von Migrations- und Wanderungsprozessen in der eigenen Familie sowie in der der Mitschüler
- Anerkennen von Multikulturalität und Migration als Normalität
- Verständnis für Globalisierungsprozesse

Organisatorisches	
Dauer	30 Minuten
Sozialform	Plenum
Raum	Der Raum sollte genügend Fläche bieten, damit sich die Schüler darin bewegen und sich entsprechend der Fragen aufstellen können.
Material	Moderationskarten mit Städtenamen, um sich Deutschland als Landkarte vorstellen zu können (z. B. Karlsruhe, Hamburg, Berlin)
Vorbereitung	Moderationskarten beschriften
Unterrichtssprache	Spanisch (auch für Anfänger)

Durchführung

Der Lehrer legt zur Orientierung Moderationskarten mit drei bis vier deutschen Städten in ihrer ungefähren geografischen Verteilung auf den Boden (z. B. Stuttgart, Berlin und München). Am besten ist, wenn auch die Stadt dabei ist, in der die Schüler zur Schule gehen. Die Schüler stellen sich anhand der unten stehenden Fragen bzw. Aufforderungen im Raum auf.
Während der Übung können weitere Moderationskarten ergänzt und auf den Boden gelegt werden.
Der Lehrer fordert die Schüler nacheinander auf, an die entsprechenden Orte auf der gedachten Landkarte im Raum zu gehen.

Ve al lugar

- donde naciste.
- donde nació tu madre.
- donde nació tu padre.
- donde nació tu abuela materna (la madre de tu madre).
- donde nació tu abuelo materno (el padre de tu madre).
- donde nació tu abuela paterna (la madre de tu padre).
- donde nació tu abuelo paterno (el padre de tu padre).

Hier kann es sinnvoll sein, vorab die Ländernamen zu wiederholen.

Auswertung

Wenn die Schüler sich aufgestellt haben, werden sie gefragt, wo genau sie z. B. in XY wohnen. Wenn sie beispielsweise in der „Türkei", „Russland" etc. stehen, dann ist es sinnvoll nachzufragen, wie der Ort heißt. Es wird deutlich, dass die Schüler die kleinen Ortschaften um ihr Lebenszentrum herum meist gut kennen, aber die Perspektive verzerrt wird, wenn es um einzelne Länder außerhalb Deutschlands geht.
Immer häufiger kennen die Schüler schon bei den Eltern nicht mehr den Herkunftsort. Handelt es sich um schwierige Familienverhältnisse, ist es wichtig, sensibel mit der Situation umzugehen und weder „bohrend" nachzufragen noch dem Schüler zu vermitteln, dass das Nichtwissen falsch ist. Freundlich kann der Tipp gegeben werden, nachzufragen, falls das möglich ist. Die Herkunft ist für die Schüler vielleicht heute nicht wichtig. Aber das kann sich durchaus ändern, wenn sie älter werden.

Über die Großeltern wissen die Schüler meist nur sehr wenig. Auch hier wird dem Pädagogen ein entsprechend sensibles Vorgehen abverlangt, das den Schüler bestärkt und nicht verunsichert. Häufig kann es richtig sein, die Unkenntnis über die Herkunft einfach so stehen zu lassen. Auch hier kann den Schülern der Tipp gegeben werden, falls möglich einmal nachzufragen.

Variante Es ist auch sehr gut möglich, diese Übung in Partner- oder Gruppenarbeit am Platz durchzuführen. Hierfür erhält jede Gruppe bzw. jedes Tandem ein Arbeitsblatt mit der Weltkarte und zeichnet im ersten Schritt ein Kreuz in einer bestimmten Farbe bei seinem Geburtsort ein, dann mit einer anderen Farbe zwei Kreuze beim Geburtsort der Eltern und vier Kreuze einer anderen Farbe beim Geburtsort der Großeltern. Danach können die Schüler beispielsweise bei der Nachbargruppe auf Spanisch die Herkunft der anderen Schüler sowie der ihrer Eltern und Großeltern erfragen und mit Kreuzen markieren.

Vertiefung

- Die Ergebnisse können in unterschiedlichen Farben (z. B. rot für die eigene Herkunft, grün für die der Eltern und blau für die der Großeltern) mit Kreuzen auf vorbereiteten Landkarten, die im Klassenzimmer aufgehängt werden, eingetragen werden. Meist reichen eine Deutschland- und Europakarte nicht aus, sondern es wird eine Weltkarte benötigt.
- Damit die Schüler mehr über die kulturellen Prägungen ihrer Mitschüler erfahren, kann im Anschluss folgende Übung behandelt werden:
  07 Mi flor cultural / Meine Kulturblume

Quelle in Anlehnung an: Hofmann, Heidemarie / Mau-Endres, Birgit / Ufholz, Bernhard: Schlüsselqualifikation Interkulturelle Kompetenz. Arbeitsmaterialien für die Aus- und Weiterbildung. Bielefeld: Bertelsmann; 2005, S. 27

Hoja de ejercicio / Arbeitsblatt

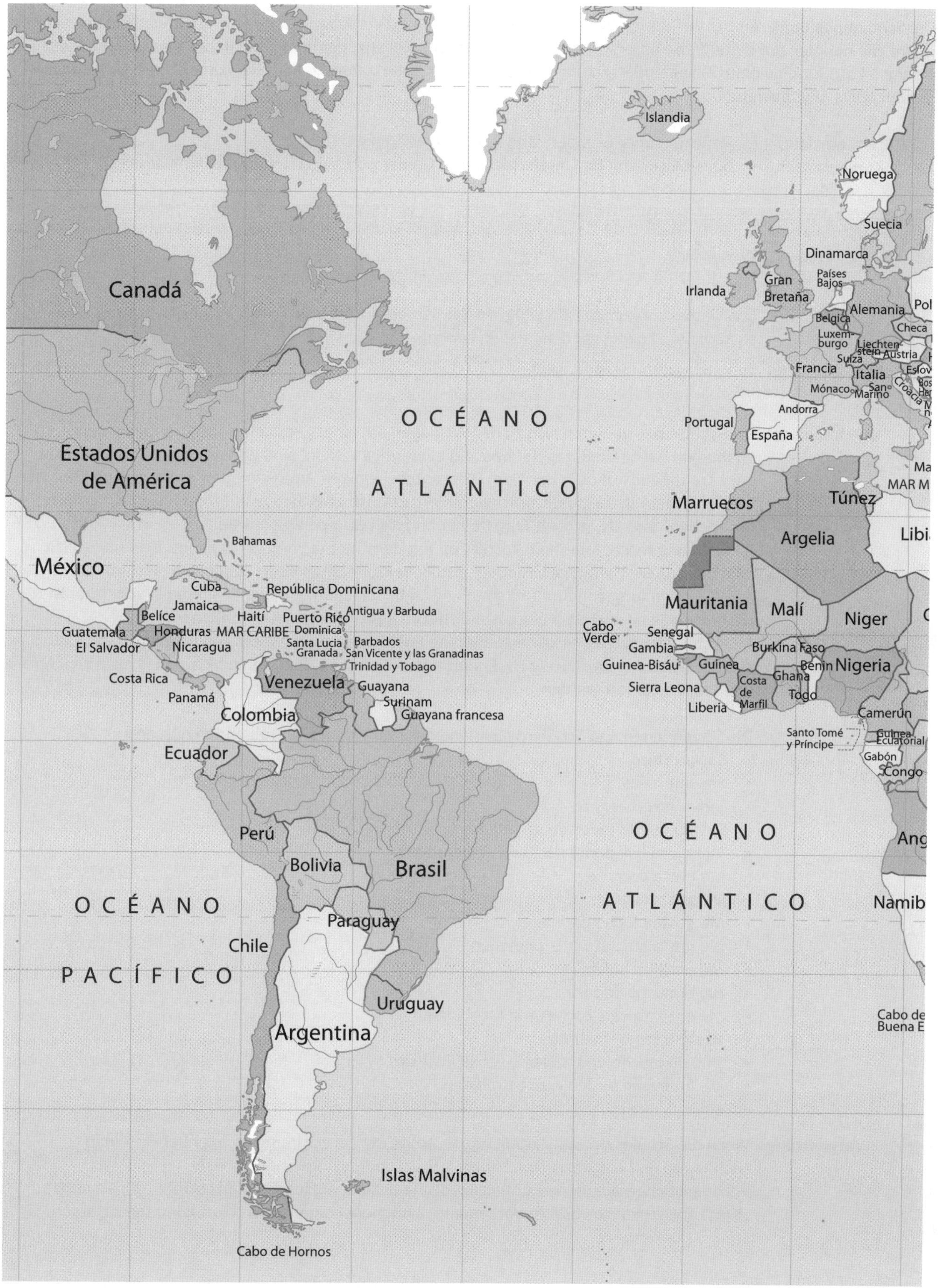

Die auf der beiliegenden CD-ROM abrufbare Weltkarte ist hier aus Platzgründen nur als Ausschnitt abgedruckt.

Interkulturelle Kompetenz – Spanisch
ISBN 978-3-12-536961-0

¿Todos iguales pero diferentes? / Alle gleich und doch verschieden?

Die Schüler positionieren sich zu Tatsachen, Selbsteinschätzungen und Vorlieben auf einer gedachten Linie im Raum. Sie nehmen auf diese Weise unterschiedliche Gruppen- und Rollenzugehörigkeiten in der Klasse wahr. Diese Übung ist gut für eine erste Auseinandersetzung mit dem Thema „Interkulturelle Kommunikation" und „Umgang mit Vielfalt / Diversity" geeignet.

Lernziele / Kompetenzen
- Reflexion über Gruppen- und Rollenzugehörigkeiten
- Sensibilisierung für Unterschiede und Gemeinsamkeiten innerhalb der Klasse

Organisatorisches	
Dauer	15 Minuten
Sozialform	Plenum
Raum	Das Klassenzimmer sollte genügend Raum bieten, damit sich die Schüler darin bewegen und entsprechend der Fragen aufstellen können.
Unterrichtssprache	Spanisch (auch für Anfänger)

Durchführung

Die Schüler positionieren sich zu den Aussagen auf einer gedachten Linie im Raum, deren Endpunkte ein eindeutiges „Ja" bzw. ein eindeutiges „Nein" sind (ggf. mit Moderationskarten oder Kreppband auf dem Boden markieren). Bei einigen Aussagen geht es nur darum, dass die Schüler in der Klasse ins Gespräch kommen und sich zwischen „wenig" und „viel" einordnen. Sie erleben, dass sie, je nach Frage, einer anderen Gruppe angehören.
Diese Übung macht innerhalb kurzer Zeit mit dem Thema „Vielfalt" bekannt. Sie verdeutlicht, dass die Schüler vielfältige Gruppen- und Rollenzugehörigkeiten haben. Sie dient vor allem der Wahrnehmung von Ähnlichkeiten und Unterschieden und eignet sich auch sehr gut als „Eisbrecher" bei einem Schüleraustausch zum gegenseitigen Kennenlernen.
Möglich ist auch, dass es keine eindeutige Positionierung zu einem Thema gibt. Die Schüler können sich dann zwischen den „Endpunkten" einreihen. Die Themen können je nach Ziel, Anlass und Gruppe variiert werden.

Die Schülerinnen und Schülern positionieren sich anhand der folgenden Aussagen:
- Soy un chico.
- Soy una chica.
- Tengo novio / novia.
- Soy el / la más joven de mi familia.
- Mi madre / Mi padre nació en el extranjero.
- Me gusta la carne.
- Me gusta la verdura.
- Me gusta mucho cocinar.
- Me gusta mucho ver la televisión.
- Me encanta bailar.
- Hago mucho deporte.
- Me encantan los coches y la tecnología.
- Voy al colegio / instituto.
- Trabajo mucho en el colegio / en el instituto.
- Me interesan las lenguas extranjeras.
- etc.

Auswertung

Wenn die Schüler sich aufgestellt haben, sollte der Lehrer immer wieder bei einzelnen nachfragen und konkretisieren lassen, z. B. «¿Cuántos hermanos tienes?».
Wichtig ist ebenfalls, immer unterschiedliche Schüler aufzurufen und sowohl „Ja"- als auch „Nein"-Antworten sowie, falls vorhanden, „Zwischenpositionen" zu Wort kommen zu lassen.

Varianten

- Die Übung kann auch dazu dienen aufzuzeigen, dass innerhalb der Klasse ein breites Spektrum von Werthaltungen und Einstellungen vorliegt. Hierfür bieten sich folgende Aussagen an:
  - Tengo muchos hermanos.
  - Como mucha verdura.
  - Voy a menudo a la iglesia o a otro sitio de culto para practicar mi religión.
  - Me he cambiado de domicilio varias veces.
  - Normalmente tengo contacto con mis amigos a través de las redes sociales.
  - Voy a esquiar con frecuencia.
  - He estado muchas veces en España.
  - Nunca he estado de vacaciones en el extranjero.
  - Hablo más de dos lenguas extranjeras.
- Die Übung kann auch als Arbeitsblatt von den Schülern in Partnerarbeit bearbeitet werden. Allerdings ist der Lerneffekt nicht derselbe wie bei der Erarbeitung der Fragen im Raum.

Vertiefung

- Um vertiefend mit den unterschiedlichen kulturellen Prägungen in der Klasse zu arbeiten, bietet sich im Anschluss an:
  07 Mi flor cultural / Meine Kulturblume
- Eine weitere Auseinandersetzung mit der unterschiedlichen geografischen Herkunft ist Thema von:
  09 Mi universo familiar / Meine Weltkarte – meine Wurzeln
- Bei einer interkulturellen Begegnungssituation kann die Übung mit folgenden Aufgaben erweitert werden:
  - Los alumnos hacen una fila siguiendo el orden alfabético de sus nombres. Después cada alumno dice el nombre de un país que comience con la misma letra que su nombre.
  - ¿Quién conoce más platos típicos / quesos / postres españoles?

- Um die interkulturelle Begegnung auf Fragen nach unterschiedlichen kulturellen Prägungen zu lenken, können folgende Übungen angeschlossen werden:
  11 ¡Así también vale! Mis preferencias culturales / Es geht auch anders! – Meine kulturellen Vorlieben
  20 La cooperación hispano-alemana: casos prácticos / Deutsch-spanische Zusammenarbeit: Fallstudien

Hoja de ejercicios / Arbeitsblatt

Lee las siguientes afirmaciones y haz una marca en la línea de la derecha a la altura que corresponda con tu situación, comportamiento y costumbres. Compara después tus resultados con los de tu compañero de clase.

1. Como mucha verdura. — No coincide. ◄────────► Coincide 100%.
2. Normalmente tengo contacto con mis amigos a través de las redes sociales. — No coincide. ◄────────► Coincide 100%.
3. Voy a menudo a la iglesia o a otro sitio de culto para practicar mi religión. — No coincide. ◄────────► Coincide 100%.
4. Voy a esquiar con frecuencia. — No coincide. ◄────────► Coincide 100%.
5. Tengo muchos hermanos. — No coincide. ◄────────► Coincide 100%.
6. Me he cambiado de domicilio varias veces. — No coincide. ◄────────► Coincide 100%.
7. Nunca he estado de vacaciones en el extranjero. — No coincide. ◄────────► Coincide 100%.
8. He vivido en muchos países. — No coincide. ◄────────► Coincide 100%.
9. Hablo más de dos lenguas extranjeras. — No coincide. ◄────────► Coincide 100%.
10. He estado muchas veces en España. — No coincide. ◄────────► Coincide 100%.

Interkulturelle Kompetenz – Spanisch
ISBN 978-3-12-536961-0

¡Así también vale! Mis preferencias culturales / Es geht auch anders! – Meine kulturellen Vorlieben

Bei dieser Übung stellen sich die Schüler zu Fragen im Raum auf und positionieren sich so zu verschiedenen kulturellen Werten und Vorlieben, die in deutsch-spanischen Überschneidungssituationen häufig Konfliktpotenzial bergen. Die Schüler erleben, dass zu einer bestimmten Fragestellung auch nicht alle Deutschen denselben Standpunkt einnehmen.

Lernziele / Kompetenzen
- Sensibilisierung für intrakulturelle Vielfalt
- Reflexion und Relativierung von Kulturstandards und Kulturdimensionen

Organisatorisches	
Dauer	20 Minuten
Sozialform	Plenum
Raum	Das Klassenzimmer sollte genügend Raum bieten, damit sich die Schüler entsprechend der Fragen auf einer Linie aufstellen können.
Unterrichtssprache	Deutsch

Durchführung Wenn wir mit anderen Menschen in Kontakt treten, haben wir schon bestimmte Vorstellungen in unseren Köpfen. Viele Teilnehmer erwarten gerade in interkulturellen Trainings, dass es z. B. Listen gibt mit Verhaltensregeln, nach denen man sich richten kann und soll. So sollen Missverständnisse vermieden werden. Da die Menschen jedoch verschieden sind und dazu jede Kommunikationssituation anders ist, können starre Verhaltensregeln *(Dos and Don'ts)* und Modelle kultureller Verschiedenheit lediglich grobe Richtlinien bieten, an denen man sich orientieren kann. In der interkulturellen Praxis ist nicht vorhersehbar, was genau geschehen wird!
Die Übung dient als Vorentlastung zur Arbeit mit Kulturstandards und *critical incidents*. Sie führt den Schülern vor Augen, dass Listen mit Verhaltensregeln für den Umgang mit Menschen mit einem anderen kulturellen Hintergrund fragwürdig sind. Ferner können mit Hilfe der Übung Stereotype aufgearbeitet werden.
Die Fragen beziehen sich auf so genannte „spanische" Kulturstandards und greifen insbesondere diejenigen auf, bei denen es in der deutsch-spanischen Zusammenarbeit häufig zu Missverständnissen kommt. Im Folgenden sind einige aufgelistet:

Deutsche Kulturstandards	Spanische Kulturstandards
direkter Kommunikationsstil	indirekter, aber auch direkter Kommunikationsstil in Abhängigkeit von den Umständen (Je vertrauter zwei Gesprächspartner miteinander sind, desto direkter kann auch die Kommunikation mit spanischen Gesprächspartnern sein. In Lateinamerika kann tendenziell ein indirekterer Kommunikationsstil beobachtet werden.)
monochron: pünktlich / eher unflexibel (eine Sache nach der anderen wird erledigt)	**polychron:** weniger pünktlich / eher flexibel (Mehrere Dinge werden gleichzeitig oder danach, wie wichtig sie zu sein scheinen, erledigt.)
individuelle Verantwortung (Zuständigkeiten oder die Verantwortung für Fehler werden nach dem „Verursacher-Prinzip" geregelt.)	diffuse Verantwortung (Eindeutige Zuschreibung von Verantwortung wird tendenziell vermieden.)
Sachorientierung	Personenorientierung

Die Schüler positionieren sich anhand der folgenden Aussagen* auf einer zwischen „Ja" und „Nein" gedachten Linie im Raum. Sie können sich auf dieser Linie an der Stelle einreihen, d. h. zwischen den eindeutigen „Enden", wo sie selbst mit ihrer Meinung stehen.

Cuando hago mis deberes o algo que es importante para mí, me concentro sólo en ello hasta que termino.	o	Cuando hago mis deberes u otra cosa importante, no me importa interrumpirlo por un rato, para chatear, hablar por teléfono o jugar con mi hermano / hermana si se aburre porque está solo/a.
Cuando una persona mayor hace algo que me molesta, se lo digo con respeto, directamente y sin rodeos.		Cuando una persona mayor hace algo que me molesta, intento que se dé cuenta de ello sin tener que decírselo directamente.
Tan importante es hacer las cosas como hacerlas a tiempo.		Es más importante hacer las cosas que hacerlas a tiempo.
Cuando participo en un trabajo en grupo, lo que más me importa es que mi parte sea correcta.		Cuando participo en un trabajo en grupo, lo que más me importa es que el trabajo en su conjunto salga bien.
Cuando hago algo creativo (por ejemplo dibujar o tocar un instrumento), lo que más me importa es que me salga bien.		Cuando hago algo creativo (por ejemplo dibujar o tocar un instrumento), lo que más me importa es que les guste a mis padres, a mis amigos o a mis profesores.

Auswertung Nachdem die Schüler sich aufgestellt haben, sollte der Lehrer immer wieder bei einzelnen nachfragen und konkretisieren lassen, z. B.: „Sprichst du mit deinen Mitschülern genauso wie mit deiner Oma, dem Lehrer? Wann kommst du auf eine Fete, die um 21 Uhr beginnen soll?" etc. Die Fragen dienen als Auslöser, im Gespräch können die Themen je nach Zeitbedarf vertieft werden. Wichtig ist, immer unterschiedliche Schüler aufzurufen und sowohl „Ja"- als auch „Nein"-Antworten sowie „Zwischenpositionen" zu Wort kommen zu lassen.
Dann sollte der Lehrer darauf hinweisen, dass es in einem Klassenzimmer in einer deutschen Schule immer unterschiedliche Einstellungen und Verhaltensweisen gibt. Es ist folglich nicht möglich zu sagen, dass Menschen, die in einer bestimmten kulturellen Umgebung leben, auch genau dieselben Einstellungen bzw. Verhaltensweisen haben.

Variante Statt der Arbeit im Plenum können die Schüler auch „nur" das Arbeitsblatt in Partnerarbeit ausfüllen. Allerdings ist der Lerneffekt größer, wenn die Fragen in der Klasse erarbeitet werden.

Vertiefung

- In einem größeren Rahmen eignet sich die Übung sehr gut, um eine Einheit zu Kulturdimensionen/-standards einzuleiten, die dann mit Fallstudien vertieft werden kann. Dazu passen folgende Übungen:
  19 Encuentros hispano-alemanes: casos prácticos / Begegnungen im Partnerland: Fallstudien
  20 La cooperación hispano-alemana: casos prácticos / Deutsch-spanische Zusammenarbeit: Fallstudien
  21 La normativa: caso práctico / Die Vorschrift: Fallstudie
- Eine weitere Vertiefung kann über die Reflexion der Kulturdimensionen/-standards erzielt werden. Dafür bieten sich folgende Übungen an:
  22 Las dos caras de la misma moneda: reinterpretar estándares culturales / Die zwei Seiten der Medaille – Kulturstandards umdeuten
  23 El cuadrado de los valores culturales / Kulturquadrate
- Die Übung kann sehr gut Austauschmaßnahmen vorbereiten oder während eines Austausches eingesetzt werden. Im Anschluss kann folgende Übung bearbeitet werden:
  28 El choque cultural: un vademécum intercultural / Der Kulturschock – Ein interkulturelles Hilfspaket
- Wenn die Übung in einer deutsch-spanischen Gruppe, z. B. beim Schüleraustausch eingesetzt wird, dann kann es sehr spannend sein, zu sehen, dass sich die Aussagen nicht unbedingt eindeutig einer Kultur zuordnen lassen, weil vielleicht manche spanische Schüler sich auch „typisch deutsch" positionieren.

*Die deutsche Übersetzung dieser Tabelle steht auf der zweiten Seite des deutschen Arbeitsblattes auf der CD-ROM.

Hoja de ejercicios / Arbeitsblatt

Lee las siguientes afirmaciones y haz una marca en la línea de la derecha a la altura que corresponda con tus hábitos o forma de pensar. Compara después tus resultados con los de tu compañero de clase.

1. Cuando hago mis deberes o algo que es importante para mí, me concentro sólo en ello hasta que termino.

No coincide. ◄··► Coincide 100%.

2. Cuando una persona mayor hace algo que me molesta, se lo digo con respeto, directamente y sin rodeos.

No coincide. ◄··► Coincide 100%.

3. Tan importante es hacer las cosas como hacerlas a tiempo.

No coincide. ◄··► Coincide 100%.

4. Cuando participo en un trabajo en grupo, lo que más me importa es que mi parte sea correcta.

No coincide. ◄··► Coincide 100%.

5. Cuando hago algo creativo (por ejemplo dibujar o tocar un instrumento), lo que más me importa es que me salga bien.

No coincide. ◄··► Coincide 100%.

Interkulturelle Kompetenz – Spanisch
ISBN 978-3-12-536961-0

¿De quién se habla? / Über wen spricht man?

Die Schüler werden mit Beobachtungen von Teilnehmern an Austauschprogrammen, die diese in Interviews zu ihrem Gastland als charakteristisch empfanden, konfrontiert. Die Übung spielt mit Erwartungen und Stereotypen – der Reiz liegt dann in deren Nichterfüllung.

Lernziele / Kompetenzen
- Reflexion über Fremd- und Selbstbilder
- Perspektivenwechsel

Organisatorisches	
Dauer	30 Minuten
Sozialform	Partnerarbeit oder Arbeit in Kleingruppen
Material	Arbeitsblätter
Unterrichtssprache	Spanisch, ggf. Diskussion auf Deutsch

Durchführung In Partnerarbeit werden anhand des Arbeitsblatts Hypothesen über die Herkunft der Sprecher sowie über die Kultur, über die sie sprechen, aufgestellt. Nach Bearbeitung des Arbeitsblatts können die Ideen der Schüler vorgestellt und einzelne Mutmaßungen diskutiert werden, ehe der Lehrer die Auflösung präsentiert: Alle Aussagen wurden über Deutschland getroffen!
In der Diskussion und Auswertung sollte über Gründe der jeweiligen Annahmen gesprochen werden. Mögliche Impulsfragen sind:
- Welche Fremdbilder und Erwartungen führten zu den jeweiligen Vermutungen?
- Welche Schlüsselwörter führten zur jeweiligen Einschätzung?
- Haben die vermuteten Eigenschaften einen „wahren Kern"? Woher kommt der?
- Gab es Differenzen innerhalb der Gruppe?

Nach der Auflösung kann die Diskussion folgendermaßen erweitert werden:
- Haben einige Schüler auf Spanien getippt? Warum?
- Inwiefern beeinflusst der Kontext (Spanischunterricht) die Wahrnehmungen und Erwartungen? Wie wären die Antworten in anderen Kontexten (z. B. im Englischunterricht) ausgefallen?
- Welche Aussagen über Deutschland finden die Schüler positiv, welche negativ?
- Stimmen die Schüler zu?
- Gibt es Aussagen, die überraschen? Warum?

Auswertung Die Auswertung ist zentraler Bestandteil der Übung. Die Schüler sollen hinterfragen, wie sie zu ihren Mutmaßungen gekommen sind und erkennen, welche Stereotype über andere Kulturen dabei eine Rolle spielen. Als Ergebnis kann festgehalten werden, dass die Einschätzung anderer Kulturen vom eigenen (kulturellen) Standpunkt abhängig ist.

Übung (und Lösung) gehen auf eine Umfrage des Goethe-Instituts zurück. Die Lösungen sind also authentische Antworten von Austauschschülern der angegebenen Länder. Dass diese Aussagen auch anderen Nationen zugeschrieben werden könnten, macht den Reiz der Übung aus. Auch hier sollte wie so oft in interkulturellen Situationen das Hauptaugenmerk nicht auf richtig bzw. falsch gelegt werden, sondern auf Diskussion und Argumentation.

Varianten
- Die Übung kann auch zu Hause vorbereitet werden.
- Als Variante kann ein Quiz veranstaltet werden: Auf Grundlage eigener Erfahrungen mit anderen Kulturen formulieren die Schüler Beobachtungen. Die Gruppe soll durch Fragen herausfinden, um welche Kultur es sich handelt.

Vertiefung

- Die Übung kann gut im Rahmen der Beschäftigung mit Spanien- / Lateinamerika- bzw. Deutschlandbildern eingesetzt werden.
- Die Anregung, über Selbst-/Fremdbilder nachzudenken und einen Perspektivenwechsel zu üben, wird auch in folgenden Übungen weitergeführt:
  08 La cápsula cultural: lo que se debería saber sobre nosotros / Unsere Kulturkapsel – Was man über uns wissen sollte
  11 ¡Así también vale! Mis preferencias culturales / Es geht auch anders! – Meine kulturellen Vorlieben
  22 Las dos caras de la misma moneda: reinterpretar estándares culturales / Die zwei Seiten der Medaille – Kulturstandards umdeuten
  23 El cuadrado de los valores culturales / Kulturquadrate
- Praktisch erfahrbar gemacht werden Selbst- und Fremdwahrnehmungsprozesse mit den Kultursimulationen in den Übungen:
  24 Los de Villarriba se reúnen con los de Villabajo: una simulación intercultural / „Villarribas" und „Villabajos" – Eine interkulturelle Simulation
  25 En casa de los «Bum-Bum-Boas»: una simulación intercultural / Bei den „Bumm-Bumm-Boas" – Eine interkulturelle Simulation

Quelle in Anlehnung an „Typisch deutsch?" – Texte der multimedialen webbasierten Lernumgebung für fortgeschrittene Deutschlernende „JETZT Deutsch lernen"; zitiert nach: http://www.goethe.de/z/jetzt/dejart38/dejart38a.htm

Hoja de ejercicios / Arbeitsblatt

Las observaciones que aparecen a continuación pertenecen a cinco adolescentes que participan en un intercambio en el extranjero. Leed atentamente lo que dicen. En vuestra opinión, ¿de dónde vienen y de qué cultura(s) hablan? Justificad brevemente vuestra opinión.

(2) La gente presta menos atención a los demás que en nuestro país; no te miran. Quizás sea esa la razón por la que no le dan importancia a la forma en que se visten para ir a una fiesta… Aquí la gente lleva puesto lo mismo por la noche que durante el día. Incluso en Nochevieja, se visten normal.

(1) Las chicas son más amables y más abiertas que las chicas de mi país.

(3) Aquí el ritmo de vida es muy lento. La gente se piensa mucho lo que quiere o debe hacer. Tienen mucho tiempo para sí mismos y sus familias. El tiempo no pasa volando, sino que más bien transcurre en curvas lentas y no está determinado por una dura lucha por el trabajo o por alcanzar una posición.

(5) A menudo me chocaba lo rápido que van los chicos cuando se trata de ligar y de sexo. En la discoteca, por ejemplo, bailan juntos y se besan enseguida, aunque no se conozcan apenas.

(4) ¡Aquí todo me hace mucha gracia! No porque todo me parezca tonto, sino porque la gente es muy divertida, se ríen juntos y cuentan chistes.

Observación número	País de origen del observador	País al que se refiere	Explicación
1			
2			
3			
4			
5			

Interkulturelle Kompetenz – Spanisch
ISBN 978-3-12-536961-0

Soluciones a la hoja de ejercicios / Lösungen zum Arbeitsblatt

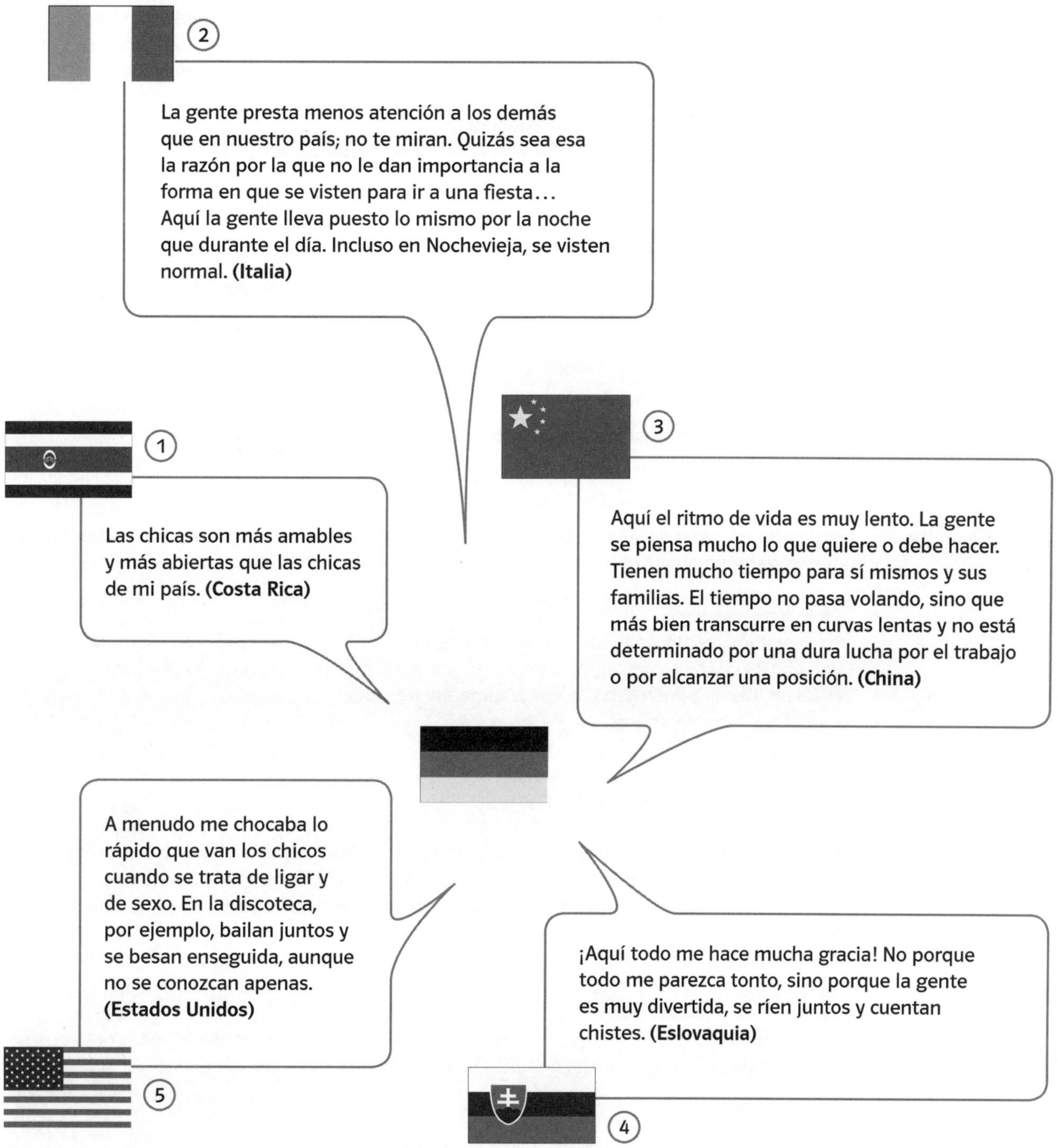

Interkulturelle Kompetenz – Spanisch
ISBN 978-3-12-536961-0

La rueda de la percepción / Das Wahrnehmungsrad

Anhand verschiedener Bildmotive werden die Schüler für den Ablauf der Wahrnehmung sensibilisiert und lernen, zwischen Beobachtung und Bewertung bzw. Interpretation zu unterscheiden. In Bezug auf die interkulturelle Kompetenz bereitet dies auf die wertfreie Anerkennung von Fremdheit und anderen, fremden Verhaltensweisen vor, die nicht automatisch / unwillkürlich, sondern bewusst, also in einem zweiten Schritt, beurteilt werden sollten.

Lernziele / Kompetenzen

- Wissen über den Ablauf der Wahrnehmung
- Bewusstsein für unterschiedliche Weltsichten und -wahrnehmungen
- Reflexion über Stereotype und Vorurteile
- Schulung von Wahrnehmung und empathischer Kommunikation
- Perspektivenwechsel

Organisatorisches	
Dauer	45 Minuten
Sozialform	Partnerarbeit, Diskussion im Plenum
Material	Arbeitsblätter (Beobachtungsbogen für alle; Arbeitsblatt 2 einmal für jedes Tandem)
Vorbereitung	Kopien der Fotos (Arbeitsblatt 2, am besten laminieren)
Unterrichtssprache	Spanisch für gute Fortgeschrittene / Deutsch für Anfänger

Durchführung Um den Hintergrund der Übung besser verstehen zu können, stellt der Lehrer zuerst den Ablauf unserer Wahrnehmung vor.

Die Wahrnehmung

Wenn wir unsere Umwelt wahrnehmen, erfolgen die einzelnen Schritte meist automatisiert und unwillkürlich: wir gelangen vom Sehen ganz schnell zur Interpretation und zum Handeln. Die einzelnen Schritte der Wahrnehmung sind:

- Sehen / Wahrnehmung
- Gedanke
- Gefühl („aus dem Bauch heraus")
- Interpretation („mit dem Kopf")
- Handeln

Dabei läuft der Schritt des Gedankens bzw. der kognitiven Verarbeitung meist automatisiert und unwillkürlich ab, sodass wir in einer Situation sofort ein bestimmtes Gefühl („vom Bauch her") haben, das uns etwas ablehnen oder auch begeistert aufnehmen lässt. Es kann aber auch sein, dass wir den Schritt des Gefühls überspringen und eine Situation nur „vom Kopf her" beurteilen können. Aufgrund unserer Gefühle und/oder Gedanken interpretieren wir eine bestimmte Situation und leiten daraus wiederum unser Verhalten bzw. Handeln ab. Das Handeln wirkt dann wieder auf unsere Wahrnehmung zurück, da wir die neuen Erfahrungen in unsere Weltsicht integrieren. Dieser Prozess erfolgt in einzelnen Schritten, die durch diese Übung bewusst gemacht werden können.

Aus Gründen der Zeit- und Wahrnehmungsökonomie müssen diese Prozesse im täglichen Leben derart „automatisiert" ablaufen. Dennoch ist es immer mal wieder sinnvoll, sich diese Abläufe bewusst zu machen, um flexibel zu bleiben, also z. B. Situationen des täglichen Lebens, Konfliktsituationen, interkulturelle Kommunikationssituationen u. Ä. sozusagen aus einem anderen Blickwinkel beurteilen zu können. Ein solcher Perspektivenwechsel öffnet neue Einsichten. Dafür bietet diese Wahrnehmungsübung eine gute Grundlage.

Die Schüler finden sich nun paarweise zusammen. Nacheinander sehen sich die Paare die verschiedenen Bildmotive auf den Arbeitsblättern an und fassen die Stufen ihrer Wahrnehmung in Worte. Hierbei sollte der Lehrer zu Arbeitsblatt 1 den Arbeitsauftrag geben, jede einzelne Etappe zu verbalisieren.
Wichtig ist in erster Linie, dass die Schüler lernen, zwischen der Beschreibung, also dem, was sie tatsächlich sehen, und ihrer Interpretation zu unterscheiden. Sie wechseln sich pro Bild ab, wobei jeder zu jedem Bild seinen Wahrnehmungsablauf schildert.
Die Tandems sollten sich pro Bild genügend Zeit nehmen, um über ihre Eindrücke zu diskutieren. Dabei können eventuelle Unterschiede aufgegriffen und thematisiert werden.

Auswertung Nachdem alle Schüler die Bilder betrachtet und ihren Wahrnehmungsablauf geschildert haben, findet die Auswertung im Plenum statt. Hierbei können folgende Leitfragen hilfreich sein:

- Konntest du bei jedem Bild die einzelnen Schritte im Wahrnehmungskreislauf nachvollziehen? Auch bei deinem Tandempartner?
- Gab es bei bestimmten Bildmotiven Schwierigkeiten, die Schritte der Wahrnehmung zu benennen?
- Gab es ein bestimmtes Bild, zu dem du gar nichts sagen konntest?
- Hast du die Bildmotive Spanien bzw. Deutschland zugeordnet?
- Könnte es sein, dass sich deine eigene kulturelle Prägung auf den Wahrnehmungsablauf ausgewirkt hat? Inwiefern?
- Welche Bilder wurden in den Tandems besonders kritisch / sehr wenig diskutiert?

Vertiefung Die Schüler suchen als Hausaufgabe selbst Bilder oder auch Clips auf Youtube über Spanien und Deutschland und stellen sie der Klasse zur Übung des Wahrnehmungsrades zur Verfügung.

Quelle

- König, Oliver / Schattenhofer, Karl: Einführung in die Gruppendynamik. 5. Aufl. Heidelberg: Carl-Auer; 2011, S. 83 ff.
- in Anlehnung an Vogler-Lipp, Stefanie: „Übung: Was siehst du?". In: Hiller, Gundula Gwenn / Vogler-Lipp, Stefanie (Hg.): Schlüsselqualifikation Interkulturelle Kompetenz an Hochschulen. Grundlagen, Konzepte, Methoden. Wiesbaden: VS Research; 2010, S. 267 – 277

Hoja de ejercicios 1 / Arbeitsblatt 1

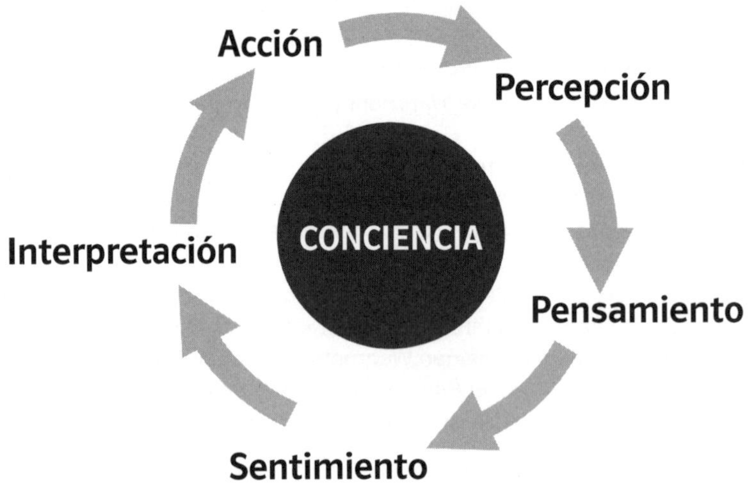

Ejercicios

1. Describe en detalle lo que ves en la foto.

2. Intenta expresar lo que pasa por tu cabeza al observar la foto.

3. Intenta igualmente expresar con palabras los sentimientos que te provoca la foto.

4. Intenta ahora –y no antes– interpretar la foto.

5. Piensa en lo que te gustaría hacer después de haber observado la foto: seguir observándola, ir a ese lugar, encontrarte con esas personas o apartar la foto.

Interkulturelle Kompetenz – Spanisch
ISBN 978-3-12-536961-0

Hoja de ejercicios 2 / Arbeitsblatt 2

1

2

3

4

5

6

Diese Fotos stehen auf der CD-ROM ⓞ farbig zur Verfügung.

Interkulturelle Kompetenz – Spanisch
ISBN 978-3-12-536961-0

Una cuestión de perspectiva / Eine Frage der Perspektive

Die Schüler erleben, dass wir zum einen selektiv wahrnehmen, zum anderen aber auch vor dem Hintergrund unserer eigenen Erfahrungen die Welt beurteilen und interpretieren.

Lernziele / Kompetenzen
- Schulung von Wahrnehmung und empathischer Kommunikation
- Unterscheidung zwischen Beobachtung / Beschreibung und Interpretation / Bewertung
- Perspektivenwechsel

Organisatorisches	
Dauer	45 Minuten (je Aufgabe ca. 20 Minuten)
Sozialform	Plenum
Material	Arbeitsblatt, Folie
Unterrichtssprache	Spanisch / Deutsch für Anfänger

Durchführung Diese Übung besteht aus zwei Teilen, die jeweils auf einem eigenen Arbeitsblatt abgedruckt sind, sodass jeder Teil auch für sich allein in der Klasse eingesetzt werden kann.

Aufgabe 1

Diese Aufgabe entstand in Anlehnung an das Spiel „Stille Post". Hier werden allerdings Bilder eingesetzt, die die Schüler beschreiben sollen. Bei großen Klassen können mehrere Schüler zu Beobachtern ernannt werden, die das Geschehen genau beobachten sollen und sich Notizen machen zu dem, was ihnen auffällt. Dazu können ihnen z. B. die ersten drei Impulsfragen der Auswertung (s. u.) vorgegeben werden. Die restlichen Schüler, bis zu 15 sind gut möglich, verlassen bis auf eine Ausnahme den Raum.
Schüler A, der im Klassenzimmer bleibt, betrachtet die Bilder vom Arbeitsblatt sehr genau und hat die Aufgabe, sie Schüler B, der als Nächster ins Klassenzimmer kommt, zu beschreiben.
Beachte: Nur Schüler A und die Beobachter dürfen die Vorlage sehen! Schüler B darf während der Beschreibung Schüler A Fragen zum Bild stellen, danach nicht mehr.
Wenn die Beschreibung zu Ende ist, kommt der nächste Schüler herein, dem nun Schüler B die Bilder so beschreibt, wie er sie aus der Beschreibung von Schüler A in Erinnerung hat.
Wieder sind Nachfragen nur beim direkten Vordermann erlaubt.
So wird fortgefahren, bis alle die Beschreibung von ihrem „Vordermann" gehört und weitergegeben haben.
Der letzte Schüler lässt nun das Plenum wissen, was er verstanden hat. Dann wird allen die Vorlage gezeigt. Danach erfolgt die Auswertung.

Aufgabe 2

Mit dieser Aufgabe wird ebenfalls deutlich, dass wir alle unterschiedlich wahrnehmen. Dafür sollen die Schüler anhand von mehreren Zeugenaussagen zu einer als Dieb verdächtigten Person sensibilisiert werden.
Die Schüler beschreiben zuerst selbst die Person, die etwas gestohlen haben soll. Der Lehrer deckt dazu die anderen Figuren auf der Folie ab, sodass nur der „Dieb" zu sehen ist.
Schon an dieser Stelle wird deutlich werden, dass die Beschreibungen, die die Schüler formuliert haben, variieren.
Danach werden die Zeugen des Diebstahls aufgedeckt. Die Sprechblasen bleiben noch abgedeckt.
Dieser Teil der Aufgabe geht einen Schritt weiter als die erste Aufgabe, denn die Schüler sollen sich in den jeweiligen Zeugen hineinversetzen und versuchen zu verstehen, was dem jeweiligen Zeugen wohl am Dieb aufgefallen sein könnte.
Danach wird in der Klasse gemeinsam über die möglichen Beschreibungen spekuliert. Dann erst werden die Sprechblasen aufgedeckt. Der Lehrer sollte darauf hinweisen, dass es sich hierbei nur um mögliche Antworten handelt.

Auswertung **Aufgabe 1**

Mit der Klasse wird der Verlauf dieser Übung aufgearbeitet. Folgende Impulsfragen können bei der Auswertung helfen:

- Was hat sich während der Beschreibung verändert?
- Wurden Dinge weggelassen?
- Wurden Dinge „hinzuerfunden"?
- Woran könnte es liegen, dass die Beschreibung nicht mehr viel mit dem Ausgangsbild zu tun hat?
- Wie nehmen wir wahr?

Hier werden auch die Beobachter mit einbezogen, da sie das gesamte Vorgehen miterlebt haben und somit beschreiben können.
Bei dieser Übung wird den Schülern sehr schnell bewusst, dass sie manches als selbstverständlich voraussetzen, das für den anderen gar nicht selbstverständlich ist.
Sie merken auch, dass sie vor allem Dinge wahrnehmen, die für sie eine Bedeutung haben, die sie einordnen können. Häufig stellen sie fest, dass es ihnen schwerfällt, etwas sehr detailliert zu beschreiben und dafür die richtigen Worte zu finden.
Außerdem wird deutlich, dass wir oft sofort interpretieren und bewerten, und zwar auf der Grundlage unserer Erfahrungen und Prägungen, und eben nicht beschreiben, was wir (nur) sehen. Meist gehen Bewerten und Beschreiben Hand in Hand. Dieser Übungsteil bietet eine gute Gelegenheit, sich darüber bewusst zu werden und für eine Trennung von Beobachten / Beschreiben und Bewerten / Interpretieren sensibilisiert zu werden.

Aufgabe 2

Die Schüler werden gefragt, auf welche Weise sie auf ihre Antworten gekommen sind. Dabei wird schnell deutlich, dass es notwendig war, einen Perspektivenwechsel vorzunehmen.

Vertiefung

- Die Schüler können berichten, ob sie selbst schon irgendwo als „Deutsche", „Türken", „Ausländer", „Europäer", „Weiße", „Schwarze" usw. bezeichnet wurden. Dabei können folgende Impulsfragen helfen:
  - In welcher Situation wart ihr, als ihr einen solchen „Stempel" erhalten habt?
  - Wie habt ihr euch dabei gefühlt?
  - Habt ihr selbst schon anderen einen solchen „Stempel" aufgedrückt? Wann? Warum?
- Soll vertieft an dem Thema „Wahrnehmung" gearbeitet werden, bieten sich im Anschluss folgende Übungen an:
  12 ¿De quién se habla? / Über wen spricht man?
  13 La rueda de la percepción / Das Wahrnehmungsrad

Hoja de ejercicios 1 / Arbeitsblatt 1

Contempla estas fotos y descríbelas en detalle a tu compañero, que, sin verlas, tendrá que describirlas después al próximo compañero que entre y así sucesivamente.

1

2

3

4

Diese Fotos stehen auf der CD-ROM ◎ farbig zur Verfügung.

Interkulturelle Kompetenz – Spanisch
ISBN 978-3-12-536961-0

Hoja de ejercicios 2 / Arbeitsblatt 2: Modelo de transparencia / Vorlage Folie*

En el centro de la ficha se ve a un ladrón y, alrededor de él, a las personas que han sido testigos de sus actos. Se ha pedido a los testigos que describan al ladrón. ¿Qué crees que dirán?

Era un tipo bajo, delgado y limpio; de la costa Este sin duda.

Era un occidental.

Un hombre muy alto y muy mayor.

Un hombre joven y guapo, pero mal vestido.

Un tipo bien vestido y con mucho pelo.

Era bastante mayor, llevaba un peinado raro y un traje aburrido.

Diese Fotos stehen auf der CD-ROM ◎ farbig zur Verfügung.
*Besonderer Dank gilt dem Urheber dieser Idee, die sich ohne Angabe der Herkunft in den Unterlagen der Autorin befand.

Interkulturelle Kompetenz – Spanisch
ISBN 978-3-12-536961-0

El mapa incompleto / Der verrückte Stadtplan

In dieser Kommunikationsübung erklärt ein Schüler dem anderen auf einem Stadtplan den Weg – allerdings verfügen beide zwar über den Plan derselben Stadt, auf dem des „Touristen“ fehlen jedoch die Straßennamen sowie alle weiteren Gebäudebezeichnungen. Jeder verfügt somit im übertragenen Sinne über eine andere „kulturelle Landkarte“: Es muss also „nur“ eine gemeinsame Sprache gefunden werden.

Lernziele / Kompetenzen

- Erfahrung von Kommunikationsabläufen bei unterschiedlichen (kulturellen) Voraussetzungen
- Perspektivenwechsel
- Bewusstsein für die eigenen kommunikativen Grenzen und deren Erweiterung
- Übung empathischer Kommunikation

Organisatorisches	
Dauer	45 Minuten
Sozialform	Aufgabe 1: Dreiergruppen, dann ein Tandem vor Plenum Aufgabe 2: Partnerarbeit
Raum / Medien	Die Klasse so organisieren, dass alle Schüler gleichzeitig zwei Moderationswände – fast wie im Kino – sehen können.
Material	2 Folien mit den Stadtplänen von Kopiervorlage 1, 2 / Adresse auf Kärtchen / Beobachtungsbögen / Kopien der Kopiervorlagen 2 und 3 für jedes Tandem
Unterrichtssprache	Spanisch / Anfänger auch auf Deutsch

Einstimmung / Vorentlastung

Da Übung 15 das Thema „Kultur“ um einen besonderen Aspekt erweitert, empfiehlt es sich, zunächst folgende Übung zu besprechen:
02 El iceberg cultural / Der Eisberg – Ein Kulturmodell

Durchführung I

Für den Begriff „Kultur“ gibt es verschiedene Modelle. Eines geht von der Vorstellung aus, dass wir alle in unserem Kopf über unterschiedliche Landkarten als Orientierungshilfe für unser Leben verfügen. Je unterschiedlicher der kulturelle Hintergrund, desto unterschiedlicher sind auch die „kulturellen Landkarten“. Dieser Aspekt wird in der vorliegenden Übung aufgegriffen: Es werden Karten, und zwar Stadtpläne, verwendet, ein Schüler erklärt einem anderen den Weg. Es handelt sich zwar um dieselben Stadtpläne, auf einem Plan fehlen jedoch die Straßen- und Gebäudenamen.

1. Schritt:
Da die Übung gezieltes Nachfragen, Eingehen auf den anderen und auch ggf. Aufmunterung des Partners erfordert, überlegen die Schüler im Dreiergespräch, worin ihre Stärken in der Kommunikation mit anderen Menschen liegen. Jeder sollte mindestens drei positive Aspekte nennen können. Meist fällt es den Schülern recht schwer, ihre Stärken zu benennen.

2. Schritt:
Der Lehrer hat auf dem Stadtplan ohne Straßennamen (Kopiervorlage 2) einen Punkt X (die Stelle, an der sich Schüler A befindet) eingetragen. Hier sollte darauf geachtet werden, dass X sich an einer markanten Stelle (großer Platz, vor Kirche o. Ä.) befindet, damit Schüler A, der ja den Stadtplan ohne Straßennamen vorliegen hat, seinen Standort leicht finden und beschreiben kann. Außerdem hat der Lehrer die Adresse von Punkt Y (das Ziel, das Schüler A erreichen will) auf einem Kärtchen vorbereitet.
Drei Moderationswände werden so im Raum aufgestellt, dass die Klasse den Blick auf die beiden Wände frei hat, an denen Schüler A und B die Aufgaben bearbeiten. Die dritte verhindert, dass Schüler A und B sehen können, was jeweils der andere an „seiner“ Wand einträgt.
Auf die beiden Wände werden die Folien (auf der Grundlage von Kopiervorlage 1 und 2, auch CD-ROM ◎) mit den Stadtplänen projiziert. Alternativ können die Pläne auch auf zwei große Bögen Papier an der Wand projiziert werden, damit die Schüler, die den Weg erklären, diesen auch mit Filzstift nachzeichnen können.

Zwei Schüler werden gebeten, das Klassenzimmer zu verlassen.
Die Schüler im Klassenzimmer erhalten die Aufgabe, nur zu beobachten und keinesfalls zu helfen. Sie erhalten den Beobachtungsbogen.
Der Lehrer beschreibt den beiden Schülern, die den Raum verlassen haben, die Situation, die gespielt werden soll: Ein Tourist hat sich in einer spanischen Stadt völlig verfahren. Auch das Navigationssystem ist ausgefallen. Er ruft einen vor Ort wohnenden Bekannten an, damit der ihm den Weg von seinem Standort (X) zu seinem Ziel (Y) erklärt.
Die Schüler legen die Rollen fest und gehen zurück in den Raum. Vor „seiner" Moderationswand beschreibt nun Schüler A, der Tourist, seinem Bekannten, wo er sich befindet (X), und gibt die Adresse (Y) an, die er sucht. Nun erklärt Schüler B den Weg von X nach Y.
Sind die Stadtpläne auf Papier projiziert, zeichnen beide Schüler ein, was sie von den Erklärungen des anderen (Standort, Ziel, Weg) verstanden haben.
Wichtig ist, dass entweder die Tafel oder eine dritte Moderationswand als Trennwand zwischen den beiden Schülern steht. Sie dürfen sich nicht sehen, sondern nur hören – wie bei einem Telefongespräch.

Auswertung

- Zuerst werden die beiden Spieler gefragt, wie sie die Übung erlebt haben und wie sie aus ihrer Sicht miteinander kommuniziert haben.
- Danach wird die Gruppe befragt. Als Orientierung dient der Beobachtungsbogen.
- Die Antworten zu Frage 4 auf dem Beobachtungsbogen können an der Tafel oder auf einem Flipchart für die nachfolgende Übung festgehalten werden.

Durchführung II Übungsphase für alle

Diese Übung ist abgewandelt, damit erneut ein Lerneffekt einsetzen kann.
Für die Übungsphase arbeiten die Schüler in Tandems, indem sie Rücken an Rücken sitzen.
Wichtig ist, dass die Tandems sich im Klassenzimmer verteilen, da jetzt alle gleichzeitig sprechen und die Tandems sich sonst nicht hören können.
Der eine Schüler erhält den Plan ohne Straßennamen aus der vorherigen Übungsphase, auf dem der Lehrer Start (X) und Ziel (Y) eingetragen hat (unbedingt darauf achten, dass die Punkte auf beiden Plänen vorhanden sind!). Der zweite Schüler erhält einen vergrößerten Ausschnitt dieses Stadtplans ohne Straßennamen (Kopiervorlage 3). Weiter wird so vorgegangen, wie oben beschrieben.

Vertiefung

- Im Anschluss kann besprochen werden:
  30 Para tener éxito en la comunicación / Für eine gelungene Kommunikation
- Die Übung ist auch sehr gut dazu geeignet, auf Simulationsspiele vorzubereiten, die Gegenstand folgender Übungen sind:
  24 Los de Villarriba se reúnen con los de Villabajo: una simulación intercultural / „Villarribas" und „Villabajos" – Eine interkulturelle Simulation
  25 En casa de los «Bum-Bum-Boas»: una simulación intercultural / Bei den „Bumm-Bumm-Boas" – Eine interkulturelle Simulation

Quelle

Arbeitskreis Interkulturelles Lernen: Diakonisches Werk Württemberg, Migration und Ökumene (Hg.): Trainings- und Methodenhandbuch. Bausteine zur interkulturellen Öffnung. Stuttgart, April 2001

Hoja de observación / Beobachtungsbogen

1. ¿Cómo se comunican los interlocutores?

2. ¿Qué estrategias desarrollan para solucionar el problema?

3. ¿Cómo se sienten los participantes? ¿En qué se nota?

4. ¿Cómo podrían haberse comunicado mejor / de otra manera?

Interkulturelle Kompetenz – Spanisch
ISBN 978-3-12-536961-0

Material fotocopiable 1 / Kopiervorlage 1

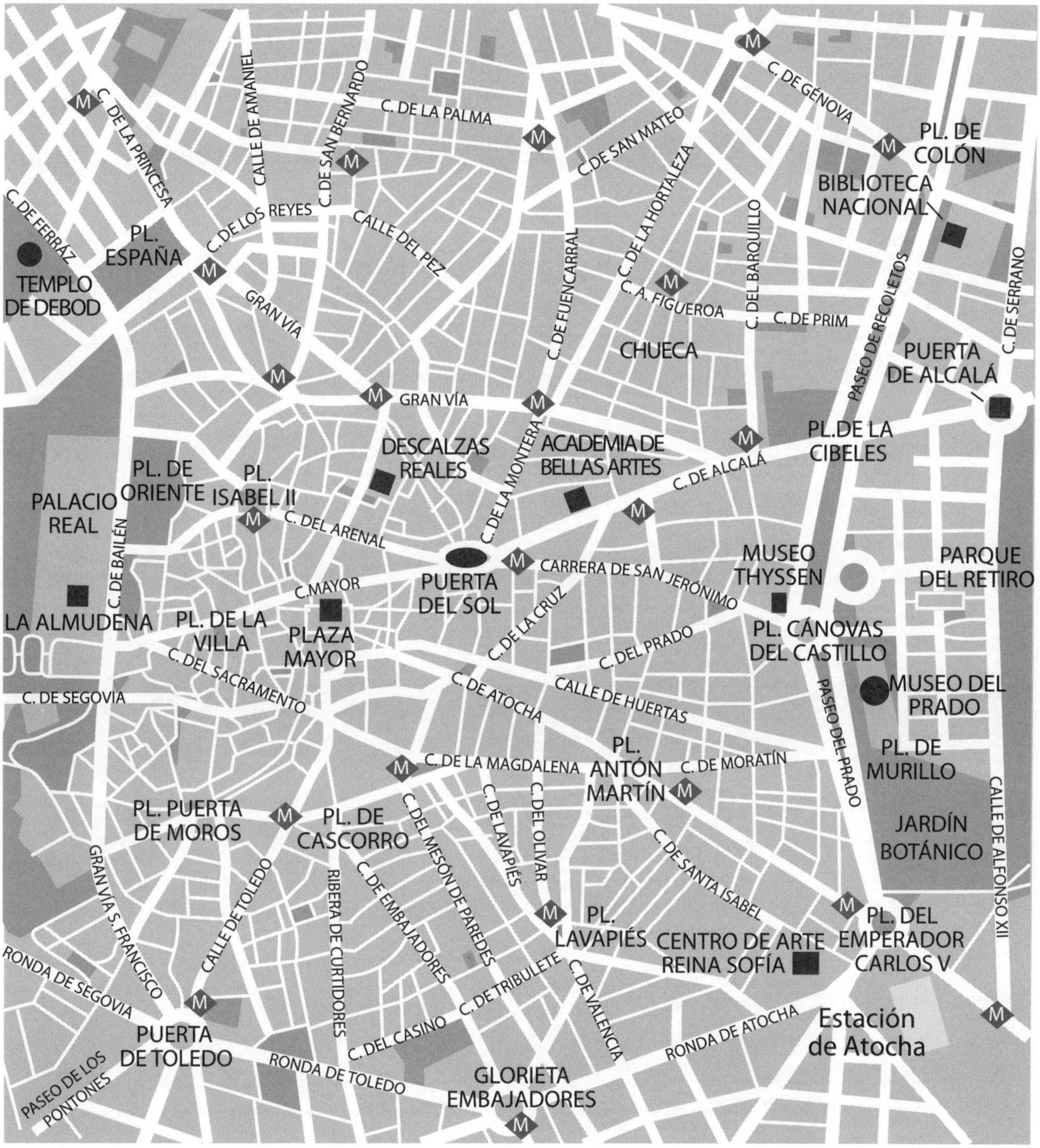

Interkulturelle Kompetenz – Spanisch
ISBN 978-3-12-536961-0

Material fotocopiable 2 / Kopiervorlage 2

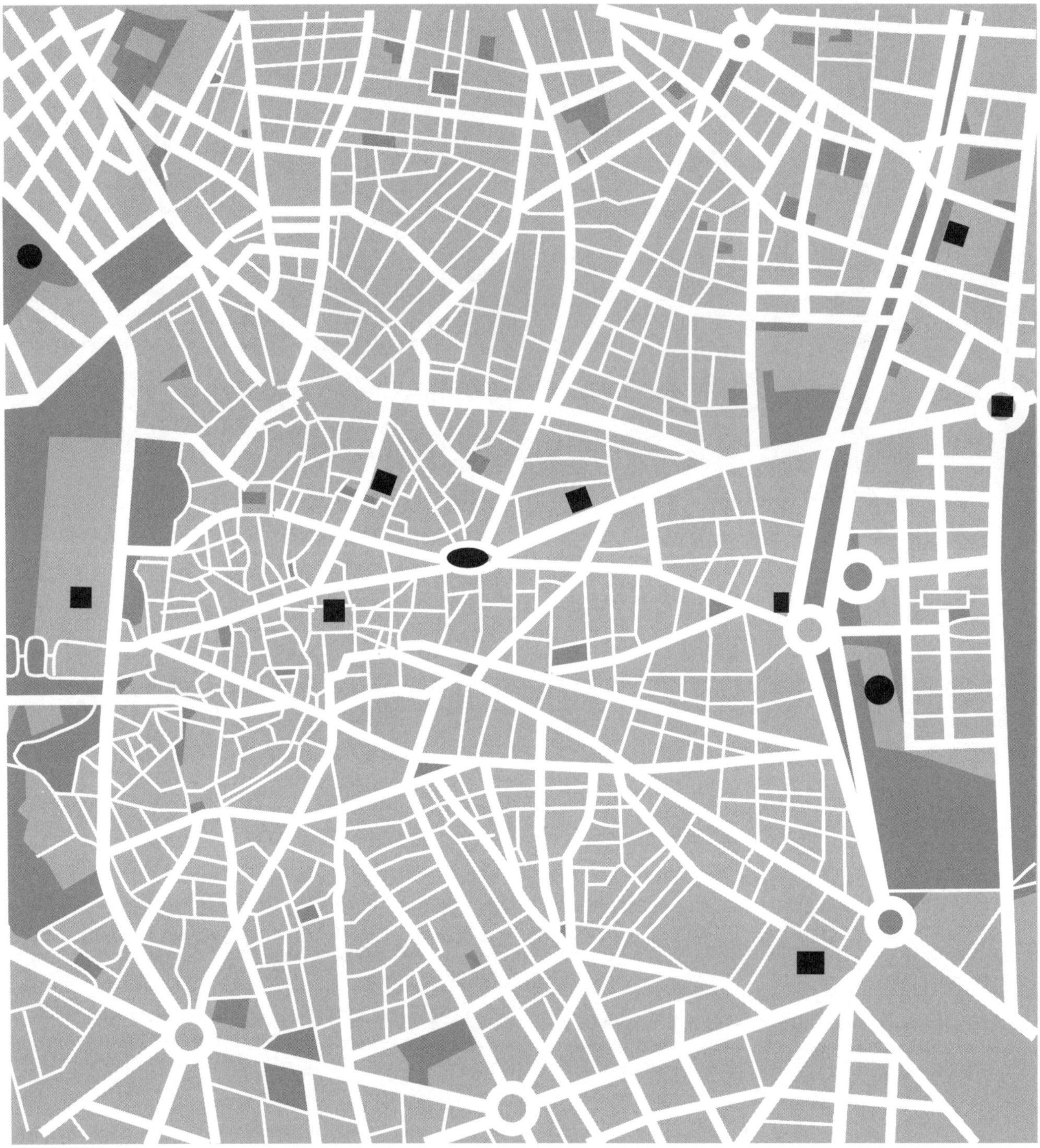

Interkulturelle Kompetenz – Spanisch
ISBN 978-3-12-536961-0

Material fotocopiable 3 / Kopiervorlage 3

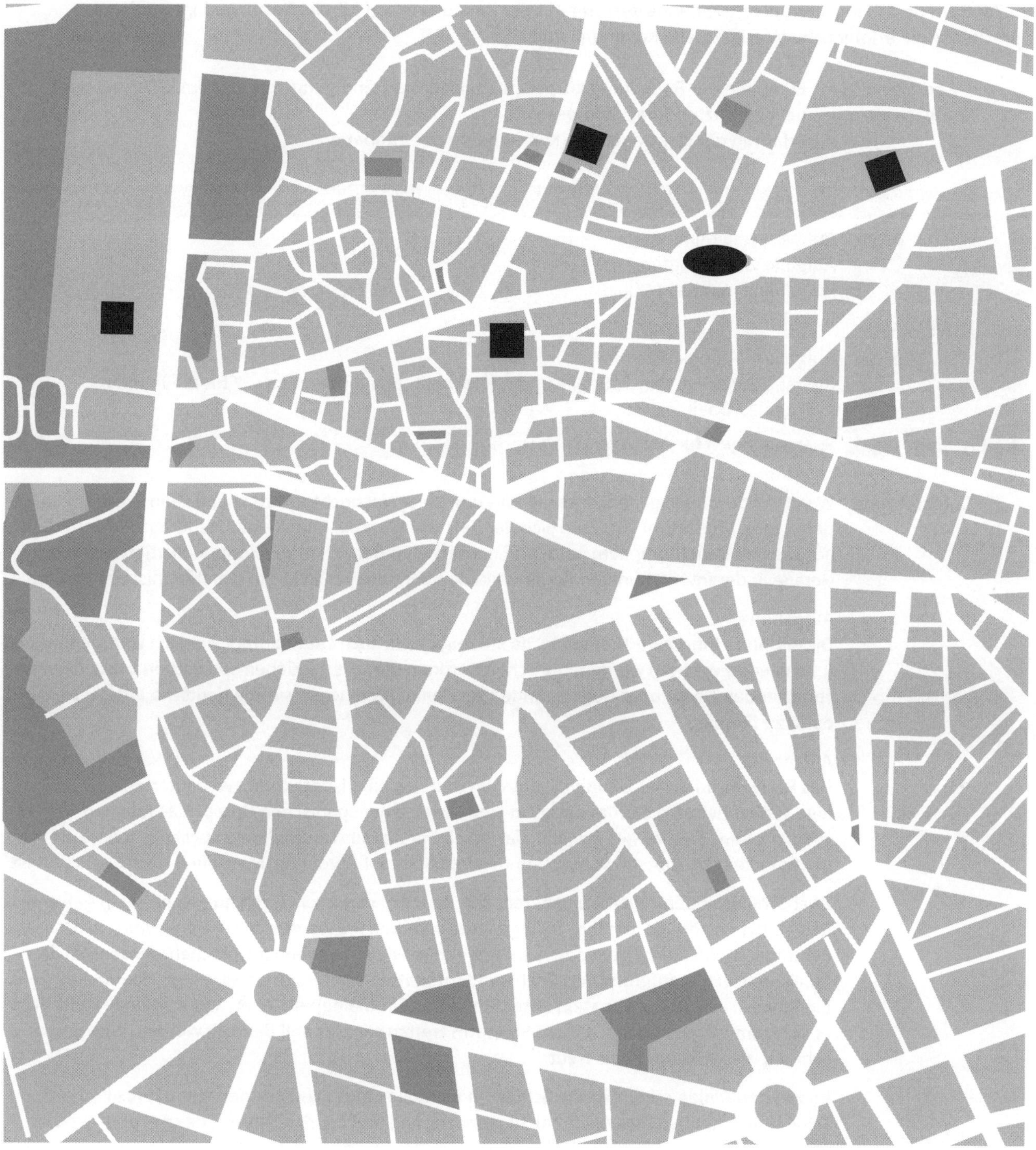

Interkulturelle Kompetenz – Spanisch
ISBN 978-3-12-536961-0

El tono hace la música / Der Ton macht die Musik

Im Zentrum der Übung steht die Auseinandersetzung mit der Bedeutung von Mimik, Gestik und Intonation von Sprache für die erfolgreiche interkulturelle Kommunikation.

Lernziele / Kompetenzen
- Erkennen der Bedeutung körpersprachlicher Verständigungsmittel (Mimik, Gestik) auch bei begrenzter Sprachkompetenz
- Erfahren der sinntragenden Komponente der Intonation

Organisatorisches	
Dauer	Aufgabe 1: 10 Minuten Aufgabe 2: 25 Minuten Aufgabe 3: mind. 15 Minuten
Sozialform	Plenum
Material	Aufgabe 1: Arbeitsblatt 1 Aufgabe 2: Arbeitsblatt 2 für alle und Kopie der Kopiervorlage 1 bzw. 2 für die Tandems Aufgabe 3: Arbeitsblatt 3
Unterrichtssprache	Spanisch (auch für Anfänger)

Durchführung

Wenn wir davon ausgehen, dass die Wirkung einer Nachricht nur zu knapp zehn Prozent von deren Inhalt bestimmt wird und sich der Rest auf Stimme, Mimik und Gestik verteilt, wird deutlich, welche Bedeutung dem para- und nonverbalen Bereich in der Kommunikation zukommt. Gerade in der interkulturellen Kommunikation können hier viele Missverständnisse entstehen.

Aufgabe 1
Diese Übung führt zum Thema hin, da sie zeigt, dass auch Laute unterschiedlich wahrgenommen (und wiedergegeben) werden. Die Schüler ordnen die verschiedenen spanischen Laute den entsprechenden Tieren oder Gegenständen zu. Danach versuchen sie, die deutsche Entsprechung dafür zu finden.

Aufgabe 2
Das Reizvolle an dieser Übung ist, dass ein und derselbe Liedtext für zwei unterschiedliche Dialoge verwendet wird. Dafür wurde ein Lied (*Aserejé* der spanischen Gruppe Las Ketchup, Kopiervorlage 4 und CD-ROM ◎) gewählt, das scheinbar nur aus Lautmalereien besteht, sodass die Aufmerksamkeit der Zuhörer weniger auf den Inhalt als auf Betonung, Mimik und Gestik gerichtet ist.

Zwei Schülertandems werden gebeten, den Raum zu verlassen. Es ist gut, wenn sie in getrennte Räume gehen können, um ihre Dialoge vorzubereiten. Sie werden darauf hingewiesen, dass der folgende Text nicht geändert, sondern genau wie angegeben gesprochen werden soll. Das Publikum soll nur aufgrund von Gestik und Intonation verstehen, um was es in dem Dialog geht. Ein Tandem spielt eine Situation unter Freunden. Ein Dialogpartner erzählt seinem Freund, dass er sich zum ersten Mal mit seinem Schwarm treffen wird. Es soll deutlich werden, dass er sich sehr auf dieses Rendezvous freut.

Im zweiten Dialog schlüpfen die Schüler in die Rolle eines Schülers, der sehr nervös ist, da er seine Hausaufgaben mal wieder nicht gemacht hat, und die des Lehrers, der mit dem Schüler schimpft.

Bei der Vorbereitung der Dialoge sollte darauf geachtet werden, dass die Schüler die Lautmalereien richtig aussprechen. Falls dies zu zeitaufwändig erscheint, können die Schüler den Dialog auch zu Hause vorbereiten.

Die Schüler in der Klasse werden informiert, dass ihre Klassenkameraden zwei Situationen in der Klasse vorspielen werden. Sie erhalten zwei Beobachtungsbögen und werden gebeten, je einen für die beiden Vorträge während der Vorführung bzw. danach auszufüllen. In der restlichen „Wartezeit" können sie Aufgabe 1 bearbeiten.

Wenn die Tandems mit der Vorbereitung fertig sind, wird das erste Paar gebeten, seinen Dialog vorzutragen. Um den Kontrast besser herauszuarbeiten, trägt danach gleich das zweite Tandem vor. Im Anschluss erfolgt die Auswertung.

Aufgabe 3
Die vorherigen Aufgaben können gut als Anknüpfungspunkt für eine vertiefte Auseinandersetzung mit der spanischen Phonetik dienen. Ein guter Einstieg ist die Beschäftigung mit den abgebildeten Intonationskurven. In einem ersten Schritt versuchen die Schüler, die Sätze korrekt zu intonieren. Danach betonen sie dieselben Sätze so, dass es sich einmal um einen Frage- und einmal um einen Aussagesatz handelt.
Zusätzlich kann hier die Audioübung «¿Eres tú? – Sí, soy yo.» (Arbeitsblatt 3, Aufgabe 3; CD-ROM ◎) eingesetzt werden.

Auswertung **Aufgabe 1**
Die Auswertung erfolgt anhand des Lösungsbogens.

Aufgabe 2
Der Beobachtungsbogen kann als Leitfaden für die Auswertung dienen. Wichtig ist, dass den Schülern die Bedeutung der Aussprache und der Intonation deutlich wird.

Vertiefung
- Die Schüler können in Tandems selbst Situationen zu Aufgabe 2 finden und sie den anderen vorspielen.
- Als zusätzliche Aufgabe können einige interessierte Schüler ihren Klassenkameraden «¿Qué hora es?»*, eine Parodie auf lateinamerikanische Telenovelas und die häufig nur geringen spanischen Sprachkenntnisse von US-Amerikanern («¿Qué hora es?», «Dos coca-colas, por favor!») vorstellen. Denkbar wäre hier ein Rollenspiel, bei dem die Zuschauer herausfinden sollen, um was es gehen könnte.
- Besonders reizvoll ist es, fortgeschrittenen Schülern den berühmten Text *Pour faire un poème dadaïste* von Tristan Tzara zum Herstellen eines Dada-Gedichtes in der spanischen Übersetzung (*Para hacer un poema dadaísta*; Kopiervorlage 4) als Hausaufgabe aufzugeben. Die Schüler können diese Aufgabe in Tandems erledigen, ein Gedicht „basteln" und der Klasse präsentieren. Diese muss erraten, um welche Situation es sich handelt.
- Das Thema kann mit folgenden weiteren Kommunikationsübungen vertieft werden:
  17 Hasta aquí… – La proxémica, la lengua del espacio / Nähe und Distanz – Proxemik, die Sprache des Raumes
  18 Los estilos de comunicación / Kommunikationsstile
  30 Para tener éxito en la comunicación / Für eine gelungene Kommunikation

---

*Auf «¿Qué hora es?» aus der US-amerikanischen Sendung „Cedric the Entertainer Presents" (FOX, 2002–2003) wird in Übung 29 noch etwas ausführlicher eingegangen.

Hoja de ejercicios 1 / Arbeitsblatt 1

Ejercicio

A veces ni siquiera los animales o las cosas hablan el mismo idioma… Trata de adivinar qué animal o cosa «dice» qué y relaciona con flechas las fotos con los bocadillos. Después puedes escribir debajo de cada palabra cómo «habla» ese animal o esa cosa en alemán.

bee

____

niii-nooo

____

pum

____

cua-cua

____

croac-croac

____

rin-rin

____

pío-pío

____

guau-guau

____

Interkulturelle Kompetenz – Spanisch
ISBN 978-3-12-536961-0

Posibles soluciones a la hoja de ejercicios 1 / Lösungsvorschlag zu Arbeitsblatt 1

Ejercicio

Animal / Cosa en español	Onomatopeya en español	Onomatopeya en alemán	Animal / Cosa en alemán
El pato	cua-cua	quak quak	die Ente
El pollito	pío-pío	piep piep	das Küken
El timbre	rin-rin	klingeling	die Klingel
La ambulancia	niii-nooo	tatütata	der Krankenwagen
El perro	guau-guau	wau wau	der Hund
La pistola	pum	peng	die Pistole
La rana	croac-croac	quak quak	der Frosch
La oveja	bee	mäh	das Schaf

Interkulturelle Kompetenz – Spanisch
ISBN 978-3-12-536961-0

Hoja de ejercicios 2 / Arbeitsblatt 2

Hoja de observación / Beobachtungsbogen

Observa con atención a los interlocutores durante el diálogo y completa a continuación la hoja de trabajo.

I. Mímica y gestos

1. ¿A qué distancia están uno de otro?

___

2. ¿Se vuelven hacia la otra persona o la soslayan?

___

3. Describe la postura de cada uno respecto al otro.

___

4. ¿La posición de las dos personas es siempre la misma?

___

5. ¿Cómo actúan con las manos (gestos)?

___

6. ¿Miran a la otra persona? (A menudo, rara vez, nunca…)

___

7. ¿Qué otras formas de expresión mímica emplean además?

___

8. ¿Te parece una persona más dominante que la otra? Si es así, ¿en qué se nota?

___

II. Comportamiento paraverbal

1. ¿Cambia el volumen de voz durante el diálogo? Si es así, ¿cuándo?

___

2. ¿Cambia la velocidad al hablar durante el diálogo? Si es así, ¿cuándo?

___

3. ¿Se producen pausas en las que nadie dice nada? Si es así, ¿quién interrumpe la conversación?

___

4. ¿Cambia el tono de voz durante el diálogo?

___

III. Interpretación

En tu opinión, ¿de qué están hablando los interlocutores?

___

Interkulturelle Kompetenz – Spanisch
ISBN 978-3-12-536961-0

Hoja de ejercicios 3 / Arbeitsblatt 3

1. Observa los esquemas de entonación y practica su pronunciación.*

Fragen stellen

- **Entscheidungsfrage (Antwort: Ja / Nein) ohne Fragewort**

  Fragesatz: ¿Tienes algo para comer? (Hast du etwas zum Essen?)

  Satzmelodie: 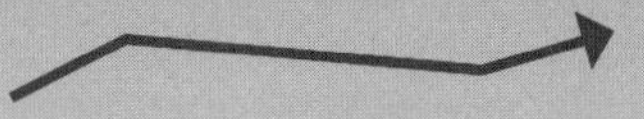

  Aussagesatz: Tengo unos calamares en su tinta. (Ich habe Tintenfisch im eigenen Saft.)

  Satzmelodie: 

  Man bildet eine Entscheidungsfrage, indem man die Satzstellung des Aussagesatzes beibehält, aber am Satzende die Stimme hebt statt senkt. Damit man beim Lesen sofort sieht, dass es sich hier um einen Fragesatz handelt, wird beim Schreiben sowohl am Anfang (¿) als auch am Ende (?) des Satzes ein Fragezeichen gesetzt. Diese doppelten Fragezeichen rahmen auch die im Spanischen ebenso möglichen Inversionsfragen (das Verb steht vor dem Subjekt, z. B. ¿Vive Olalla en Múnich?) und die Ergänzungsfragen ein.

- Die **Ergänzungsfrage** hat immer ein Fragewort (qué, quién, cuándo, cómo, dónde, por qué), auf dem der höchste Ton liegt. Am Ende des Satzes geht die Stimme also nach unten.

  Ergänzungsfrage: ¿Cuándo has llegado a la ciudad?

  Satzmelodie: 

  Ergänzungsfragen werden so betont, wenn man Höflichkeit ausdrücken will. Die oben dargestellte Intonation passt beispielsweise zu einer Situation, in der ein Polizist einen Verdächtigten fragt, wann er in die Stadt gekommen ist. Fragt jemand dasselbe einen Freund, den er lange nicht gesehen hat, wird auch die Ergänzungsfrage wie eine Entscheidungsfrage betont:

  Ergänzungsfrage: ¿Cuándo has llegado a la ciudad?

  Satzmelodie: 

2. Pronuncia las siguientes frases primero como una afirmación y luego como una pregunta.

a) Has tenido un día muy agitado. / ¿Has tenido un día muy agitado?
b) Tu padre siempre está de mal humor. / ¿Tu padre siempre está de mal humor?
c) Hay pruebas de la existencia de vida en Marte. / ¿Hay pruebas de la existencia de vida en Marte?
d) Vd. conoce bien Andalucía. / ¿Vd. conoce bien Andalucía?
e) Me llegará una factura la próxima semana. / ¿Me llegará una factura la próxima semana?
f) Conoceremos a los padres de Luisa en la cena del sábado. / ¿Conoceremos a los padres de Luisa en la cena del sábado?
g) Le puedo ofrecer mis servicios como traductor. / ¿Le puedo ofrecer mis servicios como traductor?
h) Tengo manchas de tomate en la cara. / ¿Tengo manchas de tomate en la cara?

3. ¿Eres tú? – Sí, soy yo. (Audioübung zur Intonation auf der CD-ROM ◎)

Escucha las frases y levanta la tarjeta con el signo de interrogación si piensas que se trata de una oración interrogativa. Levanta la tarjeta con el punto si piensas que se trata de una oración afirmativa.

*Ten en cuenta que las pronunciaciones que aquí se detallan son válidas para el español estándar y especialmente en España, sin embargo hay diferencias en cuanto a la forma de pronunciar las interrogativas en los distintos países de Hispanoamérica.

Interkulturelle Kompetenz – Spanisch
ISBN 978-3-12-536961-0

Soluciones a la hoja de ejercicios 3 / Lösungen zu Arbeitsblatt 3

3. ¿Eres tú? – Sí, soy yo.

Transcripción del texto

1. ¿Juan va al mismo curso que María?
2. Aquí cerca hay una cafetería muy agradable.
3. Me llamo Víctor y soy de Buenos Aires.
4. Perdone, ¿le pasa algo?
5. Te presento al profesor Peña.
6. Hay mucha gente por las calles de la ciudad.
7. Julio y Luisa se están retrasando.
8. Hola, chicas, ¿cómo estáis?
9. Carlos, ¿eres nuevo en Lima?
10. En Lima la gente es muy abierta.

1. ¿Juan va al mismo curso que María?	→	Interrogación
2. Aquí cerca hay una cafetería muy agradable.	→	Afirmación
3. Me llamo Víctor y soy de Buenos Aires.	→	Afirmación
4. Perdone, ¿le pasa algo?	→	Interrogación
5. Te presento al profesor Peña.	→	Afirmación
6. Hay mucha gente por las calles de la ciudad.	→	Afirmación
7. Julio y Luisa se están retrasando.	→	Afirmación
8. Hola, chicas, ¿cómo estáis?	→	Interrogación
9. Carlos, ¿eres nuevo en Lima?	→	Interrogación
10. En Lima la gente es muy abierta.	→	Afirmación

Interkulturelle Kompetenz – Spanisch
ISBN 978-3-12-536961-0

Material fotocopiable 1 / Kopiervorlage 1

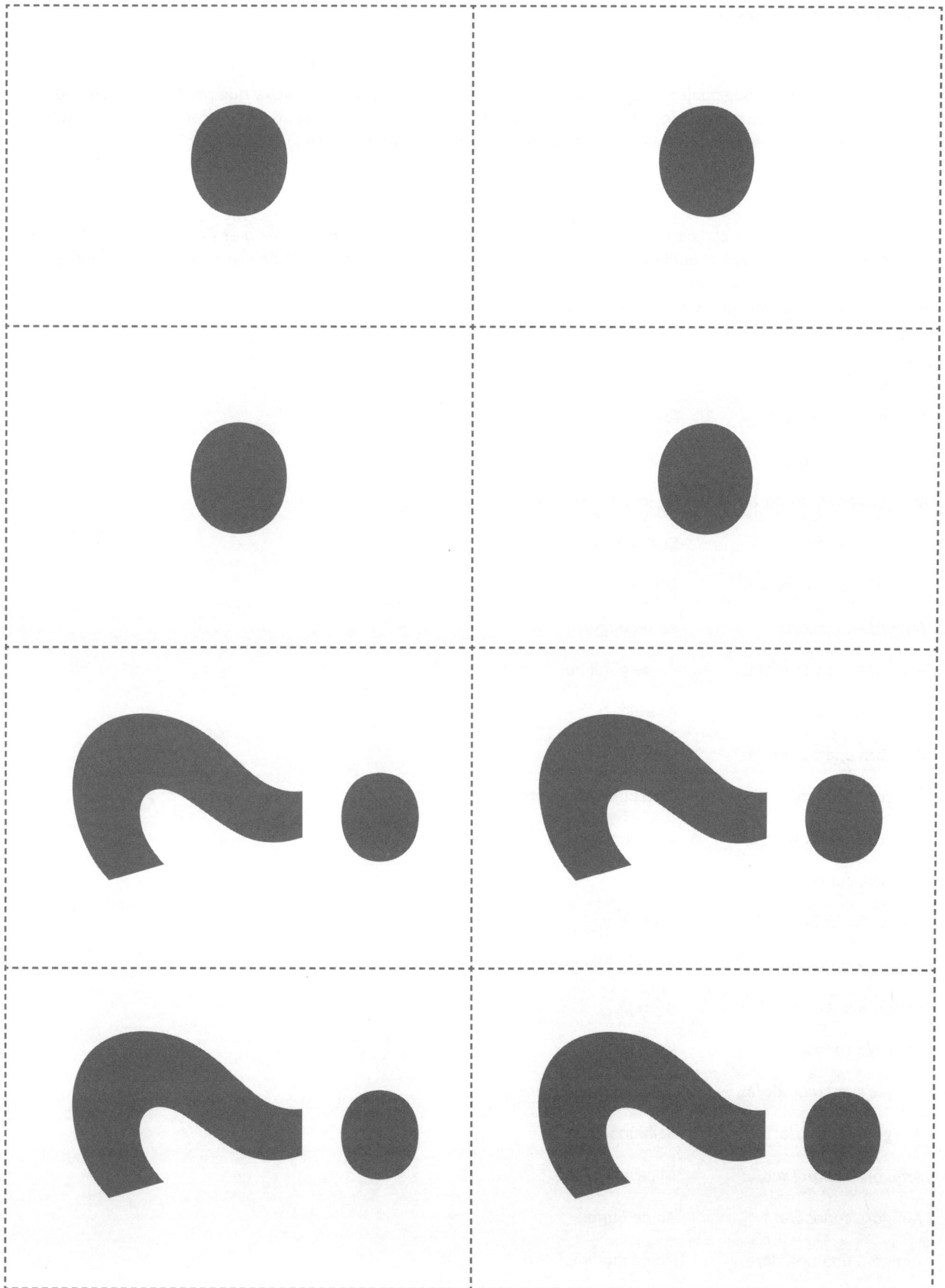

Interkulturelle Kompetenz – Spanisch
ISBN 978-3-12-536961-0

Material fotocopiable 2 / Kopiervorlage 2

Juego de rol 1 / Rollenspiel 1

Situación

Dos amigos. Uno de los personajes le cuenta al otro que está enamorado de una chica y que por fin ha conseguido quedar con ella para verse al día siguiente. El otro personaje siente mucha curiosidad y le gustaría saber quién es la chica y cómo se llama, pero por muchas preguntas que le hace, su amigo no se lo quiere decir.

Ejercicio

Escoge un papel y prepara el diálogo con tu interlocutor, teniendo en cuenta que el texto es fijo y se da a continuación. El objetivo es conseguir que el público entienda la situación gracias a vuestra forma de actuar (lenguaje no verbal, entonación), sin necesidad de entender el texto.
Vais a representar el diálogo frente a toda la clase.

Diálogo

Amigo/a enamorado/a:	Aserejé
Amigo/a curioso/a:	Ja de je
Amigo/a enamorado/a:	De jebe tu de jébere
Amigo/a curioso/a:	Seibiunouva
Amigo/a enamorado/a:	Majavi
Amigo/a curioso/a:	An de bugui
Amigo/a enamorado/a:	An de güididipí
Amigo/a curioso/a:	Aserejé
Amigo/a enamorado/a:	Ja de je
Amigo/a curioso/a:	De jebe tu de jébere
Amigo/a enamorado/a:	Seibiunouva
Amigo/a curioso/a:	Majavi
Amigo/a enamorado/a:	An de bugui
Amigo/a curioso/a:	An de güididipí
Amigo/a enamorado/a:	Aserejé
Amigo/a curioso/a:	Ja de je
Amigo/a enamorado/a:	De jebe tu de jébere
Amigo/a curioso/a:	Seibiunouva
Amigo/a enamorado/a:	Majavi
Amigo/a curioso/a:	An de bugui
Amigo/a enamorado/a:	An de güididipí

Interkulturelle Kompetenz – Spanisch
ISBN 978-3-12-536961-0

Material fotocopiable 3 / Kopiervorlage 3

Juego de rol 2 / Rollenspiel 2

Situación

Un estudiante está muy nervioso porque tiene que reconocer ante su profesor que no ha hecho los deberes. El profesor quiere saber la causa verdadera, pero el alumno sólo da explicaciones inverosímiles (por ejemplo que ayer por la tarde cayó un meteorito cerca de su casa o que su hámster se escapó de la jaula y de la casa y tuvo que perseguirlo por todo el barrio).

Ejercicio

Escoge un papel y prepara el diálogo con tu interlocutor, teniendo en cuenta que el texto es fijo y se da a continuación. El objetivo es conseguir que el público entienda la situación gracias a vuestra forma de actuar (lenguaje no verbal, entonación), sin necesidad de entender el texto.
Vais a representar el diálogo frente a toda la clase.

Diálogo

Profesor/a:	Aserejé
Alumno/a:	Ja de je
Profesor/a:	De jebe tu de jébere
Alumno/a:	Seibiunouva
Profesor/a:	Majavi
Alumno/a:	An de bugui
Profesor/a:	An de güididipí
Alumno/a:	Aserejé
Profesor/a:	Ja de je
Alumno/a:	De jebe tu de jébere
Profesor/a:	Seibiunouva
Alumno/a:	Majavi
Profesor/a:	An de bugui
Alumno/a:	An de güididipí
Profesor/a:	Aserejé
Alumno/a:	Ja de je
Profesor/a:	De jebe tu de jébere
Alumno/a:	Seibiunouva
Profesor/a:	Majavi
Alumno/a:	An de bugui
Profesor/a:	An de güididipí

Interkulturelle Kompetenz – Spanisch
ISBN 978-3-12-536961-0

Material fotocopiable 4 / Kopiervorlage 4

Las Ketchup: Aserejé

El Aserejé es una canción de 2002 cantada por el dúo Las Ketchup que alcanzó el número uno de las listas de pop en más de veinte países. Su estribillo imita de forma onomatopéyica las letras de canciones de pop en inglés (tal como podrían sonar a un hablante de español que no sabe inglés).

Mira lo que se avecina,
a la vuelta de la esquina
viene Diego rumbeando.
Con la luna en las pupilas
y en su traje agua marina
van restos de contrabando.
Y donde más no cabe un alma,
allí se mete a darse caña
poseído por el ritmo racatanga.
Y el DJ que lo conoce
toca el himno de las doce
para Diego la canción más deseada,
y la baila y la goza y la canta.

Aserejé ja de je
de jebe tu de jébere
seibiunouva majavi
an de bugui an de güididipí
Aserejé ja de je
de jebe tu de jébere
seibiunouva majavi
an de bugui an de güididipí
Aserejé ja de je
de jebe tu de jébere
seibiunouva majavi
an de bugui an de güididipí.

No es cosa de brujería
que lo encuentre to's* los días
por donde voy caminando.
Diego tiene chulería
y ese punto de alegría
rastafari afrogitano.
Y donde más no cabe un alma,
allí se mete a darse caña
poseído por el ritmo racatanga.
Y el DJ que lo conoce
toca el himno de las doce
para Diego la canción más deseada,
y la baila y la goza y la canta.

Aserejé ja de je
de jebe tu de jébere
seibiunouva majavi
an de bugui an de güididipí
Aserejé ja de je
de jebe tu de jébere
seibiunouva majavi
an de bugui an de güididipí
Aserejé ja de je
de jebe tu de jébere
seibiunouva majavi
an de bugui an de güididipí.

*to's: umgangssprachliche Kontraktion von *todos*

Tristan Tzara: Para hacer un poema dadaísta**

Coja un periódico.
Coja unas tijeras.
Escoja en el periódico un artículo de la longitud que piense darle a su poema.
Recorte el artículo.
Luego recorte con cuidado cada una de las palabras que componen el artículo y métalas en una bolsa.
Agítela suavemente.
A continuación saque cada recorte uno tras otro.
Cópielos a conciencia en el orden en que hayan salido de la bolsa.
El poema se parecerá a usted.
Y usted será un escritor infinitamente original y de una sensibilidad hechizante, aunque incomprendido del vulgo.

** In: Tzara, Tristan: *Siete manifestos Dadá.* 4ª edición. Barcelona: Tusquets Editores; 1999.

Interkulturelle Kompetenz – Spanisch
ISBN 978-3-12-536961-0

Hasta aquí... La proxémica, la lengua del espacio / Nähe und Distanz – Proxemik, die Sprache des Raumes

Die Schüler erfahren und reflektieren unterschiedliches Raumverhalten (= Proxemik). Dieses hat einerseits mit der Kultur, aber auch mit der Situation, der Rolle, der Beziehung, dem Geschlecht, dem Alter usw. zu tun.

Lernziele / Kompetenzen
- Wissen über kulturell unterschiedliches Raumverhalten
- Erprobung und Reflexion der eigenen Beziehung zum Raum

Organisatorisches	
Dauer	Aufgabe 1: 10 Minuten Aufgabe 2: 15 Minuten
Sozialform	Plenum / Partnerarbeit
Raum	Die Schüler benötigen so viel Raum, dass sie sich in zwei Reihen gegenüber stehen und aufeinander zugehen können.
Material	Arbeitsblatt
Unterrichtssprache	Spanisch (auch für Anfänger)

Durchführung Die Übung dient dazu, bei den Schülern Sensibilität für unterschiedliches Raumverhalten zu wecken.

Proxemik
Das Raumverhalten des Menschen wird als Proxemik bezeichnet, ein Begriff, den Edward T. Hall prägte. Gemeint ist damit, dass Menschen sich im Raum je nach sozialem und kulturellem Hintergrund anders verhalten können und auch ein entsprechendes Raumverhalten von ihren Gesprächspartnern erwarten. Proxemik bezieht sich u.a. auf die Frage, welche Distanz eine Person zu einer anderen Person im Gespräch einnimmt. In den meisten mitteleuropäischen Ländern beträgt der bevorzugte Gesprächsabstand ungefähr eine Armlänge. Es gibt aber auch Kulturen, in denen dieser erheblich (auf Ellenbogenabstand) unterschritten wird, z.B. in vielen südamerikanischen und afrikanischen Kulturen. In unserem Kulturkreis ist dieser geringe Abstand allerdings Eltern, Partnern und sehr engen Freunden vorbehalten und wird meist als unangemessen, z.B. als aggressiv, zu intim oder aufdringlich wahrgenommen. Ähnliches gilt für Körperkontakt und Berührungen, aber auch dafür, wie „Raum" in Besitz genommen wird. Aussagen darüber, ob es z.B. Gartenzäune oder Grünstreifen zwischen den Fahrbahnen gibt, gehören zur Proxemik. Im interkulturellen Kontext kann anderes Raumverhalten daher zu Missverständnissen führen.

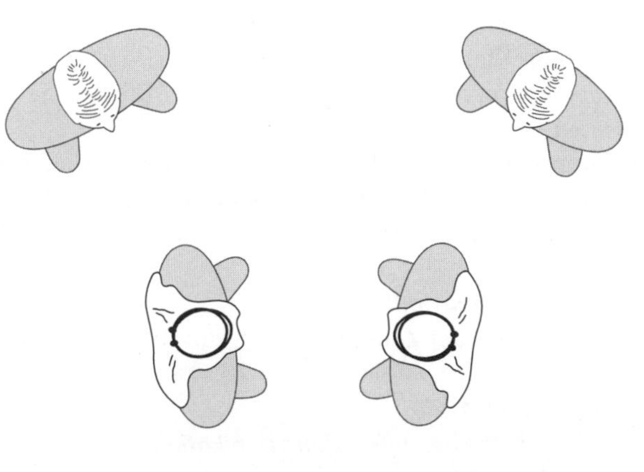
Nordamerikaner bzw. Araber im Gespräch

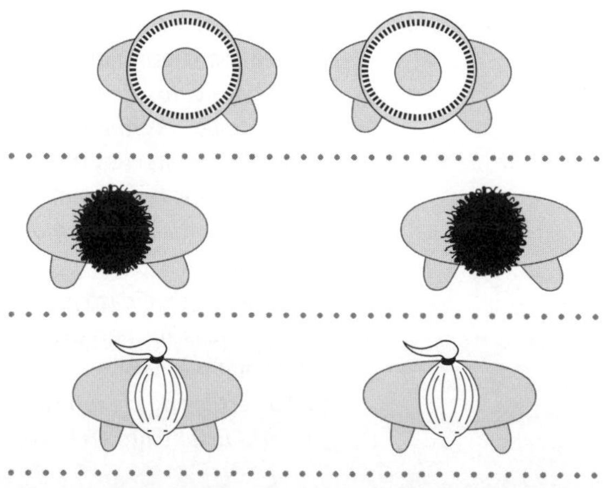
Mexikaner, schwarze US-Amerikaner bzw. weiße US-Amerikaner beim gemeinsamen Betrachten einer „Sehenswürdigkeit", z.B. vor einem Käfig in einem Zoo

Abbildungen modifiziert nach Argyle, Michael: *Körpersprache und Kommunikation: Das Handbuch zur nonverbalen Kommunikation.* 9. Aufl. Paderborn: Junfermann; 2005.

Aufgabe 1

1. Schritt:
Die Schüler stellen sich in zwei parallelen Reihen einander gegenüber auf. Jeder Schüler hat einen Partner. Die Schüler der einen Reihe bewegen sich langsam auf ihre Partner in der anderen Reihe zu. Wenn der Abstand für den Partner, der in der anderen Reihe steht, so gering ist, dass die Grenze des Angenehmen erreicht ist, hebt er die Hand und ruft: Stopp! Der Partner bleibt sofort stehen.
Danach strecken alle ihren Arm mit der Hand nach oben aus und stellen in der Regel fest, dass in unserem Kulturkreis der Körperabstand, der als angenehm empfunden wird, etwa eine Armlänge beträgt, d.h., die Schulter des Gegenübers kann gerade noch berührt werden.

2. Schritt:
Die Schüler, die sich auf die anderen zu bewegt haben, werden gebeten, einen großen Schritt nach hinten zu machen. Im Anschluss daran erhalten die Schüler den Auftrag, sich über ihre Ferienpläne oder das letzte Wochenende zu unterhalten. Nach 1 bis 2 Minuten stoppt der Lehrer die Unterhaltungen. Die Schüler werden gefragt, wie das Gespräch geklappt hat. Die Schüler werden sich bewusst, dass es für die meisten nicht angenehm war, bei einem Gespräch so weit auseinander zu stehen.

3. Schritt:
Jetzt bewegen sich die Schüler wieder so weit aufeinander zu, bis sie einen für beide angenehmen Abstand erreicht haben. Danach erhalten sie den Auftrag, einen kleinen Schritt nach vorne zu gehen, kurz so stehen zu bleiben und zu überlegen, wie sie sich fühlen.
Wichtig ist, dass dieser Moment nur kurz ist und die Schüler Raum erhalten, sich über ihr Empfinden auszutauschen.

Aufgabe 2

Die Schüler füllen das Arbeitsblatt in Partnerarbeit aus. Hierbei geht es vor allem darum, dass die Schüler über das Phänomen „Proxemik" und ihre persönliche Haltung zu verschiedenen Fragen nachdenken, z.B.: Was ist ihnen angenehm, unangenehm, wie stehen sie selbst bestimmten Personen gegenüber? usw.

Auswertung Insgesamt ist bei dieser Übung wichtig, dass sich die Schüler über ihre subjektive Wahrnehmung zum Thema „Proxemik" austauschen. Bei der ersten Aufgabe ergibt sich dies im Gespräch, bei der zweiten Aufgabe sollte darauf geachtet werden, dass möglichst viele Schüler ihr Empfinden verbalisieren. Hierbei kann hilfreich sein, danach zu fragen, ob bestimmte Situationen mehrfach genannt wurden oder wer etwas völlig anders empfindet. Es ist ebenfalls wichtig, deutlich zu machen, dass die Empfindungen jedes Einzelnen „richtig" sind – und häufig jeder anders empfindet.

Vertiefung

- Diese Übung kann gut als Einstieg in die Auseinandersetzung mit Kulturstandards / Kulturdimensionen dienen, die in folgender Übung behandelt wird:
  22 Las dos caras de la misma moneda: reinterpretar estándares culturales / Die zwei Seiten der Medaille – Kulturstandards umdeuten
  In einem erweiterten thematischen Zusammenhang schließen sich gut folgende Übungen an:
  19 Encuentros hispano-alemanes: casos prácticos / Begegnungen im Partnerland: Fallstudien
  20 La cooperación hispano-alemana: casos prácticos / Deutsch-spanische Zusammenarbeit: Fallstudien
  21 La normativa: caso práctico / Die Vorschrift: Fallstudie
- Im Anschluss können die Übungen, die Aspekte der Kommunikation zum Thema haben, behandelt werden:
  18 Los estilos de comunicación / Kommunikationsstile
  30 Para tener éxito en la comunicación / Für eine gelungene Kommunikation

Hoja de ejercicios / Arbeitsblatt

Nuestra percepción del espacio y cómo nos comportamos dentro de él varía de un individuo a otro. Cuando dos personas hablan, establecen automáticamente una determinada distancia entre ellas. Esta distancia puede resultarles agradable, puede hacer que se sientan demasiado lejos de su interlocutor o puede darles la sensación de estar demasiado cerca de él: esto depende de la percepción del individuo en particular así como de la percepción de su interlocutor, pero también de la situación concreta en que se encuentren y de las convenciones propias de las culturas a las que ambos pertenecen.
Lo mismo se puede afirmar respecto al contacto físico y corporal. Para describir la percepción del espacio y el comportamiento dentro de él se utiliza el término proxémica.

Ejercicios

1. Nombra por lo menos dos situaciones en las que te hayas sentido a gusto cuando otra persona estaba muy cerca de ti.

____

2. Nombra por lo menos dos situaciones en las que no te hayas sentido a gusto cuando otra persona estaba muy cerca de ti.

____

3. ¿Conoces culturas en las que la distancia entre las personas en determinadas situaciones sea diferente a la de tu cultura? ¿Cuáles?

____

◀ 4. Aquí puedes ver a dos personas que hablan en la calle. Una de ellas le explica el camino a la otra. ¿Cómo describirías la distancia entre ellas?

____

5. Marca la distancia que guardarías con cada una de las personas según las siguientes situaciones, haciendo una cruz a la altura correspondiente del brazo.

Situación	
Hablas con tu profesor.	
Hablas con tu madre.	
Hablas con tu novio / novia.	
Tienes una entrevista de trabajo con él que podría ser tu futuro jefe.	
Estás en el ayuntamiento y solicitas un carné de identidad nuevo a un empleado.	
Hablas con el rey de España.	
Hablas con tu mejor amigo / amiga.	

Interkulturelle Kompetenz – Spanisch
ISBN 978-3-12-536961-0

Los estilos de comunicación / Kommunikationsstile

Im Zentrum der Übung steht die Gegenüberstellung von direktem und indirektem Kommunikationsstil. Die Schüler erarbeiten Merkmale beider Tendenzen und erweitern durch die praktische Umsetzung ihr kommunikatives Repertoire.

Lernziele / Kompetenzen

- Erkennen und Üben indirekter und direkter Kommunikation
- Erweiterung des eigenen Kommunikationsrepertoires
- Reflexion der Kommunikationskompetenz

Organisatorisches	
Dauer	45 Minuten
Sozialform	Einzel- oder Partnerarbeit
Material	Arbeitsblätter
Unterrichtssprache	Spanisch / Deutsch für Anfänger

Durchführung Diese Übung vermittelt den Schülern den Unterschied zwischen direktem und indirektem Kommunikationsstil und sensibilisiert für die verschiedenen Möglichkeiten, einen Sachverhalt auszudrücken. Da dies in der Fremdsprache auch bei sehr einfachen Beispielen bereits eine recht komplexe Aufgabe darstellen kann, kann der Weg über die Muttersprache u. U. einen hilfreichen Zwischenschritt darstellen. Sinnvoll ist hier sicher der Hinweis darauf, dass auch subjektives Empfinden eine nicht unerhebliche Rolle spielt. So kann eine eher indirekte Kritik den einen schon kränken, während der andere sie kaum heraushört.
Der Lehrer erläutert zunächst an einigen Beispielen den Unterschied zwischen direkter und indirekter Kommunikation.

Grundlegende Charakteristika beider Kommunikationsstile können anhand der folgenden Tabelle dargestellt werden:

Características de la comunicación directa	Características de la comunicación indirecta
Es más bien explícita.	Es más bien implícita.
Se proporciona y se explica toda la información.	Buena parte de la información no se proporciona directamente, sino que se infiere de la situación, del contexto y de la relación entre los interlocutores.
La comunicación no verbal está poco presente.	Lo «no verbal» (gestos, mímica, etc.) cobra mucha importancia.
Se valora a la gente que dice directamente lo que piensa, porque esto se considera señal de honradez y franqueza.	Se aprecia a la gente que se expresa con diplomacia.
La crítica abierta y directa se acepta y aprecia en el trabajo, pues no desligitima a la persona ni pone en entredicho la relación entre los interlocutores.	La crítica debe ir acompañada de una apreciación positiva, ya que, en caso contrario, el interlocutor podría sentirse atacado, lo que podría poner en entredicho la relación entre los interlocutores.
«¡No!».	«Sí, pero…».

Als Beispiele für den direkten Kommunikationsstil können die direkte Kritik an einer erbrachten Leistung („Das war heute aber nicht gut!“ / „So kann man das aber nicht machen!“) oder auch das starre „Abarbeiten“ von Tagesordnungen in Sitzungen oder Besprechungen und die deutsche Angewohnheit, eine Sache „auszudiskutieren“, genannt werden. Für den indirekten Kommunikationsstil können das spanische «¿Qué tal?» (mit der erwarteten Antwort «Bien, ¿y tú?» und nicht einer ausführlichen, direkten Information über das Befinden) oder auch der Ausspruch „Es zieht!“ / «¡Hace frío!». (indirekt für „Mach bitte das Fenster zu!“) angeführt werden.
Es kann hilfreich sein, vorab sprachliche Mittel wie Höflichkeitsformeln oder das *Condicional* sowie Strategien wie etwa die „Sandwich-Technik“ („Verstecken“ von Kritik zwischen positiven Aussagen) mit den Schülern zu erarbeiten.

Der „intime Kreis"
Der Soziologe Amando de Miguel* beschreibt im Fall Spaniens die Existenz eines symbolischen „intimen Kreises" in den gesellschaftlichen Beziehungen. Innerhalb dieses Kreises ist die persönliche (psychologische) Distanz reduziert, ähnlich – aber nicht gleich – wie in familiären Beziehungen. Deswegen ist, unabhängig vom persönlichen Stil, die indirekte Kommunikation häufiger in Situationen zu beobachten, in denen die Beteiligten nicht zum jeweiligen „intimen Kreis" gehören, z. B. bei einem Gespräch zwischen Kunde und Verkäufer, wenn der Kunde kein Stammkunde ist. In Situationen innerhalb des „intimen Kreises" (z. B. unter Kollegen, die sich schon eine Weile kennen) kommt direkte Kommunikation öfter vor. Eine typische Form der Höflichkeit ist hier statt indirekter Kommunikation eine leicht humoristische Ironie. Vergleichbare Erscheinungen können auch in einigen lateinamerikanischen Ländern (z. B. Chile und Argentinien) beobachtet werden.

Arbeitsblatt 1 können die Schüler in Einzel- oder Partnerarbeit bearbeiten. Die Lösungen werden anschließend im Plenum abgeglichen. Es ist wichtig, dabei darauf hinzuweisen, dass die Zuordnung eines Kommunikationsstils zu einer Kultur keineswegs eindeutig oder ausschließlich ist, sondern auch vom Kontext oder der Person abhängen kann – sowohl im Deutschen als auch im Spanischen kann schließlich je nach Situation direkter oder indirekter kommuniziert werden. Aufgabe 3 kann auch als Hausaufgabe vergeben werden.

Für fortgeschrittene Lerner oder zur Vertiefung des Themas kann im Anschluss Arbeitsblatt 2 eingesetzt werden, auf dem die Schüler eigene Dialoge im indirekten sowie direkten Kommunikationsstil entwickeln und umsetzen. Dazu werden, ausgehend von den Situationskarten, in Partner- oder Kleingruppenarbeit Dialoge erarbeitet und als Rollenspiel vorgestellt. Je nach Sprachniveau kann es sinnvoll sein, vorher sprachliche Mittel im Plenum zu erarbeiten oder auch die Vorbereitung auf Deutsch vorzusehen.

Varianten

- Mit fortgeschrittenen Lernern oder bei der Erarbeitung in der Muttersprache kann das Thema auch von den Schülern selbst, z. B. in Kleingruppen, erarbeitet werden.
- In einer bikulturellen Gruppe, z. B. im Rahmen von Austauschprojekten, können, insbesondere für die auf dem Arbeitsblatt 2 vorgegebenen Situationen, Beispieldialoge in gemischten Kleingruppen erarbeitet werden. Die Überlegung, wie direkt oder indirekt formuliert werden soll, steht dabei im Vordergrund.
- Eine experimentelle Variante ist es, in drei Parallelgruppen zu arbeiten (je eine nach Nationalität sowie eine gemischte) und die Ergebnisse zu vergleichen.

Vertiefung

- Im Anschluss können mit den Schülern Situationen erarbeitet werden, in denen sie direkte bzw. indirekte Kommunikation für vorteilhaft oder eher nachteilig halten. Dies kann z. B. in Kleingruppen erfolgen, die darüber anhand verschiedener Situationen und Kommunikationsmedien, die z. B. auf Moderationskarten vorgegeben sind (am Arbeitsplatz, mit Freund/in, im Urlaub, per E-Mail, am Telefon etc.), diskutieren.
- Verwiesen werden kann hier auf Übung 14, die ebenfalls Kommunikation zum Thema hat:
  14 Una cuestión de perspectiva / Eine Frage der Perspektive
- Thematisch gut schließen sich folgende Übungen an:
  27 Antes de lanzarse a la comunicación intercultural… / Bevor wir uns in die interkulturelle Kommunikation stürzen …
  29 El desafío de hablar una lengua extranjera: consejos y estrategias para comunicarse / Herausforderung Fremdsprache: Kommunikationsstrategien und -tipps
  30 Para tener éxito en la comunicación / Für eine gelungene Kommunikation

*vgl. Miguel, Amando de: *La vida cotidiana de los españoles en el siglo XX.* Barcelona: Planeta; 2001.

Hoja de ejercicios 1 / Arbeitsblatt 1

1. ¿Cuáles de las siguientes frases son más bien directas y cuáles más bien indirectas? Traza un círculo alrededor de la letra «d» (comunicación directa) o de la letra «i» (comunicación indirecta) en cada una de las frases.

d / i — ¿Tienes un momento? Necesitaría tu ayuda.

La película está bien. Es un poco lenta. — d / i

De ninguna manera. No digas eso. — d / i

Callaos, por favor. — d / i

d / i — ¡Uf!, ¡qué calor hace aquí!, ¿no?

¿Quieres comprarte una moto? Piénsatelo bien, hombre. — d / i

Esa novela es muy aburrida. — d / i

d / i — Me gustaría mucho ir contigo al cine. Lo que pasa es que tengo trabajo.

d / i — Nuestros vecinos son bastantes antipáticos.

Interkulturelle Kompetenz – Spanisch
ISBN 978-3-12-536961-0

2. Busca ejemplos para expresar directa o indirectamente las siguientes frases.

Comunicación directa	Comunicación indirecta
«Cierra la puerta. Esta conversación es privada».	
«No estabas muy inspirada, ¿no? Esta redacción te ha salido fatal. Tienes que repetirla».	
«Quita ese CD, por favor. No aguanto el hip-hop».	
	[En un bar] «Por favor, ¿cuando pueda nos dice qué le debemos?».
	«Este informe está casi perfecto. Sólo necesitas retocar algunos apartados. Podemos verlo juntos si quieres».
[En el trabajo] «Su rendimiento ha bajado mucho en las últimas dos semanas».	
«Debe de estar enamorado… Ya se ha equivocado usted tres veces en los cálculos».	

3. Elije una de las situaciones siguientes y escribe una respuesta adecuada en el estilo de comunicación indirecta.

a) Un viejo amigo / Una vieja amiga te ha escrito un mensaje electrónico en el que te pregunta si quieres hacer un viaje con él / ella las próximas vacaciones, pero tú ya tienes otros planes para el verano.

b) Tienes que preparar junto con un compañero / una compañera una presentación para la clase de español. Él / ella te ha enviado por correo electrónico un esquema de su idea para la presentación y te ha pedido tu opinión. A ti te parece que él / ella no ha entendido correctamente las instrucciones para hacer la presentación, así que tiene que preparar un esquema nuevo.

c) A una mayoría de alumnos en tu colegio le parece que los alimentos del servicio de comedor no son de buena calidad y que además deberían ser más variados. Después de una reunión de delegados de clase, te escogen a ti para que escribas una carta a la dirección del centro. En ella tienes que expresar el sentir de los alumnos y solicitar que se tomen medidas a este respecto.

Interkulturelle Kompetenz – Spanisch
ISBN 978-3-12-536961-0

Posibles soluciones a la hoja de ejercicios 1 / Lösungsvorschlag zu Arbeitsblatt 1

Ejercicio 2

Comunicación directa	Comunicación indirecta
«Cierra la puerta. Esta conversación es privada».	*«Como el asunto es delicado, quizás necesitaríamos un poco más de discreción».*
«No estabas muy inspirada, ¿no? Esta redacción te ha salido fatal. Tienes que repetirla».	*«No está mal tu redacción. Tiene cosas buenas. Pero yo creo que la puedes hacer mucho mejor. ¿Por qué no la vuelves a escribir con una perspectiva más original?».*
«Quita ese CD, por favor. No aguanto el hip-hop».	*«¿Puedes bajar un poco la música y cambiar el CD? Es que estoy estudiando y el hip-hop, como tiene tanto ritmo, me distrae».*
[En un bar] *«Oye, ¿qué te debo?»*	[En un bar] «Por favor, ¿cuando pueda nos dice qué le debemos?».
«Este informe no es aceptable. Tiene varios apartados deficientes. Corríjalo, por favor. Si necesita ayuda, me lo dice».	«Este informe está casi perfecto. Sólo necesitas retocar algunos apartados. Podemos verlo juntos si quieres».
[En el trabajo] «Su rendimiento ha bajado mucho en las últimas dos semanas».	[En el trabajo] *«¿Le pasa algo? Me parece verlo siempre muy cansado en las últimas dos semanas…».*
«Debe de estar enamorado… Ya se ha equivocado usted tres veces en los cálculos».	*«¿Puede volver a revisar los cálculos? Seguro que son correctos, pero más vale cerciorarse…».*

Interkulturelle Kompetenz – Spanisch
ISBN 978-3-12-536961-0

Hoja de ejercicios 2 / Arbeitsblatt 2

Ejercicio

Imaginaos las siguientes situaciones y escribid con cada una de ellas dos diálogos de cuatro a seis frases cada uno de acuerdo con este esquema: Primero escribís un diálogo utilizando un estilo muy directo y explícito. Luego reformuláis el texto en un estilo indirecto y sutil. Se permiten exageraciones…

Para comunicaros de una manera más indirecta, podéis utilizar, por ejemplo, las siguientes estrategias:

- Usar el verbo en tiempo condicional en vez de en presente («¿Me darías…?» vs. «¿Me das…?»).
- Usar locuciones circunstanciales o adverbios que reduzcan la «fuerza» de la frase («cuando puedas», «tal vez», «si quieres»).
- Hacer tus frases dejando una puerta abierta a que tu interlocutor interprete la situación de otro modo («Yo creo que…», «A lo mejor…»).
- Formular sugerencias en vez de dar órdenes («¿Por qué no lo haces?» vs. «Hazlo»).
- Aludir a los hechos sin nombrarlos, sino refiriéndote, por ejemplo, a sus causas o consecuencias («La película es un poco lenta» vs. «La película es aburrida»).
- Mencionar primero los aspectos positivos antes de formular críticas.

Si queréis, en la forma de comunicación directa podéis introducir algún efecto humorístico o irónico, como en los ejemplos del ejercicio 2 en la hoja 1: «No estabas muy inspirada, ¿no?», «Debe de estar enamorado… ».

La comida fría

Estás con un amigo o con una amiga en un restaurante. Cuando por fin llegan a la mesa los platos que habéis pedido, resulta que la comida está prácticamente fría. Llama al camarero para quejarte.

Las prácticas

Solicitaste hace tiempo un puesto de becario en Valencia, pero aún no te ha llegado ninguna respuesta. Aprovechando que estás de vacaciones allí, decides pasar en persona por la empresa para interesarte por tu solicitud. Entras en el edifico de la empresa y te diriges a la persona que está en recepción.

Dar calabazas

Desde hace un tiempo notas que un compañero / una compañera de clase te hace mucho caso. Unos amigos te han contado que está enamorado/a de ti, sin embargo tú no correspondes sus sentimientos. Entonces tu compañero/a de clase te pregunta si quieres salir con él/ella. ¿Cómo dices que no?

El informe de prácticas

Estás haciendo unas prácticas en una empresa. Junto con otro becario tienes que escribir un informe sobre las actividades de las últimas semanas. Os repartís el trabajo de modo que cada uno prepara la mitad del informe. Cuando os volvéis a reunir para escribir la versión final del texto, te das cuenta de que tu compañero no ha trabajado bien: su parte del informe es demasiado corta e incompleta. Como has invertido mucho tiempo en este informe, estás enfadado y decepcionado. ¿Qué le dices a tu compañero?

La habitación de hotel

Vas a pasar las vacaciones a una población costera de Andalucía. Al llegar al hotel, te das cuenta de que la habitación que te han reservado no satisface tus expectativas: no tiene vistas al mar, huele a humo de tabaco y el baño no está limpio. Vas a la recepción para protestar y pedir otra habitación.

Interkulturelle Kompetenz – Spanisch
ISBN 978-3-12-536961-0

Encuentros hispano-alemanes: casos prácticos / Begegnungen im Partnerland: Fallstudien

Fallgeschichten aus dem Alltagsleben im deutsch-spanischen Austausch dienen als Anlass zur Beschäftigung mit interkulturellen Missverständnissen und potenziellen Konfliktsituationen. Die Schüler suchen nach Erklärungen aus Sicht aller Beteiligten und entwickeln Lösungsmöglichkeiten.

Lernziele / Kompetenzen
- Perspektivenwechsel
- Erkennen und Erklären interkultureller Missverständnisse

Organisatorisches	
Dauer	90 Minuten für die gesamte Übung; ca. 30 Minuten je Fallbeispiel
Sozialform	Partnerarbeit, Gruppendiskussion
Material	Arbeitsblatt
Unterrichtssprache	Spanisch für Fortgeschrittene / Deutsch für Anfänger

Durchführung

Als *critical incidents* bezeichnet man Fallbeispiele interkultureller Missverständnisse oder Konfliktsituationen. Diese werden häufig in empirischen Untersuchungen erhoben und von Experten für die jeweiligen Kulturräume als „typisch" und wiederholt vorkommend eingeschätzt. Dazu werden verschiedene Erklärungsmöglichkeiten angeboten, von denen eine am ehesten zutrifft. Vorrangiges Ziel ist allerdings die Beleuchtung der Situationen aus verschiedenen Perspektiven und die Abwägung der möglichen Erklärungen.
Die Schüler lesen die auf dem Arbeitsblatt dargestellten Fallbeispiele. Nach Klärung eventueller sprachlicher Schwierigkeiten bearbeiten sie in Partnerarbeit die Aufgaben. Die Auswertung erfolgt im Plenum.
Vor Bearbeitung von Situation 1b) *Olalla in München* kann es je nach Vorkenntnissen und Lernstand hilfreich sein, die Schüler auf die hier relevanten Aspekte der spanischen Alltagskultur vorzubereiten (vgl. Lösung zum Arbeitsblatt). Hier können z.B. auch Schüler, die schon in Spanien oder auch einem lateinamerikanischen Land waren, über ihre Erfahrungen sprechen.

Hintergrundinformationen zu Situation 2b) *Anna-Lena en Barcelona**:

Entscheidungsfindung in Spanien
Der Prozess der Entscheidungsfindung in einer Gruppe verläuft in Spanien oft nicht nach dem Prinzip, dem besten Argument oder Vorschlag Folge zu leisten. Selten werden Vorschläge zurückgewiesen oder Argumente widerlegt, stattdessen werden sie durch andere Vorschläge ergänzt. Ein Entscheidungsprozess findet so oftmals erst dann ein Ende, wenn es keine neuen Vorschläge mehr gibt. Das kann zu einer gewissen Ermüdung führen, die mit der Frage eingeleitet wird: „Also, was machen wir denn jetzt?" Und dann akzeptiert man oft den letzten oder vorletzten Vorschlag. Dabei ziehen Deutsche oft den Kürzeren, weil sie gewohnt sind, frühzeitig ihre Meinung zu sagen, aber die zuerst geäußerten Vorschläge sind am Ende einer solchen Diskussion häufig schon wieder in Vergessenheit geraten. Also sollte man in einem spanischen Prozess der Entscheidungsfindung ähnlich vorgehen wie viele Spanier: sich erst einmal die Ansichten der anderen anhören, sie mit der eigenen Ansicht vergleichen, diese eventuell modifizieren und erst am Ende die eigene Meinung äußern. Hierbei kann es von Vorteil sein, wenn man sich lobend auf den Vorschlag eines anderen beziehen und diesen mit einer zweiten Ansicht glücklich kombinieren kann. Man sollte keinen Vorschlag brüsk zurückweisen und nicht versuchen, die eigene Meinung – und sei es mit Argumenten – durchzufechten. Eine lustige Bemerkung und Sympathiewerte haben meist mehr Gewicht als harte Argumente. – Oder aber es ergibt sich, wie in unserem Beispiel, eine Lösung aus der Situation heraus. Es ist in interkulturellen Situationen wichtig, dafür stets offen zu bleiben, selbst wenn man eigentlich schon eine andere Entscheidung getroffen hatte.

*Aus: Springer, Bernd FW: *Das kommt mir spanisch vor. Einführung in die deutsch-spanische Kommunikation.* München: Iudicium; 2012; S. 249 ff.

Auswertung Zentral ist die Diskussion der verschiedenen Fälle und die Abwägung verschiedener Möglichkeiten, bei der die Schüler die Perspektiven der beteiligten Personen berücksichtigen und die Situationen von beiden Seiten beleuchten sollen.
Die Lösungsvorschläge können als Diskussionshilfe dienen und ggf. verteilt werden.

In der Auswertung im Plenum sollte Bezug auf eigene Erfahrungen der Schüler genommen werden, insbesondere wenn in der Gruppe bereits Austauscherfahrungen vorhanden sind.

Varianten

- Die verschiedenen Situationen können auch in jeweils verschiedenen Arbeitsgruppen vorbereitet und dann im Plenum vorgestellt werden. Für die Bearbeitung können auch kreative Textsorten von den Schülern verfasst werden – z. B. ein Telefongespräch zwischen Olalla und einer Freundin bei Situation 1 b), Anna-Lena und ihrer besten Freundin bei Situation 2 b).
- Die Übung eignet sich zur Vor- und Nachbereitung eines Austausches. Bei bikulturellen Gruppen bietet sich die Bearbeitung im Tandem an.
- Während eines Austauschs kann die Besprechung der Fallbeispiele in der gemischten, deutsch-spanischen Gruppe sehr produktiv sein.
- Die Situationen können auch in alternativer Form präsentiert werden – als Hörverstehenstext vom Lehrer vorgelesen oder, wenn spanische Schüler zu Gast sind, auch in Form eines kurzen Rollenspiels.
- Ältere Schüler, die selbst einen Auslandsaufenthalt erlebt haben, können auch dazu angeleitet werden, in Kleingruppen von ihren Beobachtungen und Erfahrungen zu berichten, um selbst interkulturelle Erlebnisse in Form von *critical incidents* zu entwickeln. Neben der Darstellung als Fallgeschichte sind auch andere Formen der Präsentation denkbar: Interview, Sketch, Kurzfilm, Bildergeschichte, … Im Rahmen eines größeren Unterrichtprojekts kann so eine Dokumentation entstehen, die zur weiteren Beschäftigung mit interkultureller Kommunikation genutzt werden kann. Sie könnte beispielsweise in Form einer Wandzeitung oder Ausstellung aufbereitet werden oder auch als Material zur Vorbereitung für spätere Aufenthalte dienen.
- Anna-Lenas Erlebnisse an einem Abend in Barcelona (Situation 2 b) sind hier in verkürzter Form abgedruckt, da eine Besprechung sonst nicht innerhalb einer Schulstunde möglich wäre. Eine ausführliche Fassung ist auf der CD-ROM zu finden. Bei dieser Version können die Schüler zusätzlich mit einem Stadtplan von Barcelona arbeiten und ein Rollenspiel entwickeln.

Vertiefung

- Da *critical incidents* sich aus der konkreten Situation heraus interkulturellen Missverständnissen annähern, bietet sich in einer größeren Einheit zur interkulturellen Kommunikation an, diese als Ausgangspunkt für die Beschäftigung mit Kulturdimensionen und Kulturstandards zu verwenden. Dann könnte sich z. B. die Behandlung folgender Übungen anschließen:
  22 Las dos caras de la misma moneda: reinterpretar estándares culturales / Die zwei Seiten der Medaille – Kulturstandards umdeuten
  23 El cuadrado de los valores culturales / Kulturquadrate
  28 El choque cultural: un vademécum intercultural / Der Kulturschock – Ein interkulturelles Hilfspaket
- Zur Vertiefung eignen sich auch die etwas komplexeren *critical incidents* aus dem beruflichen Kontext:
  20 La cooperación hispano-alemana: casos prácticos / Deutsch-spanische Zusammenarbeit: Fallstudien
  21 La normativa: caso práctico / Die Vorschrift: Fallstudie
- Behandelt bzw. ggf. wiederholt werden kann hier auch die Übung zu den Kommunikationsstilen:
  18 Los estilos de comunicación / Kommunikationsstile

Hoja de ejercicios 1 / Arbeitsblatt 1

1. Españoles en Alemania / Spanier in Deutschland

a) Mercedes en Alemania

La estudiante española Mercedes cuenta sus experiencias con compañeros de piso durante su estancia en Alemania con el programa Erasmus.

«Desde que vivo en Alemania me sorprende la actitud de los jóvenes cuando eres amable. Por ejemplo, llevarle un café a alguien o lavarle la taza. Siempre se te malinterpreta y te preguntan si te has vuelto su criada. En España es normal, y piensas que la próxima vez lo hará el otro por ti».[1]

Ejercicios

1. ¿Por qué interpretan este comportamiento de forma tan diferente Mercedes y sus compañeros de piso?
2. Piensa en tu propia experiencia: ¿cómo se muestra amabilidad en la cultura alemana? ¿Y cómo se muestra agradecimiento?
3. ¿Qué diferencias hay con la manera en que Mercedes entiende amabilidad y agradecimiento?
4. ¿Cómo se podría evitar este malentendido?

b) Olalla en Múnich

Olalla Gómez, 27 años, arquitecta de Madrid, trabaja en Múnich porque, debido a la crisis económica, no ha encontrado un puesto de trabajo en su ciudad natal. Lee el siguiente fragmento de una entrevista con ella en un periódico.

¿Ha cambiado su opinión sobre Alemania y su país de origen a raíz del exilio?
De repente me doy cuenta de que el buen tiempo y la buena comida no son cosas que se puedan esperar por descontado. ¡Y también el silencio en el metro! Tengo un trayecto de una hora, y el hecho de estar sentada entre tanto silencio me pone triste cada mañana.

Aparte de eso, ¿qué opina sobre los muniqueses y su ciudad?
Veo muy poco de la ciudad porque trabajo mucho. Lo que veo es precioso. Aun así, Múnich también se me hace extrañamente pequeña. Por la noche no encuentras nada para comer y los bares a las dos ya están cerrados.[2]

Ejercicios

1. ¿Qué le llama la atención a Olalla de Múnich? Escribe tus comentarios en la primera columna de la tabla.
2. ¿Por qué crees que percibe como negativos la mayoría de los aspectos? Ponlo en relación con cómo piensas que habrá sido la vida de Olalla en Madrid.
   Intenta averiguar los motivos que explican comportamientos típicos y específicos de cada país. Ahora completa la tabla de izquierda a derecha.

Ponte en el lugar de Olalla. ¿Cómo percibe ella Múnich?	Intenta describir lo que Olalla observa de forma objetiva y sin hacer valoraciones.	¿Qué consecuencias se extraen de esto respecto al modo en que se trata este asunto en Alemania?	¿Cómo es la situación respecto a este asunto en Madrid?	Qué consecuencias se extraen de esto respecto al modo en que se trata este asunto en España?

1 Oliveras, Àngels: *Hacia la competencia intercultural en el aprendizaje de una lengua extranjera. Estudio del choque cultural y los malentendidos.* Madrid: Edinumen; 2000, S. 91f.

2 Rühle, Alex: *Krisengipfel.* Süddeutsche Zeitung 20./21.07.2013.

Interkulturelle Kompetenz – Spanisch
ISBN 978-3-12-536961-0

Ponte en el lugar de Olalla. ¿Cómo percibe ella Múnich?	Intenta describir lo que Olalla observa de forma objetiva y sin hacer valoraciones.	¿Qué consecuencias se extraen de esto respecto al modo en que se trata este asunto en Alemania?	¿Cómo es la situación respecto a este asunto en Madrid?	Qué consecuencias se extraen de esto respecto al modo en que se trata este asunto en España?

3. Cita al menos tres medidas que podría tomar Olalla para sentirse más a gusto en Múnich.

____

____

____

____

____

2. Alemanes en España / Deutsche in Spanien

a) Max en Madrid

La española Alba relata una situación durante la estancia de su novio alemán Max de visita en casa de su familia.

«En Alemania es de muy mala educación dejarse algo en el plato cuando te invitan a comer a una casa, en tanto que en España a nadie se le ocurriría rebañar el plato. Yo lo aprendí así (a través de un par de experiencias propias, donde quedé como maleducada, sin saberlo) y así lo practiqué durante mis primeros años de estancia en aquel país.
Max, mi novio alemán, no lo sabía. La primera vez que vino de visita a casa de mis padres, se tuvo que enfrentar a un inmenso plato de cocido que mi madre le sirvió. Él se lo comió todo, hasta el último garbanzo. Mi madre, sorprendida y encantada de tener a la mesa un invitado con tan buen «saque», se apresuró a llenarle el plato de nuevo. Yo estaba conversando con mi cuñada, pero me percaté de los agobios de mi novio por terminarse «convenientemente» aquel segundo plato de cocido. Lo terminó, haciendo gala de la mejor educación alemana… y mi madre se apresuró a servirle un tercero, temiendo que su futuro yerno se quedase con hambre. Max me miró con absoluta desesperación, pensando que querían poner a prueba su buena educación. Cuando le dije que podía, e incluso debía, dejar un resto en el plato, se sorprendió ante tan derrochadora costumbre española».[3]

Ejercicio

Discutid en grupos las siguientes preguntas y exponed vuestras conclusiones al resto de la clase.

1. ¿Cómo puedes informarte acerca de normas de buena educación en una sociedad distinta de la tuya?
2. ¿Son muy generales las normas de buena educación? Por ejemplo, ¿todos los alemanes vacían el plato de comida y todos los españoles se dejan algo de comida en el plato?
3. ¿Tú que crees: es necesario cumplir todas las normas de la sociedad en la que estás viviendo?

3 Oliveras, Àngels: *Hacia la competencia intercultural en el aprendizaje de una lengua extranjera. Estudio del choque cultural y los malentendidos.* Madrid: Edinumen; 2000, S. 83 f.

Interkulturelle Kompetenz – Spanisch
ISBN 978-3-12-536961-0

b) Anna-Lena en Barcelona[4]

Sábado por la noche. La alumna de intercambio alemana Anna-Lena ha quedado con su amiga María en la Plaça de Catalunya. María viene además con sus amigos Jordi, Felipe y Alfons. Son las 22 h y hay que hacer mucha cola para entrar en la mayoría de los restaurantes.

«Vamos en dirección Maremagnum –propone Anna-Lena–, quizás encontremos un restaurante por el camino».

«También podríamos buscar algo en el barrio entre la catedral y la iglesia Santa María del Mar, allí hay muchos bares de tapas y siempre hay sitio» –dice Jordi.

«Y justo detrás está el barrio del Born, ahí también hay muchos restaurantes» –dice Alfons. «Buena idea» –dice María. «Si no encontramos nada allí, podemos cruzar al barrio de la Barceloneta y al lado está el puerto olímpico, ahí encontramos algo seguro» –dice Felipe. «Pero esa zona es muy turística, ¿no?» –replica Jordi. «También podríamos tomar el autobús y subir hasta Gràcia» –dice éste de nuevo. «También es una posibilidad… ¿A ti qué te parece, Anna-Lena?» –pregunta María. «No sé, vosotros sabréis» –responde Anna-Lena. «Yo creo que Anna-Lena tiene hambre, deberíamos buscar algo por aquí cerca» –dice María.

Los chicos siguen andando. Tras un cuarto de hora de búsqueda empiezan de nuevo a discutir con las mismas propuestas y objeciones. Anna-Lena ya está algo frustrada y enfadada. Entonces se abre la puerta de un restaurante y sale una familia con tres niños. «Seguro que ahí se acaba de quedar una mesa libre» –dice María. Entran, preguntan si hay una mesa libre y el camarero responde: «Ahora mismo, sólo tengo que cambiar el mantel».

Ejercicios

1. Poneos en el lugar de Anna-Lena. ¿Por qué no está contenta con el transcurso de la noche?
2. Imaginaos una situación parecida en Alemania. ¿Cómo sería el proceso de tomar una decisión? Escribid un pequeño diálogo entre Anna-Lena y Jordi.

Jordi: ____________________

____

Anna-Lena: ____________________

____

Jordi: ____________________

____

Anna-Lena: ____________________

____

3. ¿Qué ventajas e inconvenientes veis en la forma de decidir que adoptan los amigos de Anna-Lena en Barcelona?

Ventajas	Inconvenientes

4 Nach Springer, Bernd FW: *Das kommt mir spanisch vor. Einführung in die deutsch-spanische Kommunikation.* München: Iudicium; 2012; S. 249 ff.

Interkulturelle Kompetenz – Spanisch
ISBN 978-3-12-536961-0

Posibles soluciones a la hoja de ejercicios 1/ Lösungsvorschlag zu Arbeitsblatt 1

1. Españoles en Alemania / Spanier in Deutschland

a) Mercedes en Alemania

Zwei Aspekte sind zur Erklärung dieser Situation wichtig. Der erste bezieht sich auf Höflichkeitserwartungen im Umgang miteinander und darauf, wie Höflichkeit anderen gegenüber gezeigt wird. Während in der deutschen Kultur der Entscheidungsraum des anderen respektiert werden sollte – schließlich kann Mercedes nicht wissen, ob der andere gerade jetzt auch einen Kaffee möchte oder vielleicht sowieso immer nur Tee trinkt –, ist das in der spanischen Kultur nicht so klar – man verwöhnt den anderen wie sich selbst. Ein möglicher Grund dafür ist, dass die spanische Erziehung vorgibt, dass es höflich ist, Angebote zunächst zwei bis drei Mal abzulehnen. Das kann in entsprechenden Situationen aber auch dazu führen, dass z. B. angebotene Hilfe als nicht ernst gemeint interpretiert wird (ansonsten würde man helfen, ohne zu fragen). Die deutschen Mitbewohner von Mercedes würden also wahrscheinlich eher erwarten, dass Mercedes nachfragt, ob sie auch einen Kaffee möchten oder ob sie die Tasse mitspülen soll, während Mercedes eben vermeiden will, dass ein „Wem soll ich noch einen Kaffee mitbringen?" als nicht ernst gemeintes Angebot angesehen wird.

Der zweite Aspekt bezieht sich darauf, wie sich wechselseitige Beziehungen zwischen Menschen (Reziprozität) ausdrücken. Für die deutsche Kultur ist eine direkte Gegenseitigkeit typisch (direkte Reziprozität), in der auf eine nette Geste relativ bald entsprechend reagiert – und diese „zurückgegeben" – wird: erweist z. B. jemand einem anderen einen Gefallen, so schickt man dem Helfer häufig z. B. ein Dankesschreiben oder eine kleine Aufmerksamkeit wie eine Schachtel Pralinen.

In der spanischen Kultur ist eher eine allgemeine, unspezifische Gegenseitigkeit (generalisierte Reziprozität) üblich, die darauf basiert, dass eine Kompensation nicht sofort und auch nicht notwendigerweise von der Person, der der Gefallen erwiesen wurde, erfolgen muss. So hilft man z. B., wenn jemandem die Kette vom Rad gesprungen ist, ohne unbedingt ein „Geschenk" als Ausgleich zu erwarten. Möglicherweise hofft man dann, eines Tages in einer ähnlichen Situation ebenfalls Hilfe zu bekommen. Diese generalisierte Reziprozität ist in der deutschen Kultur auch zu beobachten, allerdings im Vergleich seltener als in der spanischen.

So könnte man in vergleichbaren Situationen auf **Spanisch** reagieren:

Una respuesta apropiada a la conducta de Mercedes es aceptar la taza de café y decir: «¡Muchas gracias! ¡Hombre, no tenias que haberte molestado!».

Una respuesta apropiada, que sirve para rehusar la oferta pero sin dañar la cortesía, sería aceptar la taza de café y decir: «¡Muchas gracias! ¿Sabes? La verdad es que yo no tomo mucho café… ». Probablemente Mercedes le preguntará la próxima vez.

No obstante, puesto que se trata de comunicación intercultural, es muy posible que surjan soluciones ad hoc para evitar los malentendidos. Esto se obtiene primero mediante metacomunicación, y segundo con flexibilidad.
La metacomunicación consiste en que Mercedes y los demás compañeros de piso expliquen a los demás el significado de sus actos al igual que también cómo interpretan los actos de los demás. Cuando todos son conscientes de las diferencias, entonces se desarrollan soluciones nuevas de forma espontánea y flexible. Por ejemplo, Mercedes pasa por la habitación de su compañero de piso y dice «Oye, voy a hacer un café y te voy a traer una taza… De todas formas, también puedes decir que no… » –entonces los dos se ríen probablemente.

b) Olalla en Múnich

1./2. Olalla befindet sich gerade im Kulturschock, in der sog. Krisenphase[5]. Sie vergleicht Neues und Fremdes mit Bekanntem und Vertrautem: Wetter, Essen, Geräuschpegel, Öffnungszeiten. Dabei interpretiert sie Neues nicht aus dem jeweiligen „deutschen" Kontext heraus, sondern bewertet es nach ihrer spanischen – ethnozentrischen – Sichtweise, in der das Eigene als Maßstab gilt. Deswegen empfindet sie die neuen Lebensbedingungen als eher negativ.

5 Zum Kulturschock und seinen Phasen vgl. Übung 28 *El choque cultural: un vademécum intercultural*, S. 145.

Interkulturelle Kompetenz – Spanisch
ISBN 978-3-12-536961-0

Versetze dich an Olallas Stelle. Was fällt ihr an München auf?	Versuche, Olallas Eindrücke und Beobachtungen objektiv zu beschreiben, ohne zu bewerten.	Was lässt sich daraus für das Verhalten bzw. den Umgang mit dem Thema in Deutschland schließen?	Wie stellt sich die Situation bzw. das Thema in Madrid dar?	Was lässt sich daraus für das Verhalten bzw. den Umgang mit dem Thema in Spanien schließen?
schlechtes Wetter	mildes mitteleuropäisches Klima, im Schnitt viele verregnete und bewölkte Tage	Wetter ist eines der (einfachsten und) wichtigsten Gesprächsthemen; Wochenendaktivitäten werden z. B. oft in Abhängigkeit zur Wettervorhersage geplant	kalter Winter, heißer Sommer, im Schnitt viele Tage blauer Himmel, ohne Regen	Wetter als Gesprächsthema nur eines unter vielen, eher nachrangig
schlechtes Essen	Essen im Alltag eher einfach (belegte Brote) und wenig zeitaufwändig (vgl. z. B. „sich schnell ein Brötchen holen")	eher funktionales Verständnis des Mittagessens im Alltag (dient der Nahrungsaufnahme, soll satt machen, keine Freizeit stehlen), daher kurze Mittagspause	auch im Alltag: in der Regel vollständige Mahlzeiten, daher lange Mittagspause (60–90 Min.)	Essen dient nicht nur der Nahrungsaufnahme, sondern es ist auch wichtig, Zeit mit anderen zu verbringen, zu genießen, abzuschalten, sich auszutauschen
Stille in der U-Bahn	Geräuschpegel im öffentlichen Raum meistens relativ niedrig	Rücksicht auf andere drückt sich auch „akustisch" aus: Schutz der persönlichen Sphäre (der andere soll nicht gestört werden), Zeit wird individuell genutzt (Lesen, Musikhören)	Geräuschpegel im öffentlichen Raum (z. B. U-Bahn) in Großstädten u. U. relativ hoch	laute Gespräche werden in der Regel nicht als störend oder aufdringlich empfunden
frühe Essenszeiten, kaum Nachtleben	anderer Lebensrhythmus, -stil	Lebensrhythmus: frühe Öffnungs-, Arbeits-, Essenszeiten. Wichtig: ausreichend Schlaf. Lebensstil: häufig nicht öffentliche Orte für Freizeit und Sozialisierung, z. B. Einladen von Freunden nach Hause, Vereinsleben	Lebensrhythmus: Arbeitstag dehnt sich bis in den späten Nachmittag / frühen Abend, Privatleben bis in die Nacht aus. Lebensstil: öffentliche Orte der Sozialisierung, z. B. Bars, Restaurants, Plätze	Spanier schlafen im Mittel eine Stunde weniger als der (durchschnittliche) Europäer

3. Um aus der Krise des Kulturschocks wieder herauszukommen, sollte Olalla versuchen, Interesse für die Gastkultur zu entwickeln und sich darum bemühen, passende Erklärungen für ihre Beobachtungen zu finden. Ein erster Schritt könnte sein, sich Informationen über die Ursprünge und Gründe für Gepflogenheiten in ihrem Gastland zu besorgen. Auf diese Weise könnte sie ihre Einstellung ändern, auf das ständige Vergleichen verzichten und sich mit etwas Abstand ihrer eigenen kulturellen Prägung bewusst werden.

Interkulturelle Kompetenz – Spanisch
ISBN 978-3-12-536961-0

2. Alemanes en España / Deutsche in Spanien

a) Max en Madrid

1. Es gibt verschiedene Möglichkeiten, sich über die Sitten einer fremden Gesellschaft zu informieren, angefangen von der Lektüre von Sachbüchern und der Recherche auf vertrauenswürdigen Internetseiten bis zum Gespräch mit Freunden und Bekannten über ihre Beobachtungen und Erfahrungen.
2. Sehr wichtig ist es, sich darüber klar zu werden, dass nur wenige Normen allgemein gültig sind. Es gibt eine große Variationsbreite darin, was als gute Erziehung angesehen wird. Dies ist unter anderem abhängig vom Kontext, vom Alter, von der sozialen Stellung und selbst von der jeweiligen Familiengeschichte der Personen, die in einer bestimmten Situation zusammenkommen. So kann das Übriglassen eines Restes auf dem Teller in einigen spanischen Familien als gute Erziehung angesehen werden, während andere das als (Un-)Sitte von „Neureichen" ansehen könnten. – Umgekehrt kann es auch vorkommen, dass Deutsche den Teller nicht leer essen – auch wenn es dann sprichwörtlich am nächsten Tag Regenwetter geben soll …
3. Alle Gesellschaften können sicher in gewissem Maß flexibel auf Verhaltensregeln und Höflichkeitsnormen reagieren. Dennoch ist es wichtig, die Regeln, die unbedingt beachtet werden müssen, um niemanden der unmittelbaren Umgebung zu verletzen, zu kennen und zu respektieren. Es ist aber genauso sinnvoll, eigene Normen zu bewahren, wenn man weiß, dass sie kompatibel mit denen der Kultur sind, in der man jetzt lebt: die meisten Menschen deiner Umgebung werden bereit sein, etwas aus deiner Kultur zu akzeptieren, wenn du mit ihnen darüber sprichst und eine Erklärung dafür nennen kannst.

b) Anna-Lena en Barcelona

1. Anna-Lena preferiría un proceso de decisión más rápido y claro: puesto que tiene mucha hambre, habría que elegir un restaurante con rapidez e ir allí directamente.
2. Jordi: ¿Dónde vamos a cenar esta noche?
   Anna-Lena: Yo conozco un local de tapas muy bueno en el barrio del Born.
   Jordi: ¡Pero eso siempre está lleno! Mejor vamos al Maremagnum.
   Anna-Lena: Vale, de acuerdo, vamos allí.
3.

Ventajas	Inconvenientes
Todos participan en la conversación.	Dura mucho tiempo.
flexible y espontáneo	Si uno tiene ganas de comer algo en particular (pizza, tapas…), quizás tenga que comer otra cosa diferente.
Por el camino pueden surgir otras ideas mejores.	Puede haber discusiones.
Si en el local elegido inicialmente no hay mesas libres, la frustración es menor.	

Interkulturelle Kompetenz – Spanisch
ISBN 978-3-12-536961-0

La cooperación hispano-alemana: casos prácticos / Deutsch-spanische Zusammenarbeit: Fallstudien

Anhand von beruflichen Konfliktsituationen in der Zusammenarbeit mit Mitgliedern spanischsprachiger Kulturen wird eingeübt, beide Perspektiven einzunehmen und einen Lösungsvorschlag zu erarbeiten. So werden Erklärungshypothesen für das Zustandekommen dieser interkulturellen Missverständnisse und Konfliktsituationen gesucht und formuliert.

Lernziele / Kompetenzen

- Kennenlernen von „typischen" interkulturellen Konfliktsituationen
- Perspektivenwechsel
- Entwicklung von Lösungsansätzen für interkulturelle Konflikte und Missverständnisse
- Bewusstsein für die kulturelle Prägung der eigenen Wahrnehmung

Organisatorisches	
Dauer	45 Minuten
Sozialform	Plenum; Einzel- oder Partnerarbeit
Material	Arbeitsblätter
Unterrichtssprache	Spanisch / Deutsch für Anfänger

Einstimmung / Entlastung

Zur Einstimmung auf diese Übung können folgende Übungen bearbeitet werden:
10 ¿Todos iguales pero diferentes? / Alle gleich und doch verschieden?
11 ¡Así también vale! Mis preferencias culturales / Es geht auch anders! – Meine kulturellen Vorlieben

Durchführung

Wenn Menschen aus unterschiedlichen Kulturen zusammenarbeiten, kann es in bestimmten Bereichen zu Konflikten kommen. Zur Erklärung können Kulturdimensionen oder Kulturstandards einen Orientierungsrahmen bieten.
Die Methode des *culture assimilator* greift solche „typischen" Konflikte *(critical incidents)* in interkulturellen Überschneidungssituationen auf, die dann bearbeitet werden. Hierfür werden entweder verschiedene Erklärungsmöglichkeiten vorgegeben, die von den Schülern bewertet werden, oder es soll versucht werden, die jeweils deutsche und spanische Wahrnehmung des Konflikts zu beschreiben, um so verschiedene Sichtweisen auf die Situationen zu entwickeln und dann einen oder mehrere Lösungswege zu finden.
Die Schüler bearbeiten die drei *critical incidents*, danach erfolgt die Besprechung in der Klasse.

Zur Veranschaulichung wird beim dritten *critical incident* das mathematische Modell der Normalverteilung, das durch eine Glockenkurve illustriert wird, herangezogen. Dieses Modell zeigt im interkulturellen Kontext gut auf, dass es nicht „den" Spanier oder „die" Deutsche gibt, sondern auch hier, häufig auf der Grundlage von Mehrheiten, die Individualität jeder einzelnen Person zum Tragen kommt. Insgesamt kann anhand der in einer Glockenkurve aufgezeigten Ergebnisse unterschieden werden, ob sich ein bestimmtes Phänomen als Vorurteil, Stereotyp oder eine in wissenschaftlichen Untersuchungen feststellbare Generalisierung erweist.

Auswertung

Die Fälle werden anhand der Lösungsvorschläge in der Klasse besprochen.
Wichtig ist hierbei vor allem, dass sich die Schüler in die Vertreter der anderen Kultur hineinversetzen. Da es den Schülern häufig sehr schwer fällt, Argumente auf einer anderen Wertebasis zu finden, ist eine entsprechende Anleitung durch den Lehrer besonders wichtig.

Vertiefung

- Tieferen Einblick in die spanischen Kulturdimensionen / Kulturstandards bieten auch folgende Übungen:
  19 Encuentros hispano-alemanes: casos prácticos / Begegnungen im Partnerland: Fallstudien
  21 La normativa: caso práctico / Die Vorschrift: Fallstudie
- Gut schließen sich auch folgende Übungen an:
  22 Las dos caras de la misma moneda: reinterpretar estándares culturales / Die zwei Seiten der Medaille – Kulturstandards umdeuten
  23 El cuadrado de los valores culturales / Kulturquadrate

Hoja de ejercicios / Arbeitsblatt

1. Caso práctico: ¿Cuándo llega el fin de la jornada?

Situación

Michael Kopp trabaja en una empresa alemana y cuenta sus experiencias en España:
«Estuve cinco meses en nuestra sucursal española haciendo un proyecto. Me daba mucha vergüenza salir del trabajo a las 18 h. porque mis compañeros se quedaban hasta las 20 h. o las 21 h. en el despacho. ¿No tienen idea de lo que significa «Feierabend» (~ «el fin de la jornada»)? No me esperaba esto del estilo de vida español».

Ejercicio

¿Cuáles de las siguientes afirmaciones se pueden aplicar a la experiencia de Michael Kopp? ¿Cuáles más bien no? Explicad cuál es vuestro razonamiento, respecto a cada opción.

a) En España, los trabajadores tienen mucha presión, ya que tienen miedo de perder su trabajo por culpa de la mala situación económica. Por esta razón, se quedan hasta tarde en el trabajo: para mostrar su motivación.
b) Para Michael Kopp es importante tener una estructura de horarios y respetarla. Por eso le molesta la falta de claridad en cuanto al fin de la jornada.
c) Los compañeros de trabajo españoles del señor Kopp creen que es vago porque trabaja menos que ellos.
d) En muchas empresas españolas, la jornada laboral tiene una estructura diferente a la de las empresas alemanas. Los empleados se quedan hasta más tarde en el trabajo, pero en general también suelen empezar más tarde por las mañanas y hacen una pausa más larga a mediodía.
e) Michael Kopp trabaja con mayor eficiencia que los españoles y por eso termina antes.
f) En España, la línea de separación entre el trabajo y la vida privada es menor. Por esta razón el momento en que termina la jornada laboral a menudo no está tan claramente definido como en Alemania: se suele establecer una buena relación entre los compañeros de trabajo y hay mayor conexión entre la vida laboral y la privada, de modo que terminar el trabajo e irse a casa en muchas ocasiones no es un momento especialmente relevante.

2. Caso práctico: ¡Que aproveche!

Situación

María, una becaria española, cuenta tras volver a España sus experiencias en una empresa alemana:
«Entiendo que, en días de mucho trabajo, uno no puede tomarse dos horas libres para comer a mediodía. Pero lo que a mí me molestaba sobre todo en Alemania eran esos silencios interminables mientras comíamos en la cantina. Yo siempre me ponía a contar algo para poder soportarlo. Seguro que mis compañeros pensaban: ¿De qué está hablando ésta otra vez?, pero a mí me agobian mucho esos silencios…».

Ejercicios

¿Qué pensáis al respecto?

a) ¿Qué piensan los compañeros alemanes de María sobre las pausas del mediodía en la cantina? ¿Cómo perciben ellos la situación? ¿Les molesta que María hable tanto?
b) ¿Cuáles son las expectativas de María acerca de la comida del mediodía?
c) ¿Qué ventajas e inconvenientes tienen las dos opciones? Enumeradlas tanto para una comida amigable con conversaciones animadas como para una silenciosa pausa de mediodía.

La pausa del mediodía en Alemania	
Ventajas	Inconvenientes

La pausa del mediodía en España	
Ventajas	Inconvenientes

Interkulturelle Kompetenz – Spanisch
ISBN 978-3-12-536961-0

3. Caso práctico: puntualidad

Situación

Estás haciendo unas prácticas en el departamento de exportación de una empresa mexicana. Durante este período se ha planificado un encuentro con representantes de una empresa alemana para negociar una posible colaboración. El encuentro está fijado para las 10 h. de la mañana.
Los representantes alemanes se presentan en la sala de reuniones entre las 9.30 h. y las 10 h. y les molesta que los socios mexicanos vayan apareciendo entre las 9.50 h. y las 10.25 h.

Ejercicios

a) Ponte en la situación de uno de los participantes. ¿A qué hora te presentarías tú en el encuentro? Dibuja una cruz sobre la hora en la línea temporal.
b) Compara tu respuesta con la de tus compañeros.
c) ¿Qué opinas?
  1. ¿Cómo es la percepción desde la perspectiva alemana?
  2. ¿Cómo es la percepción desde la perspectiva mexicana?
  3. ¿Cómo se podría llegar a una solución?

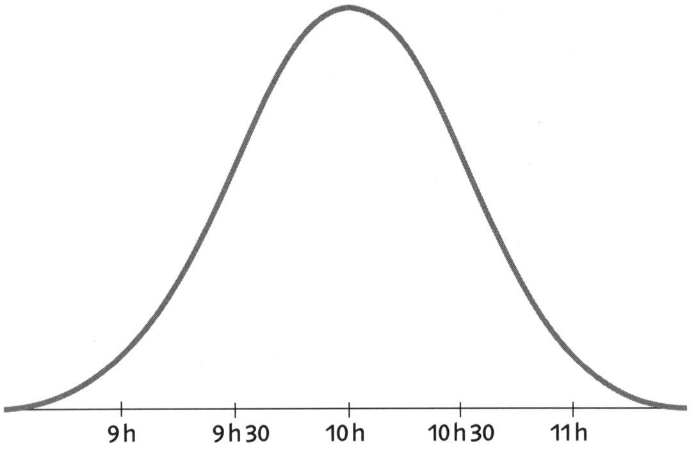

Interkulturelle Kompetenz – Spanisch
ISBN 978-3-12-536961-0

Posibles soluciones a la hoja de ejercicios / Lösungsvorschlag zum Arbeitsblatt

1. Fall

a) Vielleicht beeinflusste die Wirtschaftskrise in Spanien ab 2007 die Bereitschaft der Arbeitnehmer, längere Arbeitszeit ohne Kompensation hinzunehmen; trotzdem trifft diese Antwort wahrscheinlich weniger zu. Es gibt in Herrn Kopps Bericht keinerlei Hinweis darauf. Außerdem tritt das von ihm beobachtete Phänomen auch in Zeiten wirtschaftlichen Aufschwungs auf.

b) Wahrscheinlich bevorzugt Michael Kopp klare Regelungen über die Arbeitszeit. Dennoch gibt es Erklärungen, die auf die Situation noch besser zutreffen. Denn es scheint ihn weniger zu stören, dass er nicht genau weiß, wann die Arbeitszeit endet. Vielmehr fällt ihm auf, dass viele spanische Kollegen bis in den Abend hinein arbeiten.

c) Dies könnte durchaus der Fall sein, wenn die Beziehungen zwischen Michael Kopp und seinen Kollegen schlecht sind oder nur wenig Kontakt zwischen ihnen besteht. Es gibt aber in der Geschichte keinen Hinweis darauf. Andere Erklärungen sind daher eher zutreffend.

d) Dies ist ein guter Erklärungsansatz. In der Tat ist der Tagesablauf in Spanien anders strukturiert als in Deutschland. Dies trifft nicht nur auf den Arbeitstag in einem Büro zu, sondern auch im Familien- und Freizeitleben. Als Beispiele können das aus deutscher Sicht sehr späte Abendessen oder auch das späte Ausgehen am Wochenende genannt werden.

e) Dies trifft wahrscheinlich nicht zu und die Geschichte gibt auch keinerlei Hinweis darauf. In der Aussage stecken dagegen Bilder über Deutsche und Spanier, die sehr stereotyp sind und nicht verallgemeinert werden können.

f) Dies erklärt die Situation recht gut. Die Pflege sozialer Beziehungen und die Bedeutung gegenseitiger Kontakte mit den Kollegen sind in der Regel in Spanien stärker ausgeprägt als in Deutschland. Daher ist aus Sicht der spanischen Kollegen der „Feierabend" ein weniger wichtiger Begriff als aus deutscher Perspektive. Tatsächlich gibt es kein spanisches Wort, mit dem „Feierabend" übersetzt werden kann. Aber auch Spanier freuen sich natürlich, wenn ein Arbeitstag beendet ist!

2. Fall

a) individuelle Schülerantworten
Generell könnte eine Einschätzung der deutschen Kollegen so aussehen, dass sie Marías „Gerede" als Störung empfinden, da sie vielleicht ihre kurze Pause in Ruhe genießen wollen. Schließlich sollte die Arbeit nicht zu lange unterbrochen werden. Vielleicht finden sie auch, dass es einer Praktikantin nicht zusteht, in der Kantine das gesamte Team zu unterhalten. Aber es ist natürlich auch denkbar, dass sie sich über den Austausch freuen und es als gute Gelegenheit sehen, mehr über die spanische Praktikantin und ihr Land zu erfahren.

b) individuelle Schülerantworten
Für María stellt das gemeinsame Mittagessen auch eine gute Gelegenheit dar, ihre Kollegen besser kennenzulernen und gute soziale Beziehungen zu ihnen aufzubauen – ein funktionierendes, solidarisches Netzwerk unter Kollegen ist in Spanien sehr wichtig. Daher sollte man sich auch beim Mittagessen ausreichend Zeit dafür nehmen.

c) Denkbar wäre auch, dass María den eher ruhigen Kommunikationsstil ihrer Kollegen als Desinteresse fehlinterpretiert!

d) individuelle Schülerantworten
Vorschlag:

„deutsche" Mittagspause	
Vorteile	**Nachteile**
kurze Dauer, sodass man früher mit der Arbeit wieder anfangen kann	recht kurz, sodass man weniger entspannt
Zeit zum „Durchatmen" und ein paar Minuten Ruhe, ehe es weitergeht	Wenn man das Mittagessen auf die reine „Nahrungsaufnahme" reduziert, genießt man es weniger.
	weniger Möglichkeit zum informellen Austausch mit Kollegen
…	…

„spanische" Mittagspause	
Vorteile	**Nachteile**
Gelegenheit, Kollegen kennenzulernen und soziale Beziehungen zu pflegen	lange Zeitdauer und Abwesenheit vom Arbeitsplatz
informeller Austausch, auch über aktuelle Vorgänge im Unternehmen	…
kulinarischer Genuss	
…	

Interkulturelle Kompetenz – Spanisch
ISBN 978-3-12-536961-0

3. Fall

a) individuelle Schülerantworten
b) individuelle Schülerantworten
c) 1. In der Zusammenarbeit mit Partnern aus lateinamerikanischen Ländern bietet der unterschiedliche Zeitbegriff immer wieder Konfliktstoff. Deutsche denken in einer Situation wie dieser häufig, dass auf Mexikaner kein Verlass sei.

2. Mexikaner hingegen haben ein völlig anderes Zeitverständnis. Zum einen kann ein Zuspätkommen aus ihrer Sicht gerechtfertigt sein, sodass eine Entschuldigung nicht notwendig erscheint. Zum anderen haben Beziehungen in bestimmten Situationen Vorrang vor Sachfragen. Wenn also ein mexikanischer Geschäftspartner beispielsweise kurz vor einer Sitzung angerufen wird, widmet er sich zunächst dem Anrufer, da dieses Gespräch für ihn Vorrang vor der Sitzung hat. Erst danach kommt er zum Meeting.

Die folgende Grafik* veranschaulicht das unterschiedliche Pünktlichkeitsverhalten sehr gut:

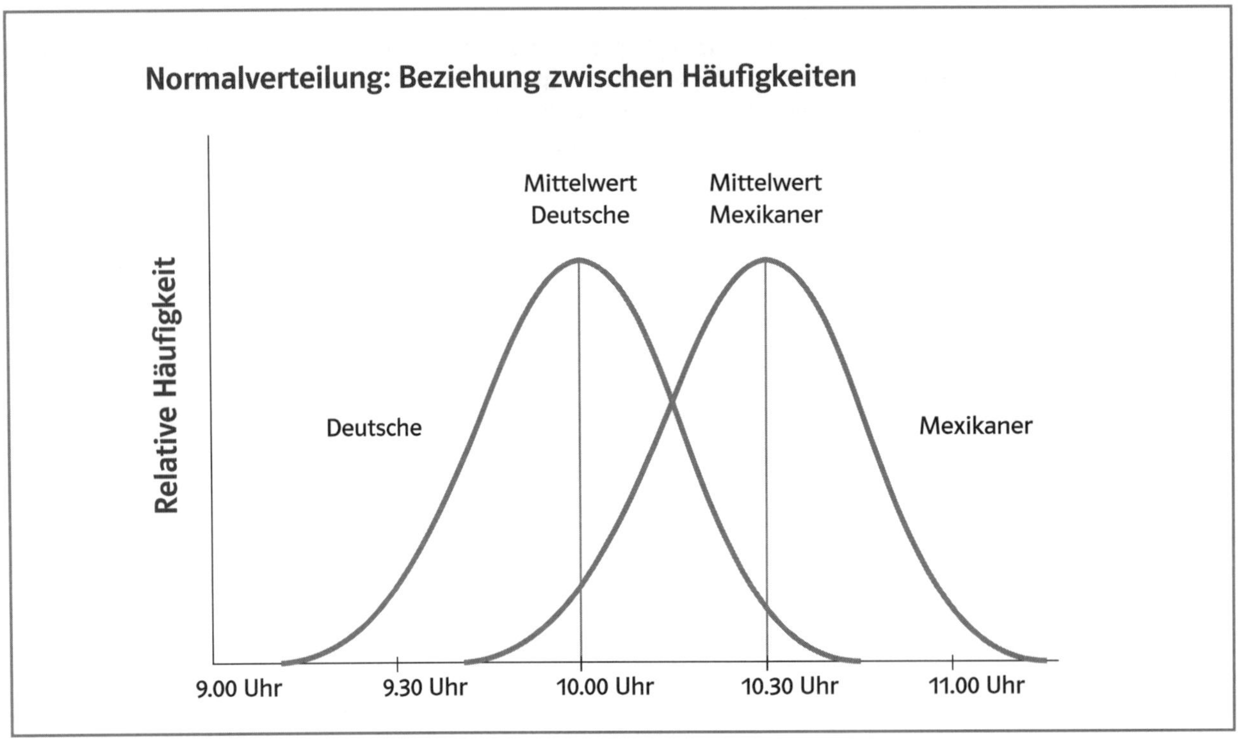

3. Deutlich wird, dass es hier keine „echte" Lösung im Sinne einer einheitlichen Verhaltensstrategie geben kann. Auch das Ansetzen des Gesprächs auf 10.15 Uhr würde wahrscheinlich nicht dazu führen, dass alle Geschäftspartner rechtzeitig bzw. gleichzeitig einträfen. Wichtig ist hier vielmehr, den Schülern zu vermitteln, dass unterschiedliche (Zeit-)Auffassungen zu Problemen führen können / werden und dass ein Wissen darum sowohl falsche Rückschlüsse („Die Mexikaner haben kein Interesse an einer Zusammenarbeit mit uns.") und negativ wertende Stereotypisierungen vermeidet als auch zu Gelassenheit im Umgang mit interkulturellen Konflikten führt.

*Grafik modifiziert nach Barmeyer, Christoph I.: *Mentalitätsunterschiede und Marktchancen im Frankreichgeschäft.* Zur interkulturellen Kommunikation im Handwerk (mit Schwerpunkt Saarland-Lothringen). Studie und Handbuch. (Reihe Saarbrücker Studien zur Interkulturellen Kommunikation mit Schwerpunkt Deutschland / Frankreich, Bd. 4). St. Ingbert: Röhrig Universitätsverlag; 2000, S. 44 f.

Interkulturelle Kompetenz – Spanisch
ISBN 978-3-12-536961-0

La normativa: caso práctico / Die Vorschrift: Fallstudie

Anhand eines komplexen Fallbeispiels aus der interkulturellen Wirtschaftskooperation wird eingeübt, die spanische und die deutsche Perspektive auf Arbeitsabläufe und kommunikative Vorgänge in Unternehmen einzunehmen und einen Lösungsvorschlag zu erarbeiten. Die Fallstudie beruht auf dem spanischen Kulturstandard „Regelrelativismus".

Lernziele / Kompetenzen

- Perspektivenwechsel
- Entwicklung von Lösungsansätzen für interkulturelle Konflikte und Missverständnisse
- Bewusstsein für die kulturelle Prägung der eigenen Wahrnehmung
- Kennenlernen des spanischen Kulturstandards „dynamischer Entscheidungsprozess"

Organisatorisches	
Dauer	45 Minuten
Sozialform	Einzel- oder Partnerarbeit
Material	Arbeitsblätter
Unterrichtssprache	Spanisch für sehr fortgeschrittene Lerner / sonst Deutsch

Durchführung

Die Übung ist einem sog. *culture assimilator* für deutsche Fach- und Führungskräfte zur Vorbereitung auf die deutsch-spanische Zusammenarbeit im beruflichen Kontext entnommen. Zur Methode vgl. Übung 19 und 20. Die hier geschilderte Situation *(critical incident)* bezieht sich auf den sog. „Regelrelativismus", der von vielen Deutschen als „typisch" und befremdlich oder sogar besonders erschwerend in der deutsch-spanischen Zusammenarbeit erlebt wird.
Da das Beispiel aus dem wirtschaftlichen Kontext stammt und recht komplex ist, kann es besonders gut in fortgeschrittenen Klassen, idealerweise mit Wirtschaftsbezug, eingesetzt werden. Für jüngere Schüler kann es schwierig sein, sich in den Sachverhalt hineinzuversetzen.
Die Schüler bearbeiten das Arbeitsblatt und diskutieren die einzelnen Lösungsvorschläge, ehe sie diese als mehr oder weniger wahrscheinliche Erklärungen auf der vorgegebenen Skala bewerten. Für die Bearbeitung kann es hilfreich sein, die Schüler dazu aufzufordern, jede Lösungsmöglichkeit sowohl aus Sicht von Herrn Fürst als auch aus Sicht seines spanischen Kollegen Jorge zu betrachten. Die Ergebnisse können dann im Plenum verglichen und diskutiert werden. Alternativ können kleinere Arbeitsgruppen bzw. Tandems auch anhand des Lösungsblattes selbst die Antwortalternativen diskutieren.
Im Anschluss kann der Lehrer den Kulturstandard „Regelrelativismus" erläutern.

Regelrelativismus
In Deutschland wird im Beruf die Verbindlichkeit von Regeln und deren Einhaltung von vielen Menschen sehr geschätzt. Sie sehen darin eine wichtige Voraussetzung für eine erfolgreiche Zusammenarbeit – schließlich tragen Regeln und Vorschriften zu Sicherheit und klar strukturierten und organisierten Arbeitsabläufen bei. In der Kooperation und Kommunikation mit spanischen Partnern fällt dagegen eine andere Art des Umgangs mit Vorschriften und Regeln auf: Diese können häufig eher als richtungsweisende Vorgaben zur Orientierung aufgefasst werden, die man je nach Situation und Kontext recht flexibel auslegen und anwenden kann. Wie das Fallbeispiel zeigt, ist hierbei oft auch von Bedeutung, dass in Spanien persönlichen und informellen Beziehungen ein großer Stellenwert eingeräumt wird. Dies ist auch im beruflichen Kontext der Fall, sodass Normen und Regeln in einem engen informellen Netzwerk von Familienmitgliedern, Freunden oder eben auch Kollegen weniger strikt eingehalten werden müssen, wenn es für die Beziehungspflege und die gute, harmonische Zusammenarbeit hilfreich ist. Das in Deutschland verbreitete Ideal einer starken Sachorientierung und der Trennung zwischen beruflichen und privaten Lebensbereichen kennt dagegen in weitaus geringerem Maße derartige Toleranzbereiche. Weitere Erklärungsfaktoren könnten in der Bedeutung individueller Unabhängigkeit und Selbstbestimmung sowie Spontanität und – auch zeitlicher – Flexibilität liegen.*

*Vgl. auch die Ausführungen auf dem Lösungsvorschlag.

Vertiefung

- Weitere Fallbeispiele und Erläuterungen zum gleichen Thema, aber auch zu weiteren Kulturstandards finden sich in Rehbein, Ramona / Thomas, Alexander / Steinhuber, Sybille: Beruflich in Spanien. Trainingsprogramm für Manager, Fach- und Führungskräfte (Handlungskompetenz im Ausland). Göttingen: Vandenhoeck & Ruprecht; 2009. In der gleichen Reihe sind auch Bände zur Zusammenarbeit mit Argentinien, Mexiko, Chile und Peru erschienen.
- Es ist darauf zu achten, dass in einer längeren Unterrichtseinheit oder einem Workshop diese Übung nicht unbedingt an letzter Stelle eingeplant werden sollte, da die Bearbeitung schwieriger ist und nicht immer zu einem Erfolgserlebnis bei den Schülern führt.
  Eine gute Nachbereitung kann z. B. mit diesen Übungen erfolgen:
  22 Las dos caras de la misma moneda: reinterpretar estándares culturales / Die zwei Seiten der Medaille – Kulturstandards umdeuten
  23 El cuadrado de los valores culturales / Kulturquadrate

Hoja de ejercicios / Arbeitsblatt

La normativa*

Situación

El señor Fürst trabaja como corredor de seguros en España. En su empresa existe una normativa para el caso de problemas informáticos que impide dirigirse directamente al departamento de informática sin antes presentar la solicitud correspondiente. Este procedimiento permite establecer prioridades para poder resolver primero los problemas más urgentes. Un día, el señor Fürst se toma una cerveza en el bar con Jorge, un compañero del departamento de informática con el que hasta entonces no había tratado mucho. Se entienden muy bien. La siguiente vez que el señor Fürst tiene un problema de informática y se dispone a escribir la solicitud, Jorge le dice que no es necesario. Que él mismo se ocupará de ello. El señor Fürst está muy sorprendido con el hecho de que su compañero español se salte la normativa tranquilamente.
¿Cómo se explica el comportamiento de Jorge?

Ejercicios

1. Lee primero todas las respuestas posibles.
2. Determina el valor de cada explicación para la situación dada y márcalo con una cruz en la escala que se encuentra debajo. Es posible que varias explicaciones tengan el mismo valor.

a) La normativa sólo existe sobre el papel. En realidad nadie la respeta. Lo único que ocurre es que hasta ahora nadie le había explicado esto al señor Fürst.

totalmente acertado	acertado	poco acertado	totalmente desacertado

b) Jorge quiere hacerle un favor al señor Fürst y espera una cierta deferencia de su parte cuando se presente la ocasión. Hoy por ti, mañana por mí.

totalmente acertado	acertado	poco acertado	totalmente desacertado

c) Como el señor Fürst le ha explicado personalmente el problema a Jorge, el incidente ya está registrado. De esta manera se puede buscar enseguida el origen del problema y la solución para el mismo.

totalmente acertado	acertado	poco acertado	totalmente desacertado

d) Desde que los dos compañeros tienen más contacto entre ellos, les une una relación de amistad. Jorge es algo más flexible a la hora de aplicar la normativa con su amigo para poder ayudarle sin burocracia de por medio.

totalmente acertado	acertado	poco acertado	totalmente desacertado

3. Intenta justificar tu clasificación de cada respuesta posible. Anota la justificación de forma esquemática.
4. Después lee los comentarios de cada respuesta y compáralos con tus propias justificaciones.
5. ¿Cómo te comportarías tú en una situación parecida? Pon por escrito tus pensamientos.

*Nach: Rehbein, Ramona / Thomas, Alexander / Steinhuber, Sybille: *Beruflich in Spanien: Trainingsprogramm für Manager, Fach- und Führungskräfte (Handlungskompetenz im Ausland).* Göttingen: Vandenhoeck & Ruprecht; 2009, S. 144–149.

Interkulturelle Kompetenz – Spanisch
ISBN 978-3-12-536961-0

Posibles soluciones a la hoja de ejercicios / Lösungsvorschlag zum Arbeitsblatt

Die Vorschrift

Erklärungen

zu a) Wenn die Regel dazu da ist, bei der Problembearbeitung im IT-Bereich Prioritäten setzen zu können, dann wird damit der Arbeitsablauf effizient strukturiert. Spanier halten Arbeitspläne oder Arbeitszeiten nicht immer strikt ein, da ihnen dabei die Pflege der persönlichen Beziehungen zu kurz kommt und sie sich in ihrer persönlichen Flexibilität beeinträchtigt fühlen. Trotzdem ist es unwahrscheinlich, dass die Vorschrift nur auf dem Papier existiert und sich niemand an diese hält, da es für den Überblick in der Abteilung von Vorteil ist, wenn die einzelnen Aufträge schriftlich vorliegen, geordnet und auf die Mitarbeiter zur Problemlösung aufgeteilt werden können. Diese Erklärungsalternative ist teilweise richtig, ein wichtiger Gesichtspunkt fehlt aber noch.

zu b) Auszuschließen ist es natürlich in Deutschland wie in Spanien nicht, dass im vorliegenden Fallbeispiel spezifische Absichten mit der Gefälligkeit verfolgt wurden. Dennoch ist eine gewisse Solidarität den spanischen Arbeitskollegen nicht abzusprechen. Es ist ebenfalls denkbar, dass der Spanier Herrn Fürst überzeugen wollte, dass auch ohne strikte Regeleinhaltung Aufgaben unkompliziert erledigt werden können. Zudem ist es durchaus möglich, dass Jorge Herrn Fürst den Gefallen tat, damit dieser ihm bei anderer Gelegenheit Unterstützung zukommen lässt. Andererseits scheint es jedoch für ihn nur eine Lappalie zu sein, die für ihn keinen großen Aufwand bedeutet. Ein wahrer Kern mag in dieser Deutung enthalten sein, doch ein anderer Aspekt erklärt das Verhalten zutreffender.

zu c) In der Tat ist es möglich, dass das Anliegen infolge des persönlichen Herantretens an Jorge bereits aufgenommen ist. Herrn Fürst ist dabei nicht bewusst, dass der Auftrag dennoch von seinem Kollegen im Nachhinein zur Nachvollziehbarkeit protokolliert wird. Somit entfiel für ihn lediglich die schriftliche Antragstellung. Daher ist ebenfalls denkbar, dass der Vorfall durch das persönliche Vortragen sogleich bearbeitet werden kann. Die Prioritätensetzung ist in diesem Fall subjektiv von der Meinung des IT-Kollegen beeinflusst worden und nicht konform mit der Richtlinie. Die Situation kann damit aber noch nicht vollständig erklärt werden.

zu d) Nach spanischer Auffassung ist es gut, dass Regeln existieren, denn sie erleichtern das Leben. Sie können jedoch unter Umständen umgangen oder ignoriert werden, wenn dadurch die Lebensqualität steigt. Offensichtlich gibt es zwischen Herrn Fürst und Jorge eine gute freundschaftliche Beziehung. Aus Freude daran, dass sie sich sofort gut verstehen, möchte er ihm die Arbeit ein wenig erleichtern. Ist erst einmal ein Vertrauensverhältnis zwischen Arbeitskollegen aufgebaut und etabliert, bilden sie ein persönliches Beziehungsnetzwerk. Unter ihnen, den sog. „amigos", werden Vorschriften durchaus flexibel gehandhabt, denn Freunde erweisen sich gerne einen Gefallen. Angelegenheiten, wie hier die Antragstellung, können durch befreundete Arbeitskollegen in den Abteilungen zügiger erledigt werden. Für den Erhalt der sozialen Beziehungen ist es eben auch förderlich, sich gegenseitig unkompliziert zu unterstützen, um persönliche Ziele und Vorhaben zu verwirklichen. Diese Erklärungsalternative beschreibt Jorges Verhalten vor dem kulturellen Hintergrund am zutreffendsten.

Hintergrundinformationen zu **„Regelrelativismus"**
Nicht nur im gesellschaftlichen Leben, auch in der spanischen Arbeitswelt haben die soziale Beziehungspflege und mündliche Kommunikation einen hohen Stellenwert. Die Minimierung der interpersonalen Distanz, wie hier durch ein Treffen in einer Bar, schafft dazu die notwendigen Voraussetzungen. In Spanien lässt sich Verbindlichkeit nicht nur durch Regeln, Vorschriften und Verträge herstellen. Hier spielt auch das gegenseitige Vertrauen, die vorher etablierte Beziehungsebene eine wesentliche Rolle. Aus spanischer Sicht kann Zeit gar nicht besser investiert werden als in persönliche Interaktionen mit der Familie, Freunden, Arbeitskollegen, Geschäftspartnern und Bekannten, um die sozialen Beziehungsnetzwerke aufrechtzuerhalten. Denn die dialogorientierten Spanier möchten ihre sozialen Netzwerke zur gegenseitigen Hilfe und Unterstützung nutzen, um Probleme oder Hindernisse jeglicher Art von der persönlichen Seite her zu lösen. Folglich ist es in der spanischen Arbeitswelt immer hilfreich, über gute Kontakte zu verfügen. In ihren Augen erschweren zu viele Regeln und Vorschriften das Leben, denn die von ihnen wertgeschätzten Eigenschaften wie Spontaneität und Flexibilität gehen dadurch verloren.

Interkulturelle Kompetenz – Spanisch
ISBN 978-3-12-536961-0

Im vorliegenden Fall kann Herr Fürst sich darüber freuen, sein soziales Beziehungsnetzwerk durch den informellen Kontakt zu Jorge erweitert zu haben. Deshalb sollte er das freundliche Angebot seines Arbeitskollegen, ihm unbürokratisch helfen zu wollen, entsprechend würdigen. Zudem ist es für Deutsche wichtig zu verstehen, dass sich in Spanien die Mitarbeiter, Kollegen und Vorgesetzten nicht nur auf der Basis ihrer jeweiligen Rollen, Fachkompetenz und Aufgaben begegnen, sondern dass erst die persönliche Beziehung zwischen ihnen die Voraussetzung für die Kommunikation über sachliche Angelegenheiten schafft. Infolge der deutschen Aufgabenorientierung und der Betonung der Sachebene im beruflichen Kontext schätzen Deutsche die Verbindlichkeit von Regeln und Vorschriften. Sie legen sehr großen Wert darauf, dass sie und ihre Mitarbeiter diese einhalten. Werden betriebliche Anordnungen nicht als bindend angesehen und folglich nicht korrekt eingehalten, kann das bei Deutschen eine belastende Ungewissheit und Unsicherheit hervorrufen. Um dieser psychischen Disharmonie entgegenzuwirken, könnte Herr Fürst die Möglichkeit ergreifen, Jorge indirekt zu fragen, ob durch seine bevorzugte Behandlung die Arbeitsabläufe oder Anträge anderer behindert werden. Danach könnte er dann selbst entscheiden, inwieweit er das Angebot annimmt oder in aller Freundschaft ablehnt. Diese Strategie ist zwar aus deutscher Sicht gut gemeint, will Herr Fürst doch so die Günstlingswirtschaft vermeiden, sie wird jedoch nicht zielführend sein. Selbst wenn andere Aufträge durch dieses Verhalten ins Hintertreffen geraten, gilt es doch eine Gesicht wahrende Strategie zu wählen und die gute persönliche Beziehung aufrechtzuerhalten und zu vertiefen. Daher bietet sich für Herrn Fürst die empfehlenswerte Variante an, in einem informellen Rahmen die Gelegenheit zu nutzen, sich mit Jorge über das Befolgen und Ignorieren von Vorschriften im Arbeits- wie Privatleben und auf gesamtgesellschaftlicher Ebene zu unterhalten. Auf diese Weise wird er viel mehr über spanische Lösungsmöglichkeiten im alltäglichen Umgang mit Regeln und Gesetzen erfahren. Er wird erkennen, dass für den Großteil der Spanier die zwischenmenschlichen Beziehungen wichtiger sind als das Beachten und Einhalten von festgeschriebenen Regeln und Vorschriften.
Sie schätzen die individuelle Freiheit, wenn bürokratische Anordnungen sich einer Person aus dem sozialen Beziehungsnetzwerk in den Weg stellen, diese situativ so auszulegen, dass sie ihrem „amigo“ mit einem klitzekleinen Gefallen unkompliziert und für ihn zum Vorteil helfen können. Für Deutsche ist es wichtig zu wissen, dass Spanier ein weniger starkes Rechtsempfinden hegen, als die deutsche Überzeugung von Korrektheit und Ordnung dies zulassen würde. Durch ihre historische Vergangenheit haben sie ihr ganz eigenes Verhältnis zu Recht und Ordnung entwickelt, das ihnen bis heute ohne Gewissensbisse ermöglicht, ein kleines Hintertürchen zur Regelumgehung offen zu lassen. Herr Fürst sollte versuchen, dieses Verhalten zu akzeptieren und sich selbst für ein flexibles Regelmanagement zu sensibilisieren, ohne negative Konsequenzen befürchten zu müssen. Wie die Spanier wird auch er lernen, durch die persönliche Kontaktpflege zu Freunden, Bekannten und Arbeitskollegen von den Vorteilen seines sozialen Beziehungsnetzwerkes zu profitieren.

Interkulturelle Kompetenz – Spanisch
ISBN 978-3-12-536961-0

Las dos caras de la misma moneda: reinterpretar estándares culturales / Die zwei Seiten der Medaille – Kulturstandards umdeuten

Bei dieser Übung arbeiten die Schüler mit deutschen und spanischen Kulturstandards auf einem Arbeitsblatt. Sie entscheiden zuerst, ob sie die Ausprägung eines bestimmten Kulturstandards – z. B. direkt Kritik zu üben – für sich als angenehm oder unangenehm empfinden. Danach überlegen sie, ob denn in dem, was sie als unangenehm empfinden, nicht auch Positives steckt und in dem, was sie als negativ empfinden, nicht auch Positives.

Lernziele / Kompetenzen

- Kennenlernen von Kulturstandards
- Wissen über das Zusammenspiel von Kultur, Situation und Person in interkulturellen Situationen
- Perspektivenwechsel und Empathie
- Erweiterung des eigenen kulturellen Referenzrahmens

Organisatorisches	
Dauer	45 Minuten
Sozialform	Einzelarbeit, dann Plenum
Material	Arbeitsblatt
Unterrichtssprache	Spanisch / Deutsch für Anfänger

Durchführung

Häufig wird gerade in interkulturellen Trainings erwartet, dass Listen mit Verhaltensregeln, nach denen man sich richten kann und soll *(Dos and Don'ts)*, verteilt werden. So sollen Missverständnisse vermieden werden. Solche Listen beziehen sich häufig auf die in der Einleitung (s. S. 7f.) diskutierten Kulturdimensionen oder Kulturstandards. Jede Kommunikationssituation kann jedoch von den Gesprächspartnern aktiv, je nach ihrer kulturellen Prägung, aber auch aufgrund der konkreten Situation und der Individualität der Gesprächspartner gestaltet bzw. variiert werden. Deshalb können starre Verhaltensregeln und Modelle kultureller Verschiedenheit lediglich grobe Richtlinien bieten, an denen man sich orientieren kann, die jedoch keinen allgemein gültigen „Königsweg" enthalten. In der interkulturellen Praxis ist nicht vorhersehbar, was genau geschehen wird.

In einem ersten Schritt sollte mit den Schülern das Thema „Kulturstandards" besprochen werden. Für die Schüler ist dieser Teil auf dem Arbeitsblatt abgedruckt.
Danach erfolgt die eigentliche Aufgabe zu deutschen und spanischen Kulturstandards.
Die Schüler werden zuerst aufgefordert für sich zu entscheiden, ob ihnen der aufgeführte Kulturstandard gefällt. Danach erfolgt der Teil der Aufgabe, den die Schüler häufig als sehr schwierig empfinden: sie sollen ihre eigene Position umdeuten. Sind sie z. B. der Ansicht, dass es wichtig ist, seine Zeit genau zu planen, sollen sie sich überlegen, wann es sinnvoll sein könnte, auch einmal nicht zu planen. Hilfreich ist, dass sie sich überlegen, warum sie selbst etwas mögen. Sind sie z. B. der Ansicht, dass Planung wichtig ist, damit danach Zeit ist für anderes und kein Stress aufkommt, könnten sie sich überlegen, dass sie dadurch unflexibel werden, falls etwas Unvorhergesehenes eintritt.
Auf diese Weise reflektieren sie ihre eigene Position und Werthaltung und nehmen einen Perspektivenwechsel vor und damit einen völlig anderen Blickwinkel ein. So können sie ihren Referenzrahmen erweitern.

Auswertung

Folgende Fragen sind bei der Auswertung hilfreich:

- Fiel es euch bei manchen Fragen besonders leicht, eine entsprechende Situation zu finden?
- Bei welchen Fragen traten Schwierigkeiten auf?
- Wie war es insgesamt in der Klasse? Wer von euch tat sich bei bestimmten Fragen schwer / leicht? (An dieser Stelle ist auch eine Abstimmung eine gute Möglichkeit, um kulturelle Prägungen zu verdeutlichen.)

Vertiefung Die Übung bietet sich als Einführung in die Thematik „Kulturstandards" und *„critical incidents"* (siehe Einleitung) an.

- Im Anschluss kann auch Übung 11 noch als zusätzliche einführende Übung besprochen werden:
  11 ¡Así también vale! Mis preferencias culturales / Es geht auch anders! – Meine kulturellen Vorlieben
- Daran schließen sich folgende Übungen gut an:
  19 Encuentros hispano-alemanes: casos prácticos / Begegnungen im Partnerland: Fallstudien
  20 La cooperación hispano-alemana: casos prácticos / Deutsch-spanische Zusammenarbeit: Fallstudien
  21 La normativa: caso práctico / Die Vorschrift: Fallstudie

Quelle

- Schroll-Machl, Sylvia: „Deutschland". In: Thomas, Alexander / Kammhuber, Stefan / Schroll-Machl, Sylvia: Handbuch Interkulturelle Kommunikation und Kooperation (Band 2: Länder, Kulturen und interkulturelle Berufstätigkeit). Göttingen: Vandenhoeck & Ruprecht; 2003, S. 72–89
- Mayr, Stefan / Thomas, Alexander: Beruflich in Frankreich. Trainingsprogramm für Manager, Fach- und Führungskräfte (Handlungskompetenz im Ausland). Göttingen: Vandenhoeck & Ruprecht; 2008

Hoja de ejercicios / Arbeitsblatt

Los estándares culturales según Alexander Thomas

Toda persona se educa de una cierta manera y en un contexto cultural específico. Sin ser conscientes de ello, hemos aprendido a comportarnos de una manera determinada ante situaciones específicas y con respecto a otras personas. Estas reglas de comportamiento, que reciben el nombre de estándares culturales, nos proporcionan un marco de orientación que nos ayuda a dar sentido a situaciones concretas y a saber cómo actuar ante ellas. Este sistema de orientación también se activa para solucionar conflictos interculturales, sin embargo está demostrado que en un encuentro entre personas de diferentes culturas a menudo cada una recurre a los estándares de su propia cultura.

Los estándares culturales tienen las siguientes características:

1. Configuran nuestra manera de percibir, pensar, juzgar y actuar.
2. Nos servimos de ellos para guiar, regular y juzgar nuestro propio comportamiento y el de los demás.
3. Nos proveen de un sistema de normas para actuar ante situaciones específicas y también para comunicarnos con otros.
4. El grado de aceptación de un estándar cultural puede variar en una misma cultura dentro de los límites de un margen de tolerancia, dependiendo de la persona o del grupo.
5. Los comportamientos que se encuentran fuera de este margen de tolerancia son a menudo rechazados y sancionados por el entorno social.

Ejercicio 1

En esta ficha se encuentran algunos estándares de la cultura alemana y de la cultura española. Decidid si, para vosotros, estos estándares culturales son más bien positivos o negativos. Después reflexionad para cada ejemplo negativo lo que podría ser positivo y viceversa.

Estándares culturales	☺	☹	Cambio de perspectiva (¿En qué caso(s) podría ser positivo lo que a mi me parece negativo y viceversa?)
1. **Planificación del tiempo** *Cada cosa a su tiempo.* Planificar el tiempo con precisión y a largo plazo y cumplir con los plazos fijados es importante.			
2. **Policronía** Escuchar música, chatear y estudiar, ¿todo al mismo tiempo? ¡Hacer varias cosas a la vez no supone ningún problema e incluso es muy eficiente!			
3. **Franqueza en la comunicación interpersonal** *Al pan, pan y al vino, vino.* Es necesario llamar a las cosas por su nombre cuando se trata de algo importante. Hay que decir la verdad abiertamente y sin rodeos.			

Interkulturelle Kompetenz – Spanisch
ISBN 978-3-12-536961-0

Estándares culturales	☺	☹	Cambio de perspectiva (¿En qué caso(s) podría ser positivo lo que a mi me parece negativo y viceversa?)
4. **Separación de los distintos ámbitos personales y vitales** *Estar a lo que se está.* Se establece una estricta línea de separación entre los diferentes ámbitos de la vida. Uno trata con otras personas de manera diferente según el ámbito en el que se relaciona con ellas y conforme al grado de distancia social. Quienes trabajan, por ejemplo, distinguen claramente entre la vida personal y la vida laboral.			
5. **Orientación normativa** *No se hacen excepciones.* La interpretación meticulosa y el cumplimiento estricto de reglas, prescripciones y leyes es importante para la convivencia. Quien no las cumple debe contar con amonestaciones y castigos.			
6. **Proceso dinámico de toma de decisiones** *Saber improvisar.* Una decisión ya tomada puede adaptarse a nuevas necesidades. Así, un orden del día no se sigue punto por punto, sino que sirve de orientación aproximativa.			
7. **Objetividad** *Ir a los hechos.* En el ámbito laboral lo que cuenta son los hechos, la función y la competencia técnica de las personas implicadas. Por eso, mantener un punto de vista objetivo y un amplio control de las emociones se consideran signos de profesionalidad. No se deben perder de vista las metas y la argumentación debe sustentarse en hechos.			

Ejercicio 2

En vuestra opinión, ¿los siguientes comportamientos son más bien estándares alemanes o españoles? Marcad la casilla correspondiente.

Estándar	Alemán	Español
1. Planificación del tiempo	☐	☐
2. Policronía	☐	☐
3. Franqueza en la comunicación interpersonal	☐	☐
4. Separación de los distintos ámbitos personales y vitales	☐	☐
5. Orientación normativa	☐	☐
6. Proceso dinámico de toma de decisiones	☐	☐
7. Objetividad	☐	☐

Interkulturelle Kompetenz – Spanisch
ISBN 978-3-12-536961-0

Solución a la hoja de ejercicios / Lösung zum Arbeitsblatt

Ejercicio 2

Estándar	Alemán	Español
1. Planificación del tiempo	☒	☐
2. Policronía	☐	☒
3. Franqueza en la comunicación interpersonal	☒	☐
4. Separación de los distintos ámbitos personales y vitales	☒	☐
5. Orientación normativa	☒	☐
6. Proceso dinámico de toma de decisiones	☐	☒
7. Objetividad	☒	☐

Interkulturelle Kompetenz – Spanisch
ISBN 978-3-12-536961-0

El cuadrado de los valores culturales / Kulturquadrate

Kulturquadrate sind ein hilfreiches Handwerkszeug, um interkulturelle Differenzen und Missverständnisse sowie die damit verbundenen Wertvorstellungen auf den Punkt zu bringen, zu verstehen und damit auch die Richtung interkultureller Lernprozesse auszumachen. Das Modell, das auf den populären kommunikationswissenschaftlichen Ansätzen Schulz von Thuns beruht, wird vorgestellt und anhand von Übungen anschaulich gemacht.

Lernziele / Kompetenzen
- Umdeutung kultureller Werte
- Erkennen der Gefahr von Fehlinterpretationen kultureller Werte
- Perspektivenwechsel

Organisatorisches	
Dauer	45 Minuten
Sozialform	Plenum / Partnerarbeit
Material	Arbeitsblätter; Werte- und Kulturquadrate auf Folie, Flipchart oder an der Tafel
Unterrichtssprache	Spanisch für gute Fortgeschrittene / andernfalls auch auf Deutsch

Einstimmung / Entlastung
- Zur Vorbereitung auf diese Übung empfehlen sich folgende Übungen, die die kulturelle Vielfalt bzw. kulturelle Vorlieben, die in deutsch-spanischen Begegnungen zum Tragen kommen, thematisieren:
  10 ¿Todos iguales pero diferentes? / Alle gleich und doch verschieden?
  11 ¡Así también vale! Mis preferencias culturales / Es geht auch anders! – Meine kulturellen Vorlieben
- Außerdem bietet sich diese Übung gut zur Vertiefung folgender Übungen an:
  19 Encuentros hispano-alemanes: casos prácticos / Begegnungen im Partnerland: Fallstudien
  20 La cooperación hispano-alemana: casos prácticos / Deutsch-spanische Zusammenarbeit: Fallstudien
  21 La normativa: caso práctico / Die Vorschrift: Fallstudie

Durchführung

Aufgabe 1
Die Schüler erarbeiten den Fall in Partnerarbeit und lösen Aufgabe a) und b).
Danach erläutert der Lehrer die Theorie des Werte- und des Kulturquadrats.

Kulturquadrate
Kulturdimensionen (s. Einleitung, S. 7f.) kommen meist in interkulturellen Begegnungssituationen zum Tragen. Sie erscheinen in der Forschung und vor allem in der praktischen Anwendung meist bipolar, d.h. beispielsweise, monochrones Zeitverständnis (Pünktlichkeit, sequenzielles Arbeiten ...) wird dem polychronen (flexibles Zeitverständnis, „Multitasking" ...) gegenübergestellt, der direkte Kommunikationsstil dem indirekten Kommunikationsstil, das Bedürfnis nach Sicherheit dem Bedürfnis nach Wandel usw. Die jeweilige Kulturdimension stellt für die Menschen, die vor dem entsprechenden kulturellen Hintergrund handeln, einen Wert dar. Das bedeutet, dass sich z. B. bei der Arbeit Konflikte ergeben können, wenn jemand, der eine Aufgabe nach der anderen erledigt und folglich eher monochron handelt, mit jemandem zusammenarbeiten muss, der mehrere Aufgaben gleichzeitig angeht und folglich eher polychron ist. Die beiden dahinter liegenden Werte stehen in einer Spannung zueinander, die es aufzulösen bzw. auszuhandeln gilt.

Kumbier / Schulz von Thun erläutern hierzu:
„Solche Dimensionen lassen sich fruchtbar mit unserem Werte- und Entwicklungsquadrat zur Darstellung und zur Handhabung bringen. Bei diesem Modell gehen wir davon aus, dass jeder Wert zu einem Unwert verkommt, wenn er übertrieben und verabsolutiert wird. Jeder Wert braucht daher einen Gegenwert, eine ‚Schwesterntugend', mit der er ausbalanciert werden muss. Erst in dieser dialektischen Balance kann etwas Gutes entstehen."*

*Kumbier, Dagmar / Schulz von Thun, Friedemann: „Interkulturelle Kommunikation aus kommunikationspsychologischer Perspektive". In: Dies. (Hg.): *Interkulturelle Kommunikation: Methoden, Modelle, Beispiele.* 4. Aufl. Reinbek bei Hamburg: Rowohlt; 2010, S. 9 – 27, hier S. 14

Was ist ein Wertequadrat?
Ein Beispiel: Frau Meier ist sehr sparsam und hält ihr Geld zusammen. Herr Bindner ist ein sehr großzügiger Mensch. Beide Werte sind für sich betrachtet positive Werte. Wenn jetzt aber Frau Meier und Herr Bindner als Kollegen gemeinsam ein Fest vorbereiten, dann kann es schnell zu Konflikten kommen: Frau Meier wird Herrn Bindner, der eher zu viel einkaufen möchte, für verschwenderisch halten und Herr Bindner wird wiederum Frau Meier, die nicht im Überfluss einkaufen möchte, als geizig bezeichnen.
Dies kann folgendermaßen veranschaulicht werden:

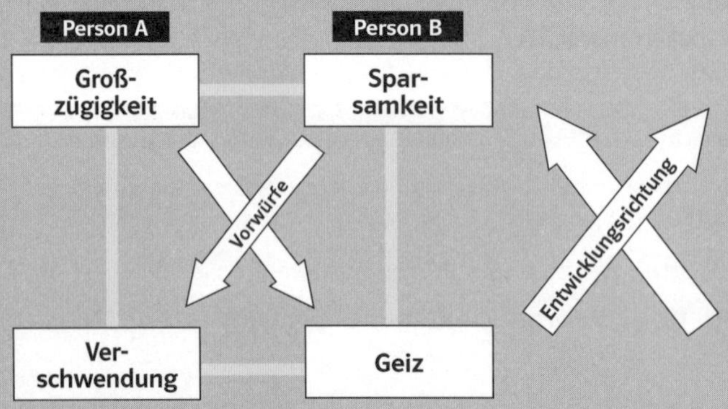

Die „Großzügigkeit" kann als Wert betrachtet werden, der der Spannung mit der Schwesterntugend „Sparsamkeit" bedarf, um sich nicht in die negativ bewertete Übertreibung des Wertes hin zur „Verschwendung" zu entwickeln. Bei der Schwesterntugend „Sparsamkeit" verhält es sich mit der „Großzügigkeit" genauso, um nicht in „Geiz" auszuarten.
Die Pfeile innerhalb des Quadrats, die von den oberen Rechtecken, d. h. den Werten zu den Übertreibungen diagonal verlaufen, verweisen auf die möglichen Vorwürfe, die sich durch die entsprechenden Werthaltungen ergeben. „Sie sind viel zu verschwenderisch", könnte Frau Meier Herrn Bindner vorwerfen; er wiederum könnte Frau Meier des Geizes bezichtigen.
Das Hilfreiche an diesem Quadrat ist die Entwicklungsrichtung: Dreht man die Richtung der Pfeile um, wird die jeweilige Entwicklungslinie aufgezeigt, mit der sich ein Mensch auseinandersetzen kann. In unserem Beispiel heißt das, dass Herr Bindner, um eben nicht verschwenderisch zu sein, sich in Richtung Sparsamkeit entwickeln und Frau Meier in ihr Handeln die Großzügigkeit als Wert mit einbeziehen sollte.

Gerade um interkulturelle Konflikte besser verstehen zu können und Lösungswege zu finden, bietet sich die Arbeit mit sog. Kulturquadraten an, die Kumbier und Schulz von Thun aus dem Wertequadrat weiterentwickelt haben. Wenn in die oberen Rechtecke, die das Spannungsverhältnis von Werten darstellen, bipolare Kulturdimensionen eingetragen werden, ergibt sich ein sog. Kulturquadrat. Die beiden Diagonalen, die sich aus der Richtung der Werte ergeben, bilden die interkulturellen Vorwürfe, Missverständnisse sowie interkulturelle Befremdung ab. Wird die Pfeilrichtung geändert, dann ergibt sich eine mögliche interkulturelle Lernrichtung bzw. auch Verständnisrichtung des oft als fremd empfundenen Verhaltens des Menschen, der einen anderen kulturellen Hintergrund hat.

Zur Veranschaulichung soll das Kulturquadrat „Indirekter Kommunikationsstil / Direkter Kommunikationsstil" (nach Kumbier / Schulz von Thun, S. 49) dienen:

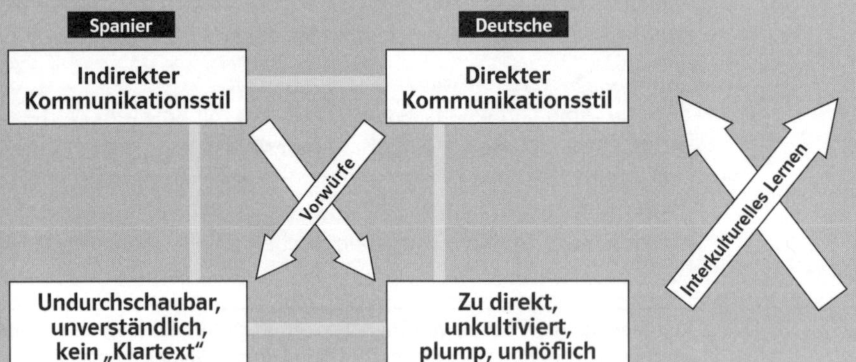

Folgendes **Beispiel** soll die grafische Darstellung veranschaulichen:
In einer deutsch-spanischen Unternehmenskooperation soll für ein gemeinsames Produkt auch eine gemeinsame Vertriebsstrategie unter Federführung der spanischen Partner entwickelt werden. Herr Cortés, der Marketingchef, präsentiert beim nächsten Treffen die neue Vertriebsstrategie vor allen Verantwortlichen. Insgesamt sind 15 Personen anwesend.
Herr Polter, der deutsche Marketingchef, meint dazu: „Die Farbwahl ist ja ganz nett, aber so kann das in Deutschland nicht funktionieren." Er führt seine Kritikpunkte aus.
Ab diesem Moment kippt die Stimmung, die anwesenden Spanier werden immer stiller.
Herr Cortés schweigt völlig.
Was ist geschehen?
Herr Polter hat sich den Vortrag angehört und danach ganz direkt seine Meinung kundgetan. Im deutschen Kontext ist es durchaus üblich, sachlich, aber eher unverblümt Kritik zu üben. Auf diese Weise wird dem anderen, in diesem Fall dem spanischen Geschäftspartner, direkt und ohne Umschweife mitgeteilt, wie jemand die Sachlage einschätzt. Gleichzeitig soll so die Angelegenheit insgesamt weiter vorangebracht werden.
Viele ausländische Geschäftspartner sind von einem solchen Vorgehen überrascht oder gar brüskiert. Auch in den meisten spanischsprachigen Kulturen gilt es als unhöflich, seine Meinung so direkt zu formulieren, besonders, wenn es sich um Kritik handelt, die vor allen anderen Teilnehmern und eventuell auch Vorgesetzten formuliert wird. Es wird vielmehr erwartet, dass dies auf indirektere Art und in anderer Form, z. B. in einem Vier-Augen-Gespräch, erfolgt.
Mit Hilfe des Kulturquadrats könnten die Deutschen sowohl verstehen, wie sie von den Spaniern gesehen werden, als auch den Grund für deren Einschätzung erkennen. Gleichzeitig wird aufgezeigt, wie sie sich in Zukunft verhalten könnten, um einen solchen interkulturellen Konflikt zu vermeiden.

Nun bearbeiten die Schüler Aufgabe c) und ergänzen die Kulturquadrate in Partnerarbeit.

Aufgabe 2

a) Der 1. Fall bezieht sich auf das Kulturquadrat „Sach- und Beziehungsorientierung". Hier ist es wichtig, den Schülern zu sagen, dass Deutsche eher sachorientiert sind, private, persönliche Gespräche eher zurückstellen und auf später, z. B. auf den Feierabend, verlegen. Spanier hingegen müssen häufig zuerst ein Gespür für den jeweiligen Geschäfts- oder Gesprächspartner entwickeln und ein Vertrauensverhältnis aufbauen, um überhaupt motiviert zu sein, ein Projekt anzugehen.
Der 2. Fall bezieht sich auf das Kulturquadrat „Wandel / Spontanität – Beständigkeit / Sicherheit". Spanier finden es vorteilhaft, flexibel auf Situationen reagieren zu können und betrachten ein einmal geplantes Vorgehen zum einen als langweilig, zum anderen als zu rigide, da auf diese Weise keine kurzfristigen Änderungen mehr einfließen können. Deutsche hingegen brauchen in der Regel einen festen, detailliert ausgearbeiteten Plan, eine gewisse Sicherheit, um einen Schritt nach dem anderen abarbeiten zu können. Mögliche Eventualitäten sollten vorab umrissen werden und dann in den Plan einfließen.
b) Nach den Ausführungen zu a) und der gemeinsamen Besprechung können die Schüler selbstständig die noch fehlenden Quadrate ausfüllen.
c) Im Anschluss an die Besprechung der Quadrate entwickeln die Schüler Dialoge. Dies kann als Hausaufgabe erfolgen.

Vertiefung Falls mehr Zeit zur Verfügung steht, kann diese Übung in ein größeres Projekt, z. B. zur Vorbereitung von Austauschmaßnahmen oder für Praktika, eingebunden werden.
Mit den Schülern können arbeitsteilig in Gruppen *critical incidents*, nach Kulturstandards ausgewählt, bearbeitet werden. Hilfreich kann hier folgendes Buch sein: Rehbein, Ramona / Thomas, Alexander / Steinhuber, Sybille: Beruflich in Spanien. Trainingsprogramm für Manager, Fach- und Führungskräfte. Göttingen: Vandenhoeck & Ruprecht, 2009. Aus deutsch-spanischen Begegnungssituationen werden wissenschaftlich und dennoch sehr anschaulich typische *critical incidents* vorgestellt, die entsprechenden Kulturstandards zugeordnet werden und mit verschiedenen Deutungen, Lösungsvorschlägen sowie einer Erläuterung der Kulturstandards versehen sind. Im Anschluss daran kann in jede Gruppe ein großes Plakat gegeben werden, auf dem ein Kulturquadrat unausgefüllt abgebildet ist. Jede Gruppe füllt dieses Plakat anhand der ihr zugeteilten Kulturstandards aus und zeigt vor allem die Lösungswege bzw. die interkulturelle Lernrichtung auf. (Vgl. auch die Vorschläge zum Einsatz der Übungen, S. 13 ff.)

Quelle
- Nach Kumbier, Dagmar / Schulz von Thun, Friedemann: „Interkulturelle Kommunikation aus kommunikationspsychologischer Perspektive“. In: Dies. (Hg.): Interkulturelle Kommunikation: Methoden, Modelle, Beispiele. 4. Aufl. Reinbek bei Hamburg: Rowohlt; 2010, S. 9–27
- Nach Rez, Helmut / Kraemer, Monika / Kobayashi-Weinsziehr, Reiko: „Warum Karl und Keizo sich nerven. Eine Reise zum systematischen Verständnis interkultureller Missverständnisse“. In: Ebd., S. 28–72

Hoja de ejercicio / Arbeitsblatt

Situación 1

En una cooperación entre una empresa alemana y otra española, las dos partes han forjado una alianza para desarrollar un producto conjuntamente. El acuerdo preveía además una estrategia única de comercialización que debía ser diseñada en el marco de un projecto bajo supervisión española. En una reunión programada con todos los miembros del equipo encargado del proyecto –unas 15 personas–, el director de marketing de la empresa española, Rubén Cortés, presenta el plan de marketing estratégico. Cuando termina, el primer comentario de Rainer Polter, jefe de marketing de la empresa alemana, es: «Los colores escogidos para la campaña no me parecen mal, pero la cosa, tal como usted la ha planteado, no puede funcionar en Alemania». Enseguida se nota un cambio en el estado de ánimo general, los miembros españoles del equipo se comportan de manera cada vez más pasiva y Rubén Cortés no vuelve a abrir la boca en toda la reunión. ¿Qué ha pasado?

Ejercicios

a) Resumid el caso con vuestras propias palabras.
b) Haced suposiciones respecto a estas dos cuestiones:
- ¿Cómo perciben la situación los socios alemanes?
- ¿Cómo perciben la situación los socios españoles?

c) Para buscar soluciones a este problema podéis usar el «cuadrado de los valores culturales».
- Primero rellenad los dos cuadrados inferiores, es decir, pensad qué podrían criticar los españoles del comportamiento de los alemanes y viceversa.
- Luego haced una lista de consejos que daríais al director de marketing alemán. ¿Qué podría hacer para evitar en el futuro situaciones similares?
- Finalmente escribid un diálogo que incluya vuestros consejos y representadlo en clase.

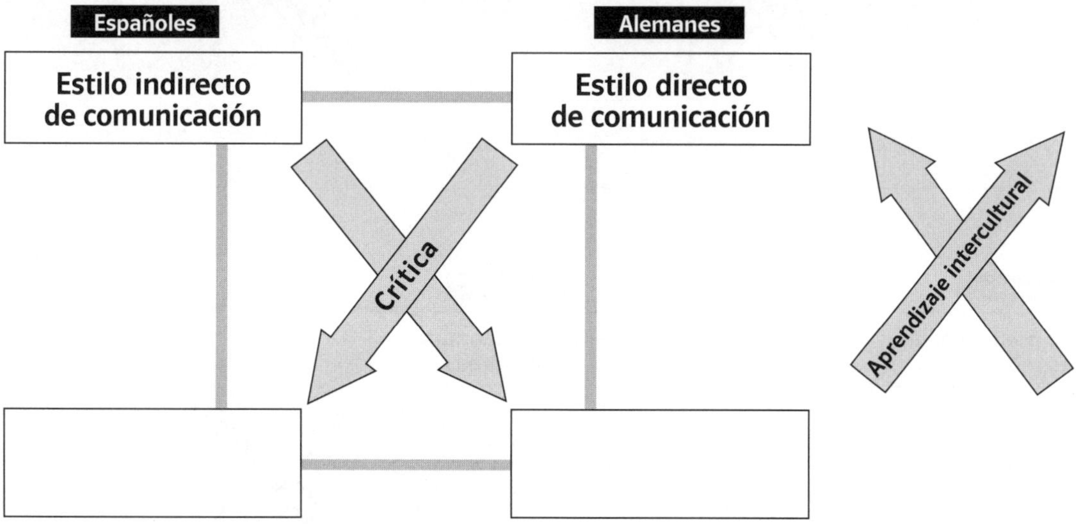

Interkulturelle Kompetenz – Spanisch
ISBN 978-3-12-536961-0

Situación 2

Un alemán cuenta a un amigo suyo español las dificultades que está experimentando en el trabajo con respecto a un proyecto en el que colabora con una empresa española.

(1) «Los españoles no son eficientes y pierden mucho tiempo charlando. Por ejemplo, durante una comida de negocios para avanzar en el proyecto, resulta que se dedican a hablar de fútbol, de política, de la familia... en fin, de todo lo humano y lo divino. Cuando por fin volvemos a hablar del proyecto, me cuentan que tienen grandes expectactivas puestas en la cooperación con mi empresa porque nuestros productos son de gran calidad y porque se puede confiar en nosotros. Me parece muy bien, pero al final no hemos llegado a concretar los detalles del proyecto. Por eso, en la última reunión les propuse comer simplemente un bocadillo en la oficina para no perder tanto tiempo, pero respondieron que no podían hacerme algo así, obligarme a seguir trabajando sin una comida en condiciones y que terminar la concepción del proyecto no nos iba a llevar en realidad tanto tiempo, ya que sintonizábamos muy bien».

(2) «Lo que realmente me molesta es que nos pusimos de acuerdo con los españoles en un procedimiento para diseñar un producto. Nosotros, por supuesto, teníamos nuestra parte a tiempo. Pero, imagínate, primero no nos llegaban noticias de ningún tipo, y luego de repente, la semana pasada, los españoles nos llaman para decirnos que su cliente más importante les ha solicitado una modificación del producto, de modo que ahora, a falta de un mes para terminar el proyecto, quieren cambiarlo todo. ¡Es sencillamente increíble!».

Ejercicios

a) ¿A qué cuadrado de valores culturales corresponde cada uno de los dos casos?

A

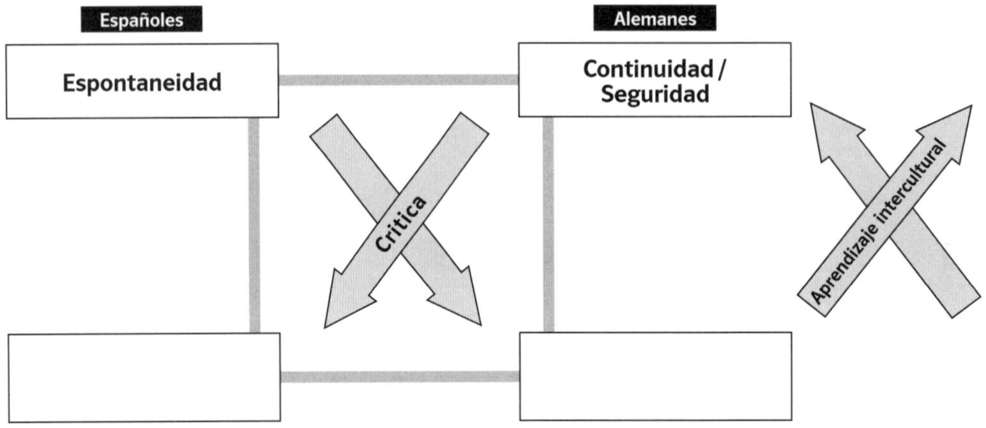

B

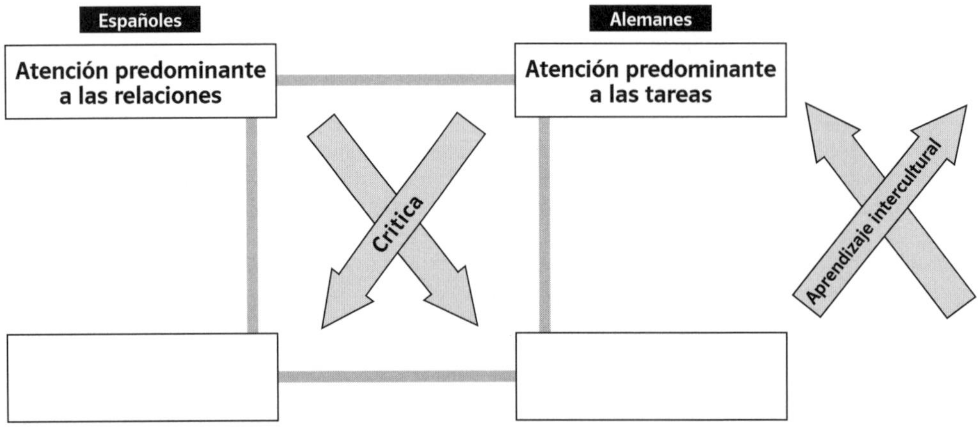

b) ¿Cómo juzgarán los alemanes y los españoles el comportamiento de los otros?
Anotad en los cuadrados las consideraciones negativas. Luego discutid los resultados en clase.

c) Preparad un diálogo entre los dos amigos en el que:
- se explique cómo ven los españoles el comportamiento de los alemanes.
- el amigo español le dé consejos al amigo alemán sobre cómo solucionar los problemas de comunicación.

d) Representad el diálogo en clase.

Interkulturelle Kompetenz – Spanisch
ISBN 978-3-12-536961-0

Los de Villarriba se reúnen con los de Villabajo: una simulación intercultural / „Villarribas" und „Villabajos" – Eine interkulturelle Simulation

In dieser Simulation erfahren die Schüler viel über ihr eigenes Verhalten, ihre Kommunikationsfähigkeit und ihre interkulturelle Kompetenz. Dabei schlüpfen sie entweder in die Rolle der Fantasiekultur „Villarribas" oder in die der „Villabajos" und erleben, wie Stereotype und Fremdbilder entstehen können.

Lernziele / Kompetenzen

- Sensibilisierung für die Entstehung von Selbst- und Fremdbildern sowie von interkulturellen Konflikten
- Funktionsweisen und Ablauf von Selbst- und Fremdwahrnehmungsprozessen

Organisatorisches	
Dauer	45 Minuten
Sozialform	Rollenspiel in der Gruppe
Raum	Das Klassenzimmer sollte genügend freien Raum bieten, damit sich die Schüler darin bewegen können. Ggf. ist ein weiterer Raum für die Vorbereitungsphase nötig.
Material	• Rollenkarten • Moderationswand, Moderationskarten
Unterrichtssprache	Spanisch (auch für Anfänger, außer bei der Auswertung)

Einstimmung / Entlastung

Da in dieser Übung interkulturelle Kompetenz thematisiert wird, bietet sich zur Hinführung die Behandlung folgender Übungen an:
11 ¡Así también vale! Mis preferencias culturales / Es geht auch anders! – Meine kulturellen Vorlieben
12 ¿De quién se habla? / Über wen spricht man?

Durchführung

Bei interkulturellen Simulationen ist es wichtig, nicht in die Rollen von Personen realer Kulturen zu schlüpfen, da sonst vor allem die schon bestehenden Stereotype und Vorurteile gespielt werden. Deshalb werden in der interkulturellen Arbeit häufig Fantasiekulturen gewählt, deren Rollenkarten je nach Lernziel gestaltet werden.

Vorgehensweise
Das Spiel wird kurz vorgestellt:

- Die „Villarribas" und die „Villabajos", Vertreter zweier Fantasiekulturen, werden sich kennenlernen.
- Nach Möglichkeit sprechen die „Villarribas" und die „Villabajos" spanisch. Falls dies nicht möglich ist, dürfen sie auch deutsch sprechen.
- Die eine Hälfte der Klasse erhält „Villarriba"-Karten, die andere Hälfte „Villabajo"-Karten.
- Die Schüler sind ab dem Moment, in dem sie die Rollenkarten in den Händen halten, Angehörige einer der Fantasiekulturen. Wichtig ist, die Rolle zu „leben". Schon dieser Schritt erfordert eine hohe Empathiefähigkeit, um nicht die jeweilige Kultur aus der Außenperspektive zu betrachten.
- Je ein Schüler aus der „Villarriba"-Gruppe und einer aus der „Villabajo"-Gruppe erhalten ein Aufgabenblatt, auf dem die Arbeitsanweisung ausformuliert steht.
- Falls möglich, sollte nun eine Gruppe in einen anderen Raum gehen.

Spielphasen
1. Phase: Vorbereitung

- Die Schüler machen sich mit ihrer Rolle durch Lektüre der Rollenkarten vertraut und spielen die Begrüßungsszene zur Einübung.
- Danach sucht jede Gruppe fünf bis acht Beschreibungen ihrer Fantasiekultur aufgrund der Rollenkarte und notiert diese auf Moderationskarten – am besten mit Adjektiven, z. B.: „gastfreundlich", „respektvoll" etc. Diese werden anschließend beim Lehrer hinterlegt.

- An dieser Stelle sollte nochmals deutlich gemacht werden, dass die Schüler jetzt in ihrer Rolle sind und somit das Verhalten der „Villarribas" oder der „Villabajos" für sie völlig selbstverständlich ist. Sie sollen nicht aus der Rolle heraustreten, sondern aus ihrer (Innen-)Sicht die jeweilige Kultur beschreiben!
- Im Anschluss daran wird das Treffen mit den Angehörigen der anderen Kultur vorbereitet. Dazu überlegen sich die Schüler, welche Fragen sie stellen könnten.

2. Phase: Begegnung
Die Schüler treffen sich, d. h., „Villarribas" und „Villabajos" kommen im Klassenzimmer zusammen. Jeder „Villarriba" sucht sich einen „Villabajo" und alle versuchen, mit einem Mitglied der jeweils anderen Kultur ins Gespräch zu kommen. Dabei sollen sie mit mindestens drei anderen nacheinander sprechen.

3. Phase: „Zwischen-Auswertungsphase"
Im Plenum leitet der Lehrer als Moderator eine erste Aussprache zu diesem Aufeinandertreffen der Fantasiekulturen. Dabei können folgende Fragen als Leitfragen dienen:
- „Wie habt ihr euch bei der Begegnung mit der anderen Kultur gefühlt?"
- „Wie habt ihr die Begrüßungssituation gemeistert? Hat sich einer durchgesetzt? Habt ihr beide Begrüßungsrituale nacheinander durchgespielt?"

4. Phase: Rückkehr in die eigene Gruppe
Die Schüler gehen wieder in die jeweiligen Gruppen im entsprechenden Klassenraum und beschreiben nun die andere Gruppe mit fünf bis acht Adjektiven, die sie auf Moderationskarten festhalten.

Auswertung Zur gemeinsamen Auswertung treffen sich beide Gruppen wieder im Klassenzimmer. Der Lehrer fungiert dabei als Moderator. Die Schüler heften in folgenden Schritten ihre Ergebnisse an die Pinnwand:

1. Schritt:
- Die Schüler pinnen zuerst ihr „Selbstbild" („Wie sehen wir uns?") an die Moderationswand.
- Der Lehrer macht eine kurze Abfrage: „Sind diese Zuschreibungen positiv oder negativ?" und vermerkt die Ergebnisse mit einem „–" oder „+" (in unterschiedlichen Farben) auf den Moderationskarten. Bei manchen Zuschreibungen kann auch beides gelten.
- Dabei ist es wichtig, dass der Lehrer als Moderator darauf hinweist, dass Adjektive der Beschreibung oder der wertenden Interpretation dienen können.
- Üblicherweise ist das Selbstbild überwiegend positiv.

2. Schritt:
Danach erfolgt dasselbe Vorgehen mit dem Fremdbild. Hier überwiegen in der Regel die negativen Zuschreibungen.

3. Schritt:
Nun wird mit den Schülern besprochen, wie es zu den Zuschreibungen und damit zu den Selbst- und Fremdbildern kam.

Folgende Aufforderungen können für die Diskussion hilfreich sein:
- Vergleicht die Zuschreibungen der Selbstbilder der „Villarribas" und der „Villabajos".
- Vergleicht die Selbstbilder mit den Fremdbildern.
- Vergleicht dabei auch, welche Adjektive verwendet wurden.

Häufig werden von jeder Kultur dieselben Adjektive verwendet. Diese werden dann jedoch von den Mitgliedern der anderen Kultur völlig anders interpretiert. Die Schüler sind an dieser Stelle häufig verblüfft oder auch betroffen.

Es ist wichtig, deutlich zu machen, dass es völlig „normal" ist, dass das Selbstbild in den Zuschreibungen eher positiv, das Fremdbild jedoch eher negativ ausfällt. Entscheidend ist, wie mit der Situation umgegangen wird:
- Ist der Perspektivenwechsel gelungen?
- Konnten die Schüler es aushalten, dass sich die anderen anders verhalten?
- Haben sie sich in Empathie geübt, d.h., konnten sie sich in andere hineinversetzen und entsprechend kommunizieren?
- Haben sie verstanden, dass unser Umgang mit dem Fremden durch Selbst- und Fremdbilder geprägt ist?

Vorschlag für die Gestaltung der Moderationswand

Wie beschreiben die „Villarribas" die „Villarribas"? „Villarribas" –> „Villarribas"	Wie beschreiben die „Villabajos" die „Villabajos"? „Villabajos" –> „Villabajos"
Wie beschreiben die „Villarribas" die „Villabajos"? „Villarribas" –> „Villabajos"	Wie beschreiben die „Villabajos" die „Villarribas"? „Villabajos" –> „Villarribas"

Vertiefung (möglicher 4. Schritt)

- Je nach Diskussionsverlauf können Themen wie Stereotypenbildung, Entstehung von Missverständnissen, Kultur, kulturelle Werte etc. vertieft werden.
  Folgende Fragen können als Impulsfragen dienen:
  - Wie viel Anpassung an eine andere Kultur ist notwendig?
  - Was werden wohl die jeweiligen Vertreter ihrer Kulturen zuhause über die jeweils andere Kultur erzählen? (Entstehung von Stereotypen / Vorurteilen)
  - Wie reagieren daraufhin die Mitglieder der jeweiligen Kulturen, wenn sie auf „andere" treffen?
- Die Simulation bietet einen praktischen Einstieg in die Thematik „Interkulturelle Kommunikation". Im Anschluss können folgende komplexere Übungen zum Perspektivenwechsel bearbeitet werden:
  22 Las dos caras de la misma moneda: reinterpretar estándares culturales / Die zwei Seiten der Medaille – Kulturstandards umdeuten
  23 El cuadrado de los valores culturales / Kulturquadrate
- Auch folgende Übungen zu Kommunikationsstrategien bieten sich im Anschluss an die Simulation an:
  27 Antes de lanzarse a la comunicación intercultural… / Bevor wir uns in die interkulturelle Kommunikation stürzen …
  29 El desafío de hablar una lengua extranjera: consejos y estrategias para comunicarse / Herausforderung Fremdsprache: Kommunikationsstrategien und -tipps
  30 Para tener éxito en la comunicación / Für eine gelungene Kommunikation
- Alternativ kann im Anschluss an die Beschäftigung mit Fantasiekulturen auch mit interkulturellen Missverständnissen in der deutsch-spanischen Zusammenarbeit weitergearbeitet werden. Dazu eignen sich die Übungen:
  19 Encuentros hispano-alemanes: casos prácticos / Begegnungen im Partnerland: Fallstudien
  20 La cooperación hispano-alemana: casos prácticos / Deutsch-spanische Zusammenarbeit: Fallstudien
  21 La normativa: caso práctico / Die Vorschrift: Fallstudie

Quelle in Anlehnung an Losche, Helga: Interkulturelle Kommunikation. Sammlung praktischer Spiele und Übungen. 3. Aufl. Augsburg: Ziel; 2003, S. 150 f.

Fichas de roles / Rollenkarten

Los de Villarriba

- Se saludan dándose las dos manos a la vez de forma cruzada y estrechándolas tres veces.
- Muestran respeto acercándose en gran medida a su interlocutor para poder sentir su olor; les gusta tocarse, por ejemplo, dándose una palmadita en la espalda o en los hombros…
- Dan mucha importancia a la familia, especialmente a los hombres, e intentan inmediatamente obtener información sobre el padre, el hermano, el abuelo, el tío etc. de su interlocutor.
- Les gusta recibir visitantes y respetan sus hábitos y tradiciones.

Los de Villabajo

- Se saludan inclinándose uno frente al otro a un metro de distancia, después juntan las manos y giran la cabeza primero a la izquierda y luego a la derecha.
- Muestran respeto guardando una cierta distancia física con respecto a su interlocutor.
- Se interesan por cuestiones económicas y preguntan a sus interlocutores, por ejemplo, lo que ganan y si es posible trabajar en su empresa.
- Les gusta recibir visitantes, pero intentan inmediatamente ver si pueden hacer negocios con ellos.

Los de Villarriba

- Se saludan dándose las dos manos a la vez de forma cruzada y estrechándolas tres veces.
- Muestran respeto acercándose en gran medida a su interlocutor para poder sentir su olor; les gusta tocarse, por ejemplo, dándose una palmadita en la espalda o en los hombros…
- Dan mucha importancia a la familia, especialmente a los hombres, e intentan inmediatamente obtener información sobre el padre, el hermano, el abuelo, el tío etc. de su interlocutor.
- Les gusta recibir visitantes y respetan sus hábitos y tradiciones.

Los de Villabajo

- Se saludan inclinándose uno frente al otro a un metro de distancia, después juntan las manos y giran la cabeza primero a la izquierda y luego a la derecha.
- Muestran respeto guardando una cierta distancia física con respecto a su interlocutor.
- Se interesan por cuestiones económicas y preguntan a sus interlocutores, por ejemplo, lo que ganan y si es posible trabajar en su empresa.
- Les gusta recibir visitantes, pero intentan inmediatamente ver si pueden hacer negocios con ellos.

Los de Villarriba

- Se saludan dándose las dos manos a la vez de forma cruzada y estrechándolas tres veces.
- Muestran respeto acercándose en gran medida a su interlocutor para poder sentir su olor; les gusta tocarse, por ejemplo, dándose una palmadita en la espalda o en los hombros…
- Dan mucha importancia a la familia, especialmente a los hombres, e intentan inmediatamente obtener información sobre el padre, el hermano, el abuelo, el tío etc. de su interlocutor.
- Les gusta recibir visitantes y respetan sus hábitos y tradiciones.

Los de Villabajo

- Se saludan inclinándose uno frente al otro a un metro de distancia, después juntan las manos y giran la cabeza primero a la izquierda y luego a la derecha.
- Muestran respeto guardando una cierta distancia física con respecto a su interlocutor.
- Se interesan por cuestiones económicas y preguntan a sus interlocutores, por ejemplo, lo que ganan y si es posible trabajar en su empresa.
- Les gusta recibir visitantes, pero intentan inmediatamente ver si pueden hacer negocios con ellos.

Interkulturelle Kompetenz – Spanisch
ISBN 978-3-12-536961-0

Hojas de ejercicios / Arbeitsblätter

Los de Villarriba

1. Leed atentamente vuestra ficha de rol. Si no comprendéis algo, buscad la palabra en el diccionario o preguntadla al profesor.
2. Después practicad vuestra forma de saludar con los otros habitantes de Villarriba. Emplead el tiempo necesario para entrenaros bien, ya que, cuando os reunáis con los de Villabajo, vuestra forma de saludar tiene que saliros de modo muy natural.
3. Buscad entre cinco y ocho adjetivos para describir vuestra propia cultura y escribid cada uno en una tarjeta. Para ello, leed atentamente de nuevo vuestra ficha de rol. No inventéis otras características.
   Ejemplos de adjetivos: «hospitalarios», «respetuosos», etc.
4. Buscad como mínimo cinco frases o preguntas para vuestra conversación con los de Villabajo. Por ejemplo, podéis preguntar:
   - ¿Cómo está tu padre?
   - ¿Tienes hermanos?

   También podéis hablar de vosotros mismos:
   - Mi tío está muy bien.
   - Tengo tres hermanos.
5. Reuníos con los otros.

Los de Villabajo

1. Leed atentamente vuestra ficha de rol. Si no comprendéis algo, buscad la palabra en el diccionario o preguntadla al profesor.
2. Después, practicad vuestra forma de saludar con los otros habitantes de Villabajo. Emplead el tiempo necesario para entrenaros bien, ya que, cuando os reunáis con los de Villarriba, vuestra forma de saludar tiene que saliros de modo muy natural.
3. Buscad entre cinco y ocho adjetivos para describir vuestra propia cultura y escribid cada uno en una tarjeta. Para ello, leed atentamente de nuevo vuestra ficha de rol. No inventéis otras características.
   Ejemplos de adjetivos: «hospitalarios», «respetuosos», etc.
4. Buscad como mínimo cinco frases o preguntas para vuestra conversación con los de Villarriba. Por ejemplo, podéis preguntar:
   - ¿Dónde trabajas?
   - ¿Cuánto dinero ganas?

   También podéis hablar de vosotros mismos:
   - En mi empresa se fabrican pasteles.
   - Gano 2.500 euros al mes.
5. Reuníos con los otros.

Interkulturelle Kompetenz – Spanisch
ISBN 978-3-12-536961-0

En casa de los «Bum-Bum-Boas»: una simulación intercultural / Bei den „Bumm-Bumm-Boas“ – Eine interkulturelle Simulation

Eine „Forschergruppe“ hat den Auftrag, die Stammesregeln einer fremden, bislang unentdeckten Kultur, die der „Bumm-Bumm-Boas“, zu erkunden. In der Simulation in Gruppen wird in dieser Übung die Wahrnehmung anderer Kulturen in ihrer Abhängigkeit von der eigenen kulturellen Prägung erfahrbar gemacht.

Lernziele / Kompetenzen

- Erfahrung einer fremden Kultur
- Sensibilisierung für die eigene kulturelle Prägung
- Perspektivenwechsel
- Erkennen von Stereotypen und Vorurteilen

Organisatorisches	
Dauer	45 Minuten, besser länger
Sozialform	Gruppenarbeit (Simulation), bis zu 40 Teilnehmer
Raum	Das Klassenzimmer sollte genügend freien Raum bieten, damit sich die Schüler darin bewegen können.
Material	Rollenkarten, Auswertungsbögen, evtl. Tafel / Flipchart
Unterrichtssprache	Spanisch (auch für Anfänger)

Einstimmung / Enlastung

Da in dieser Übung interkulturelle Kompetenz thematisiert wird, bietet sich zur Hinführung die Behandlung folgender Übungen an:
11 ¡Así también vale! Mis preferencias culturales / Es geht auch anders! – Meine kulturellen Vorlieben
12 ¿De quién se habla? / Über wen spricht man?

Durchführung

Bei diesem Rollenspiel wird die Arbeitsgruppe in zwei Gruppen geteilt. In beiden Gruppen sollten Mädchen und Jungen vertreten sein. Die Sprachkenntnisse spielen dabei keine Rolle. Die eine Gruppe stellt Kulturforscher dar, die die Stammesregeln einer fremden Kultur, nämlich die der zweiten Gruppe, der „Bumm-Bumm-Boas“, herausfinden und beschreiben sollen. Der Lehrer stellt das Szenario der Simulation kurz anhand der Rollenbeschreibung für die Kulturforscher vor und schickt zunächst die Forschergruppe mit der Rollenbeschreibung in einen anderen Raum oder vor die Tür. Dort können sich die Teilnehmer dieser Gruppe mögliche Fragen überlegen bzw. erste Hypothesen über die Regeln anstellen. Soll die Simulation in einer Gruppe mit geringen Sprachkenntnissen in der Fremdsprache gespielt werden, können zur Vorentlastung im Plenum mögliche Fragen und das entsprechende Vokabular erarbeitet und auf Tafel / Flipchart festgehalten werden. Alternativ können auch Vokabelkärtchen mit Schlüsselbegriffen erstellt werden, anhand derer die Kulturforscher ihre Fragen formulieren können.

Solange die Forschergruppe nicht im Raum ist, erklärt der Lehrer den „Bumm-Bumm-Boas“ die Regeln (s. Rollenkarten der „Bumm-Bumm-Boas“) und schärft ihnen ein, sich strikt an diese Stammesregeln zu halten. Am besten sollte der Lehrer noch ein paar Probefragen zur Kontrolle stellen.
Dann können die Forscher wieder in den Raum kommen. Eine Regel ist bereits allen bekannt: Es dürfen nur „Ja-Nein“-Fragen (geschlossene Fragen) gestellt werden. Glauben die Forscher, eine Regel entdeckt zu haben, wird diese sofort genannt.
Am besten läuft das Spiel, wenn die beiden Gruppen sich gegenübersitzen oder -stehen. Bei großen Gruppen empfiehlt sich, nur einige Schüler zu Forschern zu erklären, während die Mehrheit die „Bumm-Bumm-Boas“ spielt.

Sollte die Forschergruppe zu lange ratlos sein und langsam die Lust verlieren, kann der Lehrer kleine Hilfestellungen „als Forscher“ leisten. Er kann z. B.:

- einer Person die gleiche Frage abwechselnd mit und ohne Lächeln stellen.
- mehreren Personen die gleiche Frage stellen.
- „absurde" Fragen stellen (z. B. „Bist du ein Mann?" an eine weibliche Teilnehmerin, „Bist du blond / schwarzhaarig ... ?", „Heißt du Fritz?" etc.)
- in einer der Gruppe unbekannten Fremdsprache eine Frage stellen, die von den „Bumm-Bumm-Boas" selbstverständlich auch beantwortet werden kann.

Etwas einfacher wird es für die Forschergruppe auch, wenn vorher geklärt wird, ob die Fragen an Einzelpersonen oder an die gesamte Gruppe gestellt werden.
Das Spiel endet, wenn alle Regeln gefunden sind oder in der verbleibenden Zeit keine Aussicht auf Auflösung mehr besteht.

Variante Falls die Zusammensetzung der Schüler es nicht erlaubt, dass in beiden Gruppen sowohl Schülerinnen als auch Schüler vertreten sind, kann die entsprechende Regel variiert werden (z. B. Blonde / Dunkelhaarige kommunizieren nur mit Blonden / Dunkelhaarigen, Brillenträger nur mit Brillenträgern ...).

Auswertung Die Reflexion darüber, dass Menschen auf der Grundlage ihrer kulturellen Brille andere Kulturen und deren Verhaltensweisen wahrnehmen, kann im Plenum oder in Kleingruppen erfolgen. Für diese Transferleistung kann es sinnvoll sein, auf die Muttersprache zurückzugreifen. Neben der Besprechung der gemeinsamen Erfahrung der Simulation sollte versucht werden, von der Fantasiekultur der „Bumm-Bumm-Boas" ausgehend, auf reale interkulturelle Problemfelder zu kommen. Folgende Leitfragen können zur Strukturierung hilfreich sein:

- Wie sind die Forscher auf die Fragen gekommen?
- Welche Vorstellung habt ihr von den „Bumm-Bumm-Boas" aufgrund des Textes bekommen?
- Welche Wörter im Rollentext haben diese Vorstellung der Forscher beeinflusst? Sucht die Schlüsselwörter heraus.
- Wie habt ihr das Gespräch mit den „Bumm-Bumm-Boas" begonnen? Gab es eine Vorstellung oder eine Begrüßung? Wurde versucht, eine positive Stimmung zu erzeugen?
- Gibt es auch im wirklichen Leben Situationen, in denen ein „Ja" oder „Nein" nicht unbedingt auch „Ja" oder „Nein" bedeutet? Welche?

Vertiefung

- Im Anschluss an diese Simulation können Themen wie soziale Rollen bzw. Geschlechterrollen in verschiedenen Kulturen, Ethnozentrismus und die Projektion der eigenen Vorstellungswelt auf eine andere Kultur erarbeitet werden.
- Zum Perspektivenwechsel können folgende (komplexere) Übungen bearbeitet werden:
  22 Las dos caras de la misma moneda: reinterpretar estándares culturales / Die zwei Seiten der Medaille – Kulturstandards
  23 El cuadrado de los valores culturales / Kulturquadrate
- Ergänzend zum Thema „Kommunikationsstrategien" bieten sich folgende Übungen an:
  27 Antes de lanzarse a la comunicación intercultural... / Bevor wir uns in die interkulturelle Kommunikation stürzen ...
  29 El desafío de hablar una lengua extranjera: consejos y estrategias para comunicarse / Herausforderung Fremdsprache: Kommunikationsstrategien und -tipps
  30 Para tener éxito en la comunicación / Für eine gelungene Kommunikation
- Alternativ kann im Anschluss an die Beschäftigung mit Fantasiekulturen auch mit interkulturellen Missverständnissen in der deutsch-spanischen Zusammenarbeit anhand der folgenden Übungen weitergearbeitet werden:
  19 Encuentros hispano-alemanes: casos prácticos / Begegnungen im Partnerland: Fallstudien
  20 La cooperación hispano-alemana: casos prácticos / Deutsch-spanische Zusammenarbeit: Fallstudien
  21 La normativa: caso práctico / Die Vorschrift: Fallstudie

Quelle in Anlehnung an Niedersächsisches Kultusministerium: Konzept interkulturelles Training zur Vorbereitung von Teilnehmerinnen und Teilnehmern an einem Auslandspraktikum. Hannover; o.J., S. 26 ff. [http://www.netzwerk-mobi.de/dokumente/downloads/Konzept_Interkulturelles_Training_.doc; 23.06.2014]

Fichas de roles / Rollenkarten

Investigadores

Sois un grupo de investigadores que tiene la oportunidad de adentrarse en las profundidades de la jungla para conocer a los «Bum-Bum-Boas». Esta tribu, que hasta ahora nunca ha tenido contacto con la civilización occidental, posee reglas de comportamiento muy particulares.
Vuestra misión es identificar estas reglas.
Para descubrir los secretos de los «Bum-Bum-Boas», hacedles preguntas y ¡mantened los ojos bien abiertos!

Atención: hay una regla de los «Bum-Bum-Boas» que ya conocéis: ¡sólo entienden preguntas a las que se pueda responder con **sí** o **no**!

«Bum-Bum-Boas»

Sois miembros de la tribu «Bum-Bum-Boas», que vive en las profundidades de la jungla y que hasta el momento era desconocida para el mundo occidental. Ahora acaba de llegar un equipo de investigadores europeos para estudiar vuestras costumbres. No obstante, vuestra cultura os impone reglas de comportamiento muy estrictas:

- ¡Sólo podéis responder con **sí** o **no**! Si os hacen preguntas que no podáis responder con sí o no, no reaccionéis ante ellas.
- Si os hacen una pregunta sonriendo, responded automáticamente con un sí. Si la persona que pregunta no sonríe, responded automáticamente con un no. El contenido de las preguntas es irrelevante.
- Las mujeres sólo hablan con mujeres y los hombres sólo hablan con hombres. Si la persona que te pregunta es del sexo opuesto al tuyo, no reacciones.

¡Imaginad las preguntas que podrían haceros los científicos y preparaos para responderlas!

Interkulturelle Kompetenz – Spanisch
ISBN 978-3-12-536961-0

La guía de viajes intercultural / Der interkulturelle Reiseführer

In dieser Übung erhalten die Schüler den Auftrag, zur Vorbereitung einer Auslandsreise einen interkulturellen Reiseführer zu erstellen, der die Charakteristika und die kulturellen Gewohnheiten des Ziellandes berücksichtigt.

Lernziele / Kompetenzen
- Entwicklung eines Bewusstseins für die Notwendigkeit einer interkulturellen Vorbereitung bei einem geplanten Auslandsaufenthalt
- Perspektivenwechsel

Organisatorisches	
Dauer	mind. 45 Minuten (mit Nachbereitung zu Hause)
Sozialform	Partnerarbeit oder Kleingruppen
Material	Arbeitsblätter, ggf. Recherchemöglichkeiten im Internet
Unterrichtssprache	Spanisch / Anfänger auch auf Deutsch

Durchführung Zur Vorbereitung einer Auslandsreise ist es hilfreich, sich zumindest mit den wichtigsten landeskundlichen und interkulturellen Besonderheiten der anderen Kultur zu befassen, insbesondere, wenn ein intensiver Austausch geplant ist, z. B. bei einer Geschäftsreise.
Die Auseinandersetzung mit Reiseführern, Länderberichten, kulturhistorischen Darstellungen, Reise-Blogs und anderen Medien stellt einen ersten Einstieg in eine Landeskultur dar. Dies bringt natürlich auch eine gewisse Vereinfachung und Verallgemeinerung mit sich und spiegelt die Erfahrungen der Autoren, bisweilen aber leider auch Allgemeinplätze und stereotype Vorstellungen über die andere Kultur wider. Daher sollte auch auf den Begriff „Stereotype" und ihre Funktion eingegangen werden.

Stereotype
Stereotype (Fremdbilder) sind soziale Konstruktionen und reduktionistische Formen der Fremdwahrnehmung. Als Vorstellungen und Bilder vom Fremden bzw. von einer anderen Gruppe verweisen sie immer auch auf die eigene Identitätskonstruktion. Man unterscheidet Heterostereotype (Fremdbilder) und Autostereotype (Selbstbilder), die sich in der interkulturellen Interaktion häufig in einem komplexen Zusammenspiel zeigen. Stereotype können positiv oder negativ sein und auf Verallgemeinerungen beruhen. Stereotype erfüllen wichtige Funktionen: So dienen sie beispielsweise der Orientierung und Ordnung einer komplexen, schwer überschaubaren Realität; weiterhin bieten sie Möglichkeiten zur Identifikation sowie zur Selbstdarstellung, auch über die Abgrenzung von Anderem. Vorurteile dagegen sind durch eine starke negative emotionale Prägung sowie ideologische Verzerrungen gekennzeichnet. In der Praxis gestaltet es sich indes schwierig, Vorurteile von Stereotypen zu unterscheiden.*

Stereotype können also nach ihrer Definition nicht von vornherein vermieden werden, denn sie dienen u.a. dazu, die Realität einfacher fassbar zu machen. Allerdings sind sie in gewisser Weise auch gefährlich, weil sie Vielfältigkeit und Komplexität ausblenden und außerdem von Vorurteilen nicht sauber zu trennen sind. Vor diesem Hintergrund erscheint es sinnvoll, die Schüler auf diese Ambivalenz aufmerksam zu machen. Auf der einen Seite erfüllen Stereotype wichtige Funktionen: Auch wenn Checklisten und knappe Handreichungen keine profunde Auseinandersetzung erlauben, stellen sie daher doch eine erste Sensibilisierung und eine Möglichkeit der Orientierung dar. Auf der anderen Seite ist eine reflektierte Distanz zum eigenen (vermeintlich stereotypisierten) Wissen ratsam: Man sollte vermeiden, dieses Wissen ohne Weiteres auf jede konkrete Situation anzuwenden, ohne die konkreten Umstände und die beteiligten Personen miteinzubeziehen.

*Vgl. Bolten, Jürgen: *Interkulturelle Kompetenz.* Erfurt: Landeszentrale für politische Bildung Thüringen; 2007, S. 126; Lüsebrink, Hans-Jürgen: *Interkulturelle Kommunikation. Interaktion, Fremdwahrnehmung, Kulturtransfer.* Stuttgart / Weimar: Metzler; 2008, S. 86 ff.

In dieser Übung wählen die Schüler aus einer Liste von vorgegebenen Kriterien (Arbeitsblatt 1) die sechs aus ihrer Sicht wichtigsten Eckpunkte zur Beschreibung des gewählten Reiselandes aus und erarbeiten auf deren Grundlage einen interkulturellen Reiseführer für das Zielland. Der interkulturelle Reiseführer kann am besten in Kleingruppen erstellt werden. Bei der Präsentation der Ergebnisse von Aufgabe 1 und 2 sollte genug Raum für die Erklärung der Auswahl und Rückfragen gelassen werden. Aufgabe 3 eignet sich besonders als Nachbereitung in Form einer Hausaufgabe oder, wenn ein längerer Zeitraum für die Übung zur Verfügung steht, zur Vorbereitung einer Checkliste auf Flipchartbögen oder Plakaten. Wird Aufgabe 3 im Unterricht durchgeführt, kann es sinnvoll sein, Recherchehilfen (Bücher, Internetzugang) zur Verfügung zu stellen.
Im Zentrum dieser Übung stehen die Reflexion und Diskussion der verschiedenen Aspekte der „Reisevorbereitung". Einige der genannten Informationen betreffen konkrete politische und historische Gegebenheiten und können damit leichter recherchiert und verifiziert werden als andere, subjektive und damit „weiche" Faktoren. Ziel ist die Schärfung des Bewusstseins für die Notwendigkeit der interkulturellen Vorbereitung, aber auch für die damit verbundenen Probleme und Mehrdeutigkeiten.

Varianten

- Der Arbeitsauftrag der ersten Aufgabe (Arbeitsblatt 1) wird durch ein vorgegebenes Reiseziel (Mexiko) konkretisiert (Arbeitsblatt 2). Dies kann z. B. im Zusammenhang mit einer Unterrichtseinheit zur Hispanophonie oder bei Lerngruppen, für die der Abstraktionsgrad auf dem Arbeitsblatt 1 zu schwierig ist, eingesetzt werden. Auch hier stehen die Diskussion der Antworten und die Unterscheidung zwischen leicht überprüfbaren Fakten und subjektiveren Kategorien im Vordergrund.
- Eine methodische Variante besteht darin, die Ergebnisse auf Moderationskarten festzuhalten. Jede Gruppe erläutert ihr Ergebnis an einer Moderationswand. Auf diese Weise können die Arbeitsergebnisse der Gruppen verglichen werden.

Vertiefung

- Hinweise auf „Business-Knigge" oder auf Checklisten für andere Kulturen finden sich leicht im Internet. Die Aufgabe kann auch mit diesen Materialien durchgeführt werden. Hierbei ist allerdings auf die sorgfältige Auswahl des Materials zu achten, um evtl. Stereotypisierungen nicht noch zu fördern.
- Im Anschluss an die Aktivität (Arbeitsblatt 1 und / oder 2) kann nach dem gleichen Modell eine Handreichung über die eigene Kultur / Region / Stadt entwickelt werden. Damit wird in besonderem Maße der Perspektivenwechsel geübt. Steht der konkrete Besuch einer spanischen Gruppe an, kann es hilfreich sein, nach Themengebieten (z. B. Schule, Familie, Wohnung, Freizeit, landeskundliche Informationen ...) zu clustern und in Kleingruppen jeweils ein Merkblatt zum Thema zu erarbeiten.
- Diese Übung kann als Einstieg in das Thema „Kulturdimensionen" oder „Kulturstandards" dienen, die bei der Einordnung der „weichen" Faktoren hilfreich sein können. In diesem Sinne anschließende Übungen sind:
  18 Los estilos de comunicación / Kommunikationsstile
  19 Encuentros hispano-alemanes: casos prácticos / Begegnungen im Partnerland: Fallstudien
  20 La cooperación hispano-alemana: casos prácticos / Deutsch-spanische Zusammenarbeit: Fallstudien
  21 La normativa: caso práctico / Die Vorschrift: Fallstudie

Quelle in Anlehnung an: Utley, Derek: Intercultural Resource Pack. Intercultural communication resources for language teachers. Cambridge University Press; 2004, S. 18 ff.

Hoja de ejercicios 1 / Arbeitsblatt 1

Antes de lanzarse a la comunicación intercultural, por ejemplo durante un viaje de negocios o un intercambio escolar, es conveniente informarse de las costumbres y de las particularidades culturales del país en cuestión. De este modo, puede ser útil enterarse por adelantado del sistema de transporte público, los modales, las fórmulas de cortesía, etc. Por el contrario, para otros ámbitos en concreto puede que sea mejor hacerse una idea de ellos estando ya en el propio país.

Ejercicios

1. Pensad en un país del que aún no sepáis mucho y seleccionad de la siguiente lista seis informaciones que os parezca imprescindible conocer antes de emprender un viaje de negocios a este país. Discutid vuestra elección en el grupo y poneos de acuerdo en las seis informaciones que consideréis más importantes. Después decidid qué persona va a presentar los resultados.

   - El sistema político
   - Los indicadores demográficos (número de habitantes, grupos de población...)
   - La geografía
   - Los datos económicos más importantes
   - La historia
   - Las diferencias regionales
   - El funcionamiento del transporte público
   - Las formas de saludar
   - La importancia de la puntualidad
   - El código de vestimenta en el ámbito de los negocios
   - La importancia de la jerarquía en las empresas
   - La forma en que se desarrolla normalmente una reunión
   - Las normas de comunicación (interrupciones, pausas, conversación trivial...)
   - La comunicación no verbal (gestos, distancia física entre las personas...)
   - El uso de títulos (doctor, profesor...)
   - Los tabúes (p.ej. temas de conversación que se deben evitar como la religión, el dinero...)
   - La igualdad entre hombres y mujeres
   - El papel de la religión
   - Los horarios de las comidas
   - La alimentación
   - Las actitudes respecto al alcohol y al tabaco
   - El importe de la propina en un restaurante
   - Productos «típicos» regionales
   - El modo de vida de una familia «típica»
   - Las actividades de ocio y las aficiones
   - Otros:

2. Haced lo mismo para España, cuya cultura os es más familiar. Comentad vuestra elección y comparad los resultados.

3. Preparad una introducción breve (una página) con informaciones útiles para alguien que va a hacer un viaje de negocios a España.

Interkulturelle Kompetenz – Spanisch
ISBN 978-3-12-536961-0

Hoja de ejercicios 2 / Arbeitsblatt 2

México D.F. – Una guía de viajes intercultural

Leed las siguientes informaciones sobre México D. F. ¿Qué informaciones son más útiles y cuáles menos para alguien que está preparando un viaje de negocios a esa ciudad? Marcad las cinco más útiles con (+), las cinco menos importantes con (–) y comparad vuestros resultados.

1. La Ciudad de México, con sus 8,8 millones de habitantes (2009) en el Distrito Federal (D.F.), es la segunda ciudad más grande de Latinoamérica y, con 20 millones de personas (2009) en la aglomeración urbana, una de las diez regiones metropolitanas más grandes del mundo. ☐
2. La moneda oficial es el peso mexicano. La abreviatura del peso es MXN, mex$ o simplemente $ (o $ M.N. que viene de *$ moneda nacional*). ☐
3. La lengua oficial del país es el español. Además se hablan otras muchas lenguas indígenas, como por ejemplo náhuatl y maya yucateco. ☐
4. Además de la cocina autóctona de las distintas regiones del país, también se puede encontrar cocina internacional. Muy apreciados son los *antojitos*, pequeñas raciones que sirven como aperitivo o para comer entre horas. ☐
5. En los restaurantes se suele dejar como propina entre el 10 y el 15% del importe de la cuenta. ☐
6. El regateo aún es común en los mercados y puestos; sin embargo, para tomar un taxi es mejor acordar un precio antes. ☐
7. Los mexicanos son personas muy afectuosas, hospitalarias y bien educadas. ☐
8. Los mexicanos también son conocidos por sus fiestas bulliciosas. Ejemplos de ello son las corridas de toros, la fiesta del sol en el equinoccio de primavera, la fiesta de la pastorela, la piñata y la quema de judas. ☐
9. En México no hay un horario de cierre de comercios preestablecidos oficialmente. ☐
10. La gran mayoría de los mexicanos es católica. ☐
11. Los mexicanos valoran mucho la buena presencia. Suelen llevar más bien ropa formal. ☐
12. La capital mexicana tiene muchos problemas ecológicos, entre otros, contaminación del aire, dificultades de abastecimiento de agua, falta de infraestructuras para la eliminación de residuos, déficit en el transporte público urbano y exceso de tráfico. ☐
13. La criminalidad supone un riesgo considerable para la seguridad. No obstante, en general se puede decir que los delitos ligados a las drogas tienen lugar fuera de los centros turísticos. ☐
14. En todo México está prohibido consumir bebidas alcohólicas en lugares públicos (por ejemplo en la calle) y se sanciona con multas o penas de prisión. ☐
15. La puntualidad no se da por supuesta. A menudo se dice: *Mañana será otro día*. El sentido del tiempo es distinto. En el caso de invitaciones, a veces es de buena educación llegar media hora más tarde de lo acordado. ☐

Interkulturelle Kompetenz – Spanisch
ISBN 978-3-12-536961-0

Antes de lanzarse a la comunicación intercultural ... / Bevor wir uns in die interkulturelle Kommunikation stürzen ...

Die Schüler reflektieren über Verhaltensweisen und Strategien, die dazu dienen, in einer anderen Kultur gut zurechtzukommen.

Lernziele / Kompetenzen
- Reflexion über Auslandsaufenthalte
- Entwicklung von Strategien für interkulturelle Situationen

Organisatorisches	
Dauer	15 Minuten
Sozialform	Einzel- oder Partnerarbeit oder in Kleingruppen
Material	Arbeitsblätter
Unterrichtssprache	Spanisch / Deutsch für Anfänger

Durchführung In dieser kurzen Übung setzen sich die Schüler mit erfolgreichen Strategien für die interkulturelle Kommunikation auseinander und diskutieren, welche Strategien sie für besonders erfolgversprechend halten. Die Übung kann gut zur Vorbereitung konkreter Auslandsaufenthalte, aber auch in einer größeren Unterrichtseinheit zum Thema „Interkulturelle Kommunikation" eingesetzt werden. Außerdem kann sie in Verbindung mit Lehrwerken genutzt werden, die z. B. Auslandsaufenthalte Deutscher in einem spanischsprachigen Land thematisieren.

Wie bei vielen Priorisierungsaufgaben gibt es keine richtige oder falsche Lösung. Zentral sind vielmehr die Diskussion der verschiedenen Alternativen sowie die Reflexion darüber.

Variante Die Schüler können auch selbstständig in Partnerarbeit oder Kleingruppen Strategien erarbeiten und diese dann im Plenum vorstellen. Hierzu eignet sich die Arbeit mit Moderationskarten, auf die die Schüler ihre Ideen notieren. Wenn die Karten dann an Wand oder Tafel aufgehängt sind, kann die gesamte Gruppe eine Priorisierung vornehmen, z. B. mit Hilfe von Klebepunkten – jeder Schüler erhält eine gewisse Anzahl (z. B. 3 oder 5) und kann diese nach Belieben vergeben.

Vertiefung
- Die Übung eignet sich gut als Einstieg in das Themenfeld „Kulturschock" und „Auslandsaufenthalt" im Allgemeinen. Im Falle eines anstehenden Auslandsaufenthalts kann die Gruppe gemeinsam erarbeiten, wie sie die Begegnung gestalten möchte. In kleineren Gruppen, die sich gut kennen und in denen die Teilnehmer in einem guten Vertrauensverhältnis stehen, lässt sich auch erarbeiten, welche Strategie für einzelne wohl besonders schwierig ist und wie sich – im Sinne der Vorbereitung einer gelungenen Begegnung – daran arbeiten lässt, z. B. bei Hemmungen, in der Fremdsprache zu sprechen: Es werden Übungen gemacht, in denen z. B. drei Mitschüler nach dem Weg gefragt oder um eine Auskunft gebeten werden.
- Zur Vorbereitung eines Schüleraustauschs ist außerdem die Bearbeitung folgender Übungen empfehlenswert:
  26 La guía de viajes intercultural / Der interkulturelle Reiseführer
  28 El choque cultural: un vademécum intercultural / Der Kulturschock – Ein interkulturelles Hilfspaket
  29 El desafío de hablar una lengua extranjera: consejos y estrategias para comunicarse / Herausforderung Fremdsprache: Kommunikationsstrategien und -tipps
  30 Para tener éxito en la comunicación / Für eine gelungene Kommunikation

Hoja de ejercicios / Arbeitsblatt

Leed las siguientes estrategias, que se pueden emplear para desenvolverse sin problemas dentro de otra cultura:

- Estar de buen humor
- Ser abierto / abierta
- Considerar qué es lo que los otros esperan de mí
- No tener miedo a cometer errores
- Tener buenos conocimientos de la lengua del país
- Estar dispuesto / dispuesta a hacer nuevos amigos
- Llevarse un diccionario
- Si hay un problema, ser capaz de hablar sobre ello
- Acercarse a los demás
- Tener ganas de descubir cosas nuevas
- Tener curiosidad por probar comidas desconocidas
- Prepararse con una guía de viajes
- Atreverse a preguntar cuando no se entiende
- Soportar momentos de frustración
- Atreverse a hablar en la lengua del país
- Preparar una estrategia para sobrellevar la añoranza de tu tierra
- Ser capaz de separarse de los amigos y de la familia

¿Qué estrategias de entre las propuestas arriba os parecen más útiles? Discutid cada una de ellas y seleccionad las seis más útiles. Imaginad situaciones concretas en las que serían adecuadas esas seis estrategias y describidlas con una o dos frases en la columna de la derecha.

Estrategias	Situaciones
1. ______	______
2. ______	______
3. ______	______
4. ______	______
5. ______	______
6. ______	______

Interkulturelle Kompetenz – Spanisch
ISBN 978-3-12-536961-0

El choque cultural: un vademécum intercultural / Der Kulturschock – Ein interkulturelles Hilfspaket

Insbesondere bei längeren Auslandsaufenthalten stellt der Kulturschock eine Herausforderung dar. Die Schüler lernen das Phänomen kennen und entwickeln Strategien zum Umgang damit. Gleichzeitig schult die Übung, Empathie mit Personen zu entwickeln, die längere Zeit in einer anderen Kultur leben.

Lernziele / Kompetenzen
- Wissen über den Kulturschock, seine Auswirkungen und Bewältigungsstrategien
- Übung von Empathie
- Perspektivenwechsel

Organisatorisches	
Dauer	45 Minuten, besser mit Vorbereitung zu Hause
Sozialform	Einzel- oder Partnerarbeit, Kleingruppen möglich
Material	Arbeitsblätter
Vorbereitung	Kopieren der Arbeitsblätter
Unterrichtssprache	Spanisch / Deutsch für Anfänger

Einstimmung / Entlastung

Vorbereitend können Übungen zu interkulturellen Missverständnissen und Kommunikationshürden behandelt werden, also z. B.

19 Encuentros hispano-alemanes: casos prácticos / Begegnungen im Partnerland: Fallstudien
20 La cooperación hispano-alemana: casos prácticos / Deutsch-spanische Zusammenarbeit: Fallstudien
21 La normativa: caso práctico / Die Vorschrift: Fallstudie

Durchführung

Als Einführung kann ein Gespräch darüber geführt werden, wie ein längerer Auslandsaufenthalt ablaufen könnte. Welche Erfahrungen wird man machen? Sind auch negative Erlebnisse vorstellbar? Auch Erfahrungen von Schülern, die längere Zeit im Ausland gelebt oder einen Teil ihrer Kindheit/Jugend nicht in Deutschland verbracht haben, können hier gut einbezogen werden.

Der Lehrer sollte sich anhand der Arbeitsblätter im Vorfeld mit dem Begriff des Kulturschocks vertraut machen.

Folgende Grafik veranschaulicht das Thema:

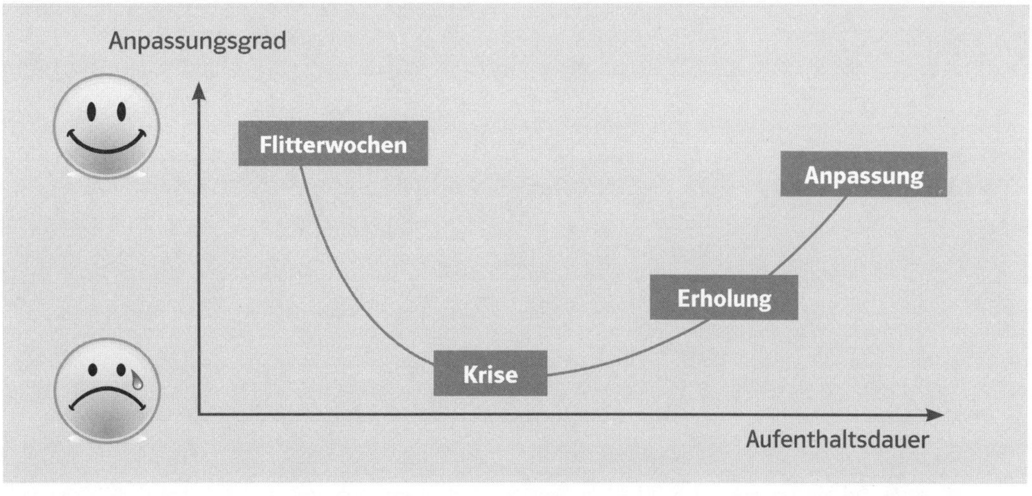

Während die Aufgabe zum Textverständnis individuell gelöst werden kann, eignen sich die Diskussionsaufgaben zur Priorisierung auch zur Partnerarbeit. Die Erstellung eines eigenen Hilfspakets / Vademekums kann idealerweise in einer Kleingruppe erfolgen.

Vademécum
Für dieses Hilfspaket wird hier der spanische Begriff „Vademécum" verwendet. Ein „Vademécum" ist nach dem Wörterbuch der Real Academia Española «un libro de poco volumen y de fácil manejo para consulta inmediata de nociones o informaciones fundamentales» (ein kompaktes und leicht verständliches Buch, das schnelles Nachschlagen von Grundbegriffen oder wichtigen Informationen erlaubt).

Variante Die kulturellen Anpassungsphasen und die Symptome des Kulturschocks werden vom Lehrer präsentiert (auf der Grundlage von Arbeitsblatt 2); die Schüler entwickeln daraufhin Ideen, wie hier geholfen werden kann. Um Zeit zu sparen, kann auch Arbeitsblatt 3 eingesetzt werden.

Vertiefung

- Die Schüler erarbeiten ein Hilfspaket / Vademekum mit allgemeingültigen, theoretischen Hintergrundinformationen und konkreten Tipps (z. B. auf Kärtchen) gegen Heimweh: Hören der Lieblingsmusik, Lesen muttersprachlicher Bücher, Führen eines Tagebuchs, Chatten, Skypen mit Freunden etc.
- Wenn ein Schüler einen längeren Auslandsaufenthalt antritt, kann die Klasse ein Hilfspaket / Vademekum als Abschiedsgeschenk vorbereiten oder es ihm nach dessen Abreise schicken.
- Auch die Beschäftigung mit Kommunikationsstrategien in interkulturellen Situationen bietet sich hier im Anschluss an:
  29 El desafío de hablar una lengua extranjera: consejos y estrategias para comunicarse / Herausforderung Fremdsprache: Kommunikationsstrategien und -tipps
  30 Para tener éxito en la comunicación / Für eine gelungene Kommunikation
- Ebenso können nun landeskundliche und interkulturelle Besonderheiten thematisiert werden:
  26 La guía de viajes intercultural / Der interkulturelle Reiseführer
- Denkbar ist an dieser Stelle auch ein Exkurs zum Spanischen in Lateinamerika und den anderen spanischsprachigen Ländern. Hier können auch interessierte Schüler tätig werden.

Hoja de ejercicios 1 / Arbeitsblatt 1

Tras obtener el bachillerato, Lisa decidió trabajar un año como *au pair* en Buenos Aires para perfeccionar su español. Al principio estaba muy animada, tenía gran interés por viajar y conocer el país, quería probarlo todo, procuraba integrarse en la cultura argentina y entenderla, así como se esforzaba por hacer amigos. Le resultaba difícil entender el español que se habla allí, porque el español «estándar» que había aprendido durante las clases en Alemania era algo diferente del argentino, pero pensaba que era cuestión de tiempo acostumbrase a la pronunciación y al vocabulario propios de allí. Al cabo de unos tres meses empezó a sentirse mal.

Lee lo que Lisa le explica a su compañera de la universidad, Sara:

Sara: ¿Te pasa algo, Lisa? Parecés triste desde hace algunos días.

Lisa: Sí, no sé lo que me pasa. Hace ya días que no me siento bien. No tengo ganas de salir de mi habitación ni de ir a las clases de español. Preferiría quedarme en la cama y dormir todo el día. Ustedes hablan un español muy raro y después de todo este tiempo sigo sin entenderlos. A veces incluso pienso que la gente no quiere que la entienda. Estoy cansada y además echo de menos a mi familia. Probablemente no es más que añoranza, pero me había hecho tantas ilusiones con esta estancia... y ahora lo único que quiero es que acabe cuanto antes.

Sara recuerda haber leído una entrada en un blog para estudiantes que viajan al extranjero en la que se describen síntomas parecidos: http://movilidad.universiablogs.net/2010/10/06/el-choque-cultural/

Lee el texto (en la hoja de ejercicios 2) y responde las preguntas siguientes:

1. Comprensión del texto

Haz una cruz en la respuesta correcta.

a) ¿Cuántas etapas se recorren normalmente en el proceso de adaptarse a una nueva cultura?
- ☐ 2
- ☐ 4
- ☐ 7

b) ¿Por qué se produce el choque cultural?
- ☐ Por comer demasiado, ya que el cuerpo no está preparado para los tipos de alimentos del país al que se viaja.
- ☐ Por el estrés que provoca lo nuevo y desconocido.
- ☐ Porque la gente del país al que te trasladas no acepta fácilmente a extranjeros.

c) ¿Verdadero o falso?

	V	F
1. La luna de miel es la primera fase del proceso de adaptación.		
2. Típicos síntomas del choque cultural son miedo, insomnio, dolor de cabeza, aislamiento.		
3. El choque cultural ocurre de repente.		
4. El choque cultural es un signo de debilidad.		
5. La experiencia de vivir en una cultura ajena ayuda a comprender la cultura propia.		
6. Tras la luna de miel viene la fase de adaptación.		

Interkulturelle Kompetenz – Spanisch
ISBN 978-3-12-536961-0

d) Escribe las cuatro fases del choque cultural en el lugar adecuado de la curva

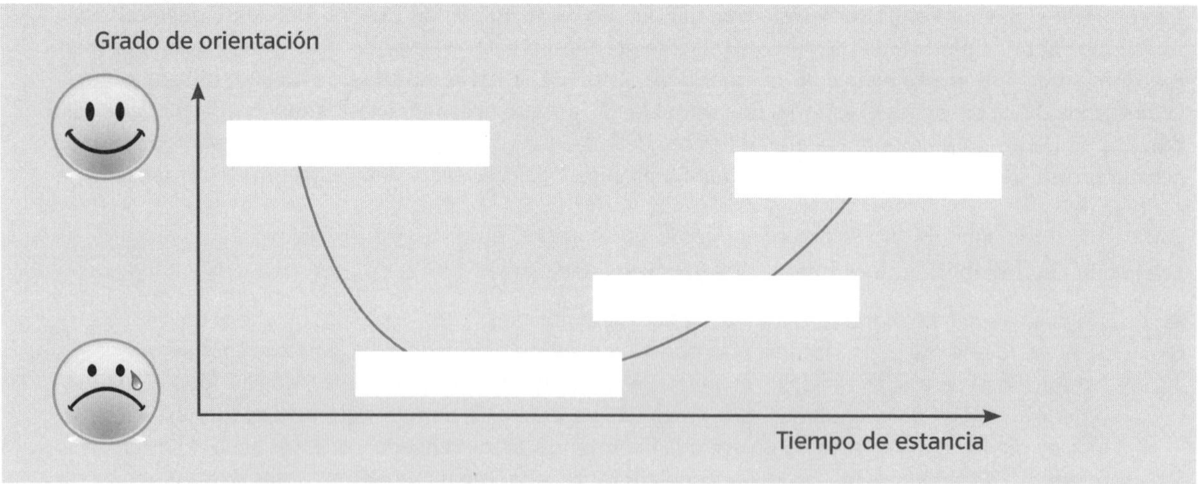

2. Entre los siguientes consejos para superar el choque cultural, ¿cuáles os parecen más importantes? Discutid cada uno de ellos y poneos de acuerdo en un orden de importancia (1 = el más importante, 10 = el menos importante).

Consejo	Rango
Escucha tu música favorita.	
Toma clases de música o de dibujo.	
Haz deporte.	
Anota y apréndete cada día el vocabulario nuevo que oigas.	
No sientas vergüenza y reconoce que estás sufriendo un choque cultural.	
Haz excursiones turísticas.	
Escribe un diario.	
Aliméntate bien.	
Duerme suficiente.	
Habla por teléfono o videoconferencia con tu familia y con tus amigos.	

3. ¿Qué consejos serían los más adecuados para Lisa? Lee otra vez el diálogo entre Lisa y Sara, ponte en el papel de Sara y dale a Lisa cinco consejos útiles para ella.

1. ____________________

2. ____________________

3. ____________________

4. ____________________

5. ____________________

4. El vademécum
Preparad una hoja informativa sobre el choque cultural para un/a argentino/a, que va a venir a vuestra ciudad a hacer unas prácticas o un intercambio escolar. Primero describid los síntomas del choque cultural y luego las posibles soluciones. Completad la nota explicativa con información concreta (folletos, etc.) acerca de vuestra ciudad o región.

Interkulturelle Kompetenz – Spanisch
ISBN 978-3-12-536961-0

Posibles soluciones a la hoja de ejercicios 1 / Lösungsvorschlag zu Arbeitsblatt 1

1 a) 4

b) Por el estrés que provoca lo nuevo y desconocido.

c)
1. V
2. V
3. F
4. F
5. V
6. F

d)

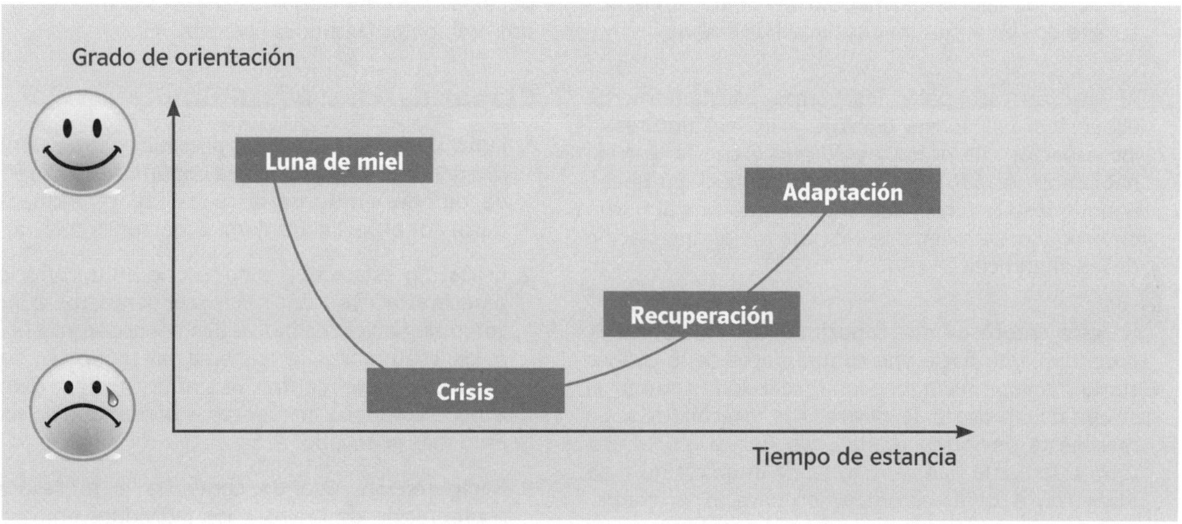

Interkulturelle Kompetenz – Spanisch
ISBN 978-3-12-536961-0

Hoja de ejercicios 2 / Arbeitsblatt 2

BLOGS: ALIMENTACIÓN Y SALUD | EMPLEO | ESTUDIAR FUERA | FORMACIÓN

El choque cultural, ¿qué es y cómo se manifiesta?

Pabsi González, 06.10.2010

Todo ser humano lleva dos equipajes al viajar: las maletas con sus pertenencias y el equipaje cultural, el cual es invisible y juega un papel importante en el proceso de adaptación al momento de estudiar y/o mudarse al extranjero. Ese equipaje cultural contiene los valores y el modelo de comportamientos aprendidos en la cultura y sociedad de origen.

Al vivir en otro país, nos vemos constantemente expuestos a la forma de vivir, a las costumbres, a los aspectos culturales y a la gente con la que no habíamos estado en contacto antes. Entonces, aunque resulte difícil, debemos adaptarnos al nuevo entorno y desarrollar, a la vez, una mejor apreciación de las diferencias.

A este proceso de conocimiento, tolerancia y entendimiento hacia una cultura nueva se le conoce como *"choque cultural"*, una reacción natural al stress que provoca lo nuevo y lo desconocido. Se manifiesta de forma positiva y/o negativa. Por eso, todo estudiante que se marcha de intercambio o de internado debe estar preparado para experimentar este fenómeno, el cual no ocurre de repente, no da cabida para la pérdida de la cultura propia y sí posee altibajos durante el periodo de duración.

En su libro *Cross Cultural Encounters in Face-to-Face Interactions*, el psicólogo Richard Brislin define el choque cultural como: "Las tensiones y [los] sentimientos de malestar e inconformidad que resultan de tener que satisfacer las necesidades cotidianas, como alimentarse, cuidar de la salud y mantener las relaciones interpersonales, en maneras en que no se acostumbra."

El choque cultural tiende a aparecer y desaparecer gradualmente, dependiendo de cuán aptos están los individuos para entender, conocer y tolerar otras culturas. Resulta útil reconocer que, en estos casos de movilidad, a menudo las reacciones y las percepciones que unas personas tienen sobre otras no son choques personales, sino de cultura.

Cuanto más esté preparado alguien para enfrentar el choque cultural y para reconocer que sus valores culturales pueden entrar en conflicto con la nueva cultura, antes aprenderá a sobrellevar el choque y a solucionar los problemas.

Tener la experiencia de vivir en una cultura ajena aumenta la comprensión y el entendimiento de la propia. Entonces, nadie debería tenerle miedo ni al fenómeno del choque cultural ni a la posible futura biculturalidad, la capacidad que desarrollan algunas personas para funcionar de manera competente en dos ambientes culturales diversos.

Etapas del choque cultural

1. **Luna de miel.** Sucede al principio del encuentro intercultural y se caracteriza por emociones fuertes de euforia, entusiasmo, curiosidad y fascinación tanto por el país extranjero como por su cultura.
2. **Crisis.** En esta etapa todo lo que en un principio parecía atractivo y maravilloso comienza a percibirse como negativo. Los individuos le encuentran fallas a las costumbres, al sistema, al modo de vida. Entonces, experimentan los síntomas negativos del choque cultural, y comienzan a pensar que no todo es lo más adecuado.
3. **Recuperación.** Cuando comienza el proceso de recuperación de la crisis, los individuos empiezan a manejar de forma efectiva las situaciones, se vuelven más sociales con personas de la cultura extranjera y manifiestan seguridad, una vez más.
4. **Adaptación.** Algunos estudiosos, como Brislin y Paul S. Adler (otro psicólogo experto en el choque cultural) concuerdan en que esta etapa es la más difícil de alcanzar, y que son pocos quienes llegan a ella. Las personas vuelven a sentirse muy cómodas con la cultura extranjera, aunque no a tal nivel de fascinación plena. Aprenden a vivir en armonía con lo que les agrada y lo que no del nuevo ambiente.

Varios síntomas del choque cultural

- Miedo
- Insomnio
- Nostalgia por el país de origen *(Homesickness)*
- Impaciencia
- Dolor de cabeza
- Apego con personas del mismo país de origen, o de trasfondo cultural similar
- Aislamiento
- Necesidad de comer mucho
- Poca concentración
- Sentimiento de soledad
- Pérdida de amor propio, en algunos casos

Esta entrada de blog es una edición del artículo que escribió la misma autora para la Universidad de Puerto Rico, Recinto de Río Piedras, titulado "¿Qué es el choque cultural?" y publicado en formato impreso. Para leer el original, favor de escribir a pabsi.drums@gmail.com

Interkulturelle Kompetenz – Spanisch
ISBN 978-3-12-536961-0

Hoja de ejercicios 3 / Arbeitsblatt 3

Discutid cada uno de los consejos que se dan a continuación y poneos de acuerdo en un orden de importancia (1 = el más importante, 10 = el menos importante).
Si se os ocurren más consejos útiles, escribidlos en los bocadillos vacíos.

Escucha tu música favorita.

Toma clases de música o de dibujo.

Escribe un diario.

No sientas vergüenza y reconoce que estás sufriendo un choque cultural.

Haz excursiones turísticas.

Aliméntate bien.

1. ______
2. ______
3. ______
4. ______
5. ______
6. ______
7. ______
8. ______
9. ______
10. ______

Anota y apréndete cada día el vocabulario nuevo que oigas.

Habla por teléfono o videoconferencia con tu familia y con tus amigos.

Haz deporte.

Duerme suficiente.

Interkulturelle Kompetenz – Spanisch
ISBN 978-3-12-536961-0

El desafío de hablar una lengua extranjera: consejos y estrategias para comunicarse / Herausforderung Fremdsprache: Kommunikationsstrategien und -tipps

Durch die Reflexion verschiedener Kommunikationsmittel und -strategien werden die Schüler für die Unterschiede zwischen muttersprachiger und fremdsprachiger Kommunikation sensibilisiert und erkunden Strategien für den erfolgreichen Gebrauch der Fremdsprache in interkulturellen Situationen.

Lernziele / Kompetenzen

- Sensibilisierung für den Unterschied zwischen muttersprachiger und fremdsprachiger Kommunikation
- Entwicklung von Strategien für die nicht muttersprachige Kommunikation

Organisatorisches	
Dauer	45 Minuten (mit Nachbereitung zu Hause)
Sozialform	Partnerarbeit oder Kleingruppen
Material	Arbeitsblätter
Unterrichtssprache	Spanisch / Deutsch

Durchführung

Als Einstieg bietet sich eine Abfrage der Sprachkenntnisse in der Klasse, auch unter Berücksichtigung mehrsprachiger Schüler, an. Im Anschluss können die Schüler berichten, welche besonderen Eigenschaften die Benutzung der Fremdsprache mit sich bringt (z. B. Nervosität, Fehler, Ungeduld der Zuhörer, Frustration etc.). Methodisch bietet sich dazu z. B. eine Abfrage mit Handzeichen oder auch ein Aufstellen entlang einer Linie im Klassenzimmer an („Wer spricht eine Fremdsprache? / Zwei Fremdsprachen? / Drei Fremdsprachen? / Mehr als drei Fremdsprachen?" bzw. „Wer spricht Englisch / Spanisch / Französisch / Türkisch / Russisch …?") mit anschließendem kurzem Erfahrungsaustausch („Wann fühlt man sich beim Sprechen in einer Fremdsprache wohl?") anhand einzelner Wortmeldungen im Plenum.

Aufgabe 1

Mit Hilfe des Arbeitsblatts diskutieren die Schüler dann in Partnerarbeit oder Kleingruppen die einzelnen Aussagen zum kommunikativen Verhalten und zu Gewohnheiten beim Einsatz von Mutter- oder Fremdsprache und ordnen diese auf der Skala eher der mutter- bzw. der fremdsprachigen Kommunikation zu. Die Wahl sollte anschließend mündlich begründet werden können, insbesondere wenn eine Eigenschaft für beide Kommunikationsformen und verschiedene Situationen zutreffen kann.

So mag die Bitte um Wiederholung auch unter Muttersprachlern vorkommen, ist aber wahrscheinlich in interkulturellen Kontexten häufiger zu beobachten. Dort kann die Aussage sowohl für den nicht muttersprachigen Zuhörer zutreffen als auch für einen muttersprachigen Zuhörer, der Verständnisprobleme hat, wenn jemand mit einem starken fremdsprachigen Akzent spricht oder Ausdrücke verwendet, die zwar nicht falsch sind, die aber nicht genau in den jeweiligen Sinnzusammenhang passen.

Aufgabe 2

Hier liegt der Fokus auf einfachen Techniken und Strategien, die die Kommunikation in der Fremdsprache erleichtern können. Damit soll den Schülern bewusst werden, dass mit relativ einfachen Mitteln die Kommunikation erfolgreicher gestaltet werden kann.

Varianten

- Die Übung lässt sich auch selbstständig in der Gruppe entwickeln. Dazu können Charakteristika für die jeweilige Kommunikationsform bzw. kommunikative Strategien auf Metaplankarten notiert und auf einer Stellwand präsentiert werden. Eine Bewertung der einzelnen Aspekte kann dann z. B. durch die Vergabe von Punkten geschehen. In Gruppenarbeit kann anschließend die Anwendung einzelner Strategien in improvisierten oder auch mit Redehilfen vorstrukturierten Vorträgen erprobt werden.
- Als Einstieg kann eine Folge von «¿Qué hora es?» (aus der Reihe „Cedric the Entertainer Presents", FOX 2002–2003) gezeigt werden. In dieser Parodie auf lateinamerikanische Telenovelas können die Schauspieler kaum Spanisch, also nur einzelne, sehr einfache Sätze wie z. B. «¿Qué hora es?», «Dos coca-colas, por favor!» Mischt sich der einzige Spanisch sprechende Schauspieler ins Geschehen ein, verstehen ihn die anderen nicht und versuchen deshalb, ihn zu „beruhigen" und ihn dann dazu zu bringen, sich auf ihr Sprachniveau zu begeben.
  Im Anschluss stellt der Lehrer folgende Fragen, um die Schüler für die gezeigte Thematik zu sensibilisieren:
  - ¿Qué problema tienen los personajes?
  - ¿Cuándo se hace evidente ese problema?
  - ¿Cómo intentan resolverlo?
  - ¿Se os ocurren otras formas de enfrentarse a la situación?
  - ¿Podemos comunicarnos en una lengua extranjera cuando aún no la hablamos bien?

Vertiefung

- Als Anschlussaufgabe bietet sich an, eine kurze Präsentation als Sketch oder Rollenspiel vorzubereiten, in der eine oder zwei dieser Techniken so häufig wie möglich, auch übertrieben, eingesetzt werden. Inhaltlich können ggf. aktuelle Unterrichtsthemen einbezogen werden.
- Im Falle einer kulturell gemischten Gruppe, z. B. bei einem Austausch, können die Teilnehmer darauf aufbauend einen Regelkatalog für den Umgang mit den Sprachen in der Gruppe (z. B. Deutsch, Spanisch, Französisch, Englisch) entwickeln.
- Zur Vorbereitung eines Schüleraustauschs bietet sich im Anschluss außerdem die Bearbeitung folgender Übungen an:
  26 La guía de viajes intercultural / Der interkulturelle Reiseführer
  28 El choque cultural: un vademécum intercultural / Kulturschock – Ein interkulturelles Hilfspaket
  27 Antes de lanzarse a la comunicación intercultural… / Bevor wir uns in die interkulturelle Kommunikation stürzen …
  30 Para tener éxito en la comunicación / Für eine gelungene Kommunikation

Quelle Utley, Derek: Intercultural Resource Pack. Intercultural communication resources for language teachers. Cambridge University Press; 2004, S. 100–103

Hoja de ejercicios / Arbeitsblatt

En la comunicación intercultural, ocurre con frecuencia que como mínimo uno de los interlocutores no habla en su lengua materna. El hecho de que una persona hable en su lengua materna o en una lengua extranjera, sobre la que normalmente tendrá un dominio menor, influye en el desarrollo de la conversación así como en el comportamiento y las actitudes de los interlocutores.

Ejercicio 1

La siguiente lista contiene descripciones de comportamientos y prácticas que aparecen con frecuencia en una situación comunicativa.
Determinad con ayuda de la siguiente tabla si estos comportamientos son más bien característicos de alguien que está hablando en su lengua materna o de alguien que está usando una lengua extranjera.

Alguien que habla en su lengua materna... / en una lengua extranjera...	muy característico del uso de lengua materna	más bien característico del uso de lengua materna	neutro	más bien característico del uso de una lengua extranjera	muy característico del uso de una lengua extranjera
... admite decisiones con más facilidad.	☐	☐	☐	☐	☐
... acepta propuestas rápidamente.	☐	☐	☐	☐	☐
... pide que le repitan las cosas.	☐	☐	☐	☐	☐
... encuentra difícil comunicarse.	☐	☐	☐	☐	☐
... tiene dificultades para intervenir en una conversación.	☐	☐	☐	☐	☐
... no sabe cómo interrumpir a alguien.	☐	☐	☐	☐	☐
... pide que le hablen más despacio.	☐	☐	☐	☐	☐
... tiene dudas.	☐	☐	☐	☐	☐
... no interviene aunque tenga algo que aportar.	☐	☐	☐	☐	☐
... no es consciente de las dificultades lingüísticas.	☐	☐	☐	☐	☐
... no siempre entiende lo que los otros participantes quieren decir.	☐	☐	☐	☐	☐
... reacciona más lentamente.	☐	☐	☐	☐	☐
... interviene espontáneamente.	☐	☐	☐	☐	☐
... habla rápido.	☐	☐	☐	☐	☐
... hace muchos gestos.	☐	☐	☐	☐	☐
... hace muchas propuestas.	☐	☐	☐	☐	☐
... toma la dirección de la reunión.	☐	☐	☐	☐	☐
... habla lentamente.	☐	☐	☐	☐	☐
... usa frases simples.	☐	☐	☐	☐	☐
... se cansa rápidamente.	☐	☐	☐	☐	☐
... tiene problemas de concentración.	☐	☐	☐	☐	☐
... escucha más que habla.	☐	☐	☐	☐	☐
... habla más que escucha.	☐	☐	☐	☐	☐

Interkulturelle Kompetenz – Spanisch
ISBN 978-3-12-536961-0

Ejercicio 2

Existen técnicas y estrategias que pueden ser útiles para comunicarse en una lengua extranjera. Discutid sobre la siguiente lista: en vuestra opinión, ¿qué estrategias son las más útiles para hacerse entender en una lengua extranjera? ¿Por qué? Completad la lista si se os ocurren más estrategias.

	muy útil	bastante útil	neutro	poco útil	nada útil
Adaptar la velocidad a la que se habla	☐	☐	☐	☐	☐
Hacer muchas preguntas	☐	☐	☐	☐	☐
Estructurar lo que se dice de manera lógica	☐	☐	☐	☐	☐
Dar resúmenes frecuentes de lo que se ha dicho	☐	☐	☐	☐	☐
Hacer gestos	☐	☐	☐	☐	☐
Cerciorarse de que los otros han entendido	☐	☐	☐	☐	☐
Mostrar a los otros que se ha entendido (por ejemplo asintiendo con la cabeza)	☐	☐	☐	☐	☐
Evitar la ironía y el sarcasmo	☐	☐	☐	☐	☐
Visualizar las ideas	☐	☐	☐	☐	☐
Usar frases simples	☐	☐	☐	☐	☐
Usar palabras que se empleen internacionalmente	☐	☐	☐	☐	☐
Traducir a una tercera lengua (por ejemplo inglés) en caso de duda	☐	☐	☐	☐	☐
Tener un diccionario a mano	☐	☐	☐	☐	☐
Afrontar con humor las dificultades lingüísticas	☐	☐	☐	☐	☐
	☐	☐	☐	☐	☐
	☐	☐	☐	☐	☐
	☐	☐	☐	☐	☐
	☐	☐	☐	☐	☐
	☐	☐	☐	☐	☐
	☐	☐	☐	☐	☐
	☐	☐	☐	☐	☐
	☐	☐	☐	☐	☐
	☐	☐	☐	☐	☐
	☐	☐	☐	☐	☐

Interkulturelle Kompetenz – Spanisch
ISBN 978-3-12-536961-0

Para tener éxito en la comunicación / Für eine gelungene Kommunikation

Verschiedene Übungen geben den Schülern Raum, sich mit non- und paraverbalen Kommunikationsfaktoren auseinanderzusetzen und diese zu reflektieren.

Lernziele / Kompetenzen
- Sensibilisierung für die eigenen kommunikativen Stärken
- Reflexion über die Wirkung non- und paraverbaler Kommunikation
- Entwicklung von Strategien für eine gelungene (interkulturelle) Kommunikation

Organisatorisches	
Dauer	45 Minuten
Sozialform	Kleingruppen- und Partnerarbeit; Einzelarbeit
Material	• Arbeitsblätter • Kärtchen für Aussagen, Strategien
Unterrichtssprache	Spanisch / Anfänger auf Deutsch

Durchführung
Zur Hinführung zum Thema ist es hilfreich, wenn sich die Schüler zunächst mit ihrem eigenen Kommunikationsverhalten auseinandersetzen. Dazu erhalten sie die Aufgabe, in Kleingruppen darüber nachzudenken, wo im Bereich der Kommunikation und Gesprächsführung ihre Stärken liegen. Es kann beispielsweise sein, dass sie gut zuhören, logisch argumentieren, den Gesprächspartner ausreden lassen können, höflich und freundlich im Gespräch sind usw. Jeder Schüler sollte mindestens drei Aspekte nennen.
Da es den Schülern häufig leicht fällt, ihre Schwächen anzugeben, aber sehr schwer, die Stärken zu benennen, ist dies eine gute Übung zur Selbstreflexion.
Nach der Arbeit in Kleingruppen berichten die Schüler im Plenum kurz über ihre Stärken.
Nach dieser Hinführung erledigen die Schüler allein oder in Partnerarbeit Aufgabe 1 auf dem Arbeitsblatt, die auf ihre Vorstellungen und Einschätzungen von verbalem, paraverbalem (Intonation, Lautstärke, …) und nonverbalem Verhalten abzielt. Bei dieser Aufgabe sollen die Schüler sich darüber bewusst werden, wie sie Menschen einschätzen, die beispielsweise beim Reden ihr Gegenüber nie anschauen oder sehr laut oder monoton sprechen. Wenn zeitlich möglich, können die Ergebnisse im Plenum besprochen werden.
Im Anschluss daran werden für die Bearbeitung von Aufgabe 2 Vierergruppen gebildet. Nun wird zuerst überlegt, welches kommunikative Verhalten für die Lösung von Konflikten sinnvoll sein kann. Danach erarbeitet jede Vierergruppe ein Ranking der Fähigkeiten, die für gelungene Kommunikation benötigt werden. Die Ergebnisse werden jeweils im Plenum präsentiert.

Auswertung
In Aufgabe 1 setzen sich die Schüler häufig erstmals mit der Wirkung non- und paraverbaler Kommunikation auseinander. Es geht vor allem darum, Raum für Diskussionen zu geben, wenn die Schüler ein bestimmtes Verhalten anders wahrnehmen als ihre Klassenkameraden. Ebenso brauchen sie Zeit, um ihre Einschätzungen mit Beispielen zu begründen.
Auch bei Aufgabe 2 geht es weniger um das Ergebnis als vielmehr um die Diskussion der Schüler. Deshalb sollte auch während der Gruppenpräsentation genügend Zeit gelassen werden, um Unterschiede und Gemeinsamkeiten aufzudecken.

Variante
zu **Aufgabe 1**:
Falls genügend Zeit zur Verfügung steht, kann das paraverbale und nonverbale Verhalten je nach Klassenstärke auch praktisch ausprobiert werden. Dazu werden die Verhaltensweisen aus Aufgabe 1 auf Kärtchen notiert. Die Hälfte der Klasse erhält ein Kärtchen, auf dem dann z. B. steht: «Miras constantemente a los ojos a tu interlocutor.» etc.
Die Schüler erhalten nun den Auftrag, z. B. über ihre Pläne für das nächste Wochenende oder ihren letzten Kinobesuch zu sprechen und nacheinander mit mindestens drei Klassenkameraden ins Gespräch zu kommen. Dabei verhalten sich die Schüler, die ein Kärtchen haben, während des gesamten Gesprächs so, wie es auf dem Kärtchen steht.
Im Anschluss daran wird im Plenum darüber gesprochen, wie sich beide Schülergruppen in diesen kurzen Gesprächen gefühlt haben und woran das gelegen haben könnte.

Varianten zu **Aufgabe 2:**

- Als Alternative zu dieser Aufgabe bietet es sich an, vorab die Voraussetzungen für eine gelungene Kommunikation auf Moderationskarten zu notieren und einen Satz Moderationskarten pro Gruppe auszugeben. Somit können die Ergebnisse an Stellwände gepinnt werden, um Ähnlichkeiten und Unterschiede bei der Bewertung besser zu veranschaulichen.
- Sollte mehr Zeit zur Verfügung stehen, kann die zweite Aufgabe von den Schülern selbst entwickelt werden, indem sie zuerst überlegen, was für sie eine gelungene Kommunikation auszeichnet und was sie dafür können müssen. Die Ergebnisse werden gesammelt und dann von jeder Gruppe auf Moderationskarten übertragen. Jede Gruppe erstellt wieder ihr eigenes Ranking und präsentiert es.

Vertiefung

- Thematisch lassen sich gut folgende Übungen anschließen:
  04 ¡Entenderse por señas! La comunicación no verbal en español / Mit Händen und Füßen sprechen – Nonverbale Kommunikation auf Spanisch
  16 El tono hace la música / Der Ton macht die Musik (Intonation / Körpersprache)
  17 Hasta aquí... La proxémica, la lengua del espacio / Nähe und Distanz – Proxemik, die Sprache des Raumes
  18 Los estilos de comunicación / Kommunikationsstile
- Die Übung bietet sich ebenfalls gut an, um folgende (Simulations-)Übungen vorzubereiten:
  15 El mapa incompleto / Der verrückte Stadtplan
  24 Los de Villarriba se reúnen con los de Villabajo: una simulación intercultural / „Villarribas" und „Villabajos" – Eine interkulturelle Simulation
  25 En casa de los «Bum-Bum-Boas»: una simulación intercultural / Bei den „Bumm-Bumm-Boas" – Eine interkulturelle Simulation

Hoja de ejercicios / Arbeitsblatt

Ejercicio 1

Si tienes un diálogo con una persona que, por ejemplo, habla de forma muy monótona, puede ser que te aburras rápidamente. En la columna izquierda de la tabla que sigue a continuación encontrarás diferentes maneras posibles de comportarse durante una conversación.
¿Qué impresiones te dan estos comportamientos? Completa la columna de la derecha. Si no entiendes las palabras, consúltalas en un diccionario o pregunta a tu profesor.

	Si alguien…	eso da la impresión de que la persona o lo que dice la persona…
a)	… habla de manera monótona,	… *es aburrido / aburrida.*
b)	… habla en voz muy baja,	
c)	… se sitúa lejos de mí,	
d)	… habla remarcando cada palabra,	
e)	… aprieta mucho al darme la mano,	
f)	… hace pausas largas cuando habla,	
g)	… habla conmigo sin un ápice de sonrisa,	
h)	… me mira constantemente a los ojos,	
i)	… habla con voz muy grave,	
j)	… no para de mirar a la pared que hay detrás de mí cuando habla conmigo,	

¿Hay grandes diferencias entre las respuestas de tu clase?

Ejercicio 2

a) Hablar y entendernos con otras personas es algo que solemos considerar natural e intuitivo, sin embargo con frecuencia nos vemos envueltos en situaciones comunicativas que acaban en un conflicto o en un malentendido. En grupos pequeños, pensad en situaciones en las que hayáis tenido conflictos o malentendidos, en las que os hayáis sentido incómodos o tal vez otras personas se hayan molestado. Imaginad qué podríais haber hecho para llevar a buen término la comunicación en aquella situación.

Anotad como mínimo tres situaciones por cada grupo y haced propuestas para mejorar la comunicación en cada situación.

Interkulturelle Kompetenz – Spanisch
ISBN 978-3-12-536961-0

b) En grupos pequeños y con la ayuda de las siguientes afirmaciones, pensad qué es lo más importante en vuestra opinión para tener éxito en la comunicación. Haced después una clasificación de factores del más al menos importante.

Para una comunicación (intercultural) acertada, debería...

ser abierto / abierta	sonreír
hacer preguntas para recabar información	ponerme en el lugar de mi interlocutor
escuchar bien a mi interlocutor	ser cortés
ser paciente	ser capaz de hablar sobre un problema de forma educada y abierta
tener muy buenos conocimientos de la lengua de mi interlocutor	hablar lentamente
reformular lo que ya se ha dicho	expresarme con claridad
si hay problemas, no atacar a mi interlocutor, sino formular las frases en primera persona y tratar de explicar cómo percibo yo la situación	no decir las cosas nunca de forma demasiado directa
no sólo escuchar de forma pasiva, sino también participar en la conversación	aceptar que mi interlocutor se comunique de manera diferente a la mía

Interkulturelle Kompetenz – Spanisch
ISBN 978-3-12-536961-0

Un juego para terminar / Ein Spiel zum Schluss

In Form eines „Juego de la oca" kann eine größere Einheit mit mehreren Übungen aus dieser Sammlung abgeschlossen werden. Fragen zu einzelnen Übungen können je nach behandeltem Stoff weggelassen oder hinzugefügt werden.

Lernziele / Kompetenzen
- Wiederholung der behandelten Aspekte zur interkulturellen Kommunikation
- Ergebnissicherung

Organisatorisches	
Dauer	45 Minuten
Sozialform	Gruppen- und Partnerarbeit
Material	• Spielfeld in vergrößerter Kopie • Frage- und Ereigniskarten • Würfel und Spielfiguren
Unterrichtssprache	Spanisch / Anfänger auf Deutsch

Durchführung

Diese Übung greift Aspekte aller bisher behandelten Themen auf und bietet sich daher als Abschluss einer Unterrichtseinheit oder eines längeren Workshops an. Zu fast jeder Übung existiert mindestens eine Fragekarte. Der Lehrer kann diejenigen auswählen, die zum absolvierten Übungsprogramm gehören. Ggf. können auch weitere Fragen selbst ergänzt werden, z. B. wenn auch andere Themen behandelt wurden oder einzelne Aspekte vertieft werden konnten.

Der Spielablauf entspricht einem klassischen Würfelspiel – je nach geworfenen Augen rücken die Spieler (oder Spielerteams) vor und beantworten die Fragen auf den zu ziehenden Frage- oder Ereigniskarten.

Die Lösungen zu den Fragen der Fragekarten sind zunächst nicht lesbar, wenn die Karten an der eingezeichneten Linie geknickt werden.

Wenn auf der Karte nichts anderes angegeben ist, darf bei einer richtigen Antwort erneut gewürfelt werden. Sieger ist, wer als Erster das Ziel erreicht hat.

Tarjetas de acontecimientos / Ereigniskarten

¡Trabalenguas!

Yo como poco coco
como poco coco compro.

¡Trabalenguas!

Tres tristes tigres trillaban trigo
en un trigal.

¡Trabalenguas!

El cielo está enladrillado,
¿quién lo desenladrillará?
El desenladrillador que lo desenladrille
buen desenladrillador será.

Semana Santa

Tienes una cita en Sevilla, pero todos los caminos están cortados por las procesiones.
¡Pierdes un turno!

Has quedado con unos amigos para cenar. Os vais a reunir a las diez de la noche, como es habitual en España, pero aún son las siete.
¡Pierdes un turno!

Hoy se celebra el *Día de la Hispanidad*. Avanza una casilla por cada dos países hispanohablantes que puedes señalar.

Época de vacaciones en España

De finales de junio a finales de agosto los relojes van más despacio.
¡Pierdes un turno!

España y Alemania coinciden en su visión de la política europea.
Avanza dos casillas.

Has conseguido tomar a tiempo el AVE (Alta Velocidad Española = el ICE español), así que llegas a tu destino más rápido que con un tren de cercanías.
Avanza tres casillas.

Avanza una casilla si eres capaz de nombrar dos platos típicos españoles.

Has quedado con un compañero de trabajo español. Te confías pensando que un español siempre se retrasa y llegas veinte minutos tarde al lugar de encuentro. Pero el español estaba allí en punto y se ha ido porque no podía esperarte más. ¡Pierdes un turno!

Quieres ir a buscar a una amiga a su casa, pero en España, en los letreros de los timbres no vienen los nombres de los vecinos y tú, por desgracia, has olvidado preguntarle en qué piso y en qué puerta vive. ¡Pierdes un turno!

Interkulturelle Kompetenz – Spanisch
ISBN 978-3-12-536961-0

Juego de la oca

Salida

1 Toma una tarjeta de preguntas y responde a la cuestión.

2 Toma una tarjeta de preguntas y responde a la cuestión.

3 Toma una tarjeta de preguntas y responde a la cuestión.

4 Toma una tarjeta de acontecimientos y sigue las instrucciones.

Reglas del juego

1. Para este juego necesitáis una ficha por jugador o equipo y un dado. Podéis jugar individualmente o en equipos de dos a cuatro jugadores.
2. El primer jugador que saque un seis empieza la partida.
3. El turno de juego es en el sentido de las agujas del reloj. Cada jugador va tirando el dado y mueve su ficha tantas casillas como el número del dado que haya salido.
4. Si cae en una **casilla de preguntas**, el jugador tiene que tomar una **tarjeta de preguntas** y responder a la cuestión. Si la respuesta es correcta, puede seguir jugando. Si no, se acabó su turno y le toca al siguiente jugador.
5. Si cae en una **casilla de acontecimientos** tiene que tomar una **tarjeta de acontecimientos** y seguir las instrucciones que se indican.
6. Si cae en la **casilla de las ocas** dice «de oca a oca y tiro porque me toca», salta a la próxima casilla de ocas y vuelve a tirar el dado.
7. Si cae en la **casilla de los dados o del puente**, dice la frase correspondiente («de dado a dado porque soy soldado» o «de puente a puente porque me lleva la corriente»), salta a la próxima casilla de dados o de puente y ahí se acaba su turno. **Atención:** ¡el salto se realiza también si éste es hacia atrás!
8. Si cae en **la cárcel**, pierde un turno.
9. Si cae en **la muerte**, tiene que volver a la casilla de salida.
10. Gana el jugador que alcanza primero y con número **exacto** la casilla de llegada.
11. Si el número no es exacto, se retroceden tantas casillas como números sobren.

15 Toma una tarjeta de preguntas y responde a la cuestión.

16 «De oca a oca y tiro porque me toca»

17 Toma una tarjeta de preguntas y responde a la cuestión.

18 Toma una tarjeta de preguntas y responde a la cuestión.

19 Toma una tarjeta de preguntas y responde a la cuestión.

20 «De dado a dado porque soy soldado»

21 Toma una tarjeta de preguntas y responde a la cuestión.

22 «De puente a puente porque me lleva la corriente»

32 Toma una tarjeta de preguntas y responde a la cuestión.

33 Toma una tarjeta de preguntas y responde a la cuestión.

34 Toma una tarjeta de preguntas y responde a la cuestión.

Zu diesem Spielfeld gibt es auf der CD-ROM ◎ noch eine Farbversion (auch in DIN A3).

Interkulturelle Kompetenz – Spanisch
ISBN 978-3-12-536961-0

5
Toma una tarjeta de preguntas y responde a la cuestión.

6
Toma una tarjeta de preguntas y responde a la cuestión.

8
Toma una tarjeta de preguntas y responde a la cuestión.

9
Toma una tarjeta de preguntas y responde a la cuestión.

10
Toma una tarjeta de preguntas y responde a la cuestión.

11
Toma una tarjeta de preguntas y responde a la cuestión.

12
Toma una tarjeta de acontecimientos y sigue las instrucciones.

13
Toma una tarjeta de preguntas y responde a la cuestión.

14
«De dado a dado porque soy soldado»

23
Toma una tarjeta de preguntas y responde a la cuestión.

25
Toma una tarjeta de preguntas y responde a la cuestión.

26
Toma una tarjeta de acontecimientos y sigue las instrucciones.

27
Toma una tarjeta de preguntas y responde a la cuestión.

28
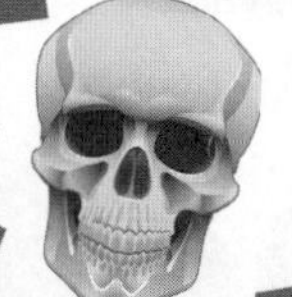
Muerte

29
Toma una tarjeta de preguntas y responde a la cuestión.

30
Toma una tarjeta de preguntas y responde a la cuestión.

31
«De puente a puente porque me lleva la corriente»

35
Toma una tarjeta de acontecimientos y sigue las instrucciones.

36
Toma una tarjeta de preguntas y responde a la cuestión.

37
Toma una tarjeta de preguntas y responde a la cuestión.

38
Toma una tarjeta de preguntas y responde a la cuestión.

Llegada

Interkulturelle Kompetenz – Spanisch
ISBN 978-3-12-536961-0

Tarjetas de preguntas / Fragekarten

Nach Ausschneiden der Fragekarten den Lösungsteil jeder Karte an dieser Linie nach hinten falten und die Kartenhälften ggf. zusammenkleben.

Ejercicio 01
¿Cuál es el orden de los platos en un menú español?

- ☐ Postre
- ☐ Primer plato
- ☐ Entrante
- ☐ Café
- ☐ Segundo plato

SOLUCIÓN

1. Entrante
2. Primer plato
3. Segundo plato
4. Postre
5. Café

Ejercicio 01
¿Cómo puedes rechazar la oferta de repetir un plato cuando alguien te invita a comer?

a) Dices que estás satisfecho y que no quieres repetir.
b) Alabas la comida y dices que ya no puedes más.
c) Aceptas que te sirvan el plato y lo dejas sin tocar sobre la mesa.

SOLUCIÓN

b) Alabas la comida y dices que ya no puedes más.

Ejercicio 02
Cuando entras en contacto con una cultura nueva, ¿cuáles de los siguientes elementos son apreciables inmediatamente?

a) Fiestas
b) Experiencias
c) Comportamiento
d) Expectativas
e) Historia

SOLUCIÓN

a) Fiestas
c) Comportamiento

Ejercicio 03
¿Cuál de estas tres cosas es desconocida en España? Explica para qué vale.

SOLUCIÓN

El «Frühstücksbrettchen» es una tabla individual para cortar alimentos (pan, queso) en el desayuno y en la cena. Protege la mesa y substituye al plato.

Ejercicio 03
¿Qué es esto? ¿Para qué se usa en algunos países de Latinoamérica?

SOLUCIÓN

Una guampa con bombilla se usa para tomar el mate, que es una infusión de yerba mate.

Interkulturelle Kompetenz – Spanisch
ISBN 978-3-12-536961-0

Tarjetas de preguntas / Fragekarten

Nach Ausschneiden der Fragekarten den Lösungsteil jeder Karte an dieser Linie nach hinten falten und die Kartenhälften ggf. zusammenkleben.

Ejercicio 04
Haz un gesto español que no sea conocido en Alemania.

SOLUCIÓN
Hay muchas soluciones posibles. En el ejercicio 4 del libro encontraréis un catálogo de gestos.

Ejercicio 04
«Estoy a dos velas».

Haz el gesto que corresponde a esta frase y explica su significado y en qué contextos se usa.

SOLUCIÓN
«No tengo nada». / «No tengo dinero».

Ejercicio 04
En Alemania se hace este gesto para regañar a los niños. ¿Qué gesto se usa en España para esto?

SOLUCIÓN
«Te vas a enterar». / «Te voy a dar».

Ejercicio 05
¿A qué valores o conceptos se refieren los siguientes refranes? Avanza una casilla por cada respuesta correcta.

a) Con pan y vino se anda camino.
b) Dar gato por liebre.
c) Que me quiten lo «bailao».

1. Verdad, integridad
2. Gozo efímero
3. Rectitud, justicia, humanidad

SOLUCIÓN
a) 3
b) 1
c) 2

Ejercicio 06
¿Cuál es la traducción correcta de las siguientes palabras españolas? Avanza una casilla por cada respuesta correcta.

a) El compás
b) El gimnasio
c) El cartón

SOLUCIÓN
a) der Zirkel
b) das Fitnessstudio; die Turnhalle
c) die Pappe

Interkulturelle Kompetenz – Spanisch
ISBN 978-3-12-536961-0

Tarjetas de preguntas / Fragekarten

Nach Ausschneiden der Fragekarten den Lösungsteil jeder Karte an dieser Linie nach hinten falten und die Kartenhälften ggf. zusammenkleben.

Ejercicio 08
Nombra tres cosas de tu «cápsula cultural» que pueden ser útiles para explicar tu cultura a alguien que no la conozca.

SOLUCIÓN
Recordad la «cápsula cultural» que preparasteis en el ejercicio 8.

Ejercicio 09
Nombra tres cosas que tengas en común con el jugador de tu izquierda.

Ejercicio 09
Nombra tres cosas que te diferencien del jugador de tu derecha.

Ejercicio 11
¿Por qué hay personas que hacen sus tareas una detrás de otra y otras que parece que intentan hacer todo al mismo tiempo?

a) Eso son sólo preferencias particulares.
b) Es por la cultura: los países del sur son monocrónicos y los del norte policrónicos.
c) La cultura influye tanto como el carácter y las preferencias personales.

SOLUCIÓN
c) La cultura influye tanto como el carácter y las preferencias personales.

Ejercicio 13
Nombra los elementos de la «rueda de la percepción» en el orden correcto.

☐ Pensamiento
☐ Sentimiento
☐ Acción
☐ Percepción
☐ Interpretación

SOLUCIÓN
1. Percepción
2. Pensamiento
3. Sentimiento
4. Interpretación
5. Acción

Interkulturelle Kompetenz – Spanisch
ISBN 978-3-12-536961-0

Tarjetas de preguntas / Fragekarten

Nach Ausschneiden der Fragekarten den Lösungsteil jeder Karte an dieser Linie nach hinten falten und die Kartenhälften ggf. zusammenkleben.

Ejercicio 16
¿Cómo hacen estos animales en español?
Por cada uno que aciertes avanza una casilla.

a) La rana
b) La oveja
c) El perro

SOLUCIÓN
a) croac-croac
b) bee-bee
c) guau-guau

Ejercicio 17
¿Cómo se llama el lenguaje del espacio?

SOLUCIÓN
Proxémica

Ejercicio 18
Expresa el contenido de la siguiente frase en un estilo de comunicación indirecto.

«Me molesta la radio. ¡Apágala!».

SOLUCIÓN
Hay varias posibilidades.
Por ejemplo:
«¿Podrías bajar un poco la radio? Es que estoy estudiando y me desconcentra».

Ejercicio 18
Expresa el contenido de la siguiente frase en un estilo de comunicación más directo.

«Esa cazadora es muy original. Contrasta mucho con la camisa que llevas puesta, ¿no?».

SOLUCIÓN
«No te pongas esa cazadora. Es un poco rara y además no te sienta bien».

Ejercicio 19
¿Por qué dura el descanso del trabajo para la comida en España una hora u hora y media?

a) Porque los españoles comen muy despacio y luego duermen la siesta.
b) Porque comen muy abundante y luego no cenan.
c) Porque la comida cumple además la función de favorecer el intercambio social entre las personas.

SOLUCIÓN
c) Porque la comida cumple además la función de favorecer el intercambio social entre las personas.

Interkulturelle Kompetenz – Spanisch
ISBN 978-3-12-536961-0

Tarjetas de preguntas / Fragekarten

Nach Ausschneiden der Fragekarten den Lösungsteil jeder Karte an dieser Linie nach hinten falten und die Kartenhälften ggf. zusammenkleben.

Ejercicio 19
La mejor estrategia cuando vives en una sociedad con reglas distintas a las tuyas es…
a) … conocer y respetar las que afectan a la convivencia sin olvidar las propias.
b) … adaptarte lo más rápido posible a todas las reglas para amoldarse de la mejor forma posible a la sociedad.
c) … olvidar las reglas porque todas las sociedades son muy flexibles y pueden ajustarse a otras reglas.

SOLUCIÓN
a) … conocer y respetar las que afectan a la convivencia sin olvidar las propias.

Ejercicio 20
¿Cómo se puede traducir «Feierabend» al español?

SOLUCIÓN
«Feierabend» no se puede traducir al español. Evidentemente se puede hablar del «fin de la jornada de trabajo», pero no expresa lo mismo que la palabra alemana, porque frecuentemente en la cultura española la división entre la vida laboral y la privada es difusa.

Ejercicio 20
¿Los mexicanos son siempre impuntuales?
a) No, sólo cuando se trata de reuniones de trabajo, pues es algo propio del mundo de los negocios.
b) Sí, pero eso hay que comprenderlo porque tienen un estilo de vida muy relajado en todos los contextos y consecuentemente también en cuanto a la percepción del tiempo.
c) No necesariamente. La percepción de la puntualidad puede variar de una cultura a otra y depender de las personas y de las situaciones.

SOLUCIÓN
c) No necesariamente. La percepción de la puntualidad puede variar de una cultura a otra y depender de las personas y de las situaciones.

Ejercicio 21
En la cultura española las reglas se contemplan de manera flexible especialmente si…
a) … de este modo se mejora la calidad de vida.
b) … así se puede echar una mano a un compañero.
c) … alguien paga para que sea de esta manera.

SOLUCIÓN
a) … de este modo se mejora la calidad de vida.

Ejercicio 22
Si alguien dice:

«para mí es muy importante ser franco y decir siempre la verdad».

¿Cuál puede ser la otra cara de la moneda de esta actitud?

SOLUCIÓN
El interlocutor podría llegar a sentirse atacado o humillado.

Interkulturelle Kompetenz – Spanisch
ISBN 978-3-12-536961-0

Tarjetas de preguntas / Fragekarten

Nach Ausschneiden der Fragekarten den Lösungsteil jeder Karte an dieser Linie nach hinten falten und die Kartenhälften ggf. zusammenkleben.

Ejercicio 23
Nombra el valor contrario de los siguientes valores.
Avanza una casilla por cada respuesta correcta.

- Monocronía
- Objetividad
- Espontaneidad

SOLUCIÓN

- Monocronía ↔ Policronía
- Objetividad ↔ Subjetividad
- Espontaneidad ↔ Seguridad

Ejercicio 26
¿Verdadero o falso?
Avanza una casilla por cada respuesta correcta.
Usamos estereotipos para…

a) … clasificar la realidad y orientarnos en ella.
b) … describir a las personas como son realmente.
c) … reducir la complejidad de la vida real.
d) … formar nuestra identidad.

SOLUCIÓN

a) Verdadero
b) Falso
c) Verdadero
d) Verdadero

Ejercicio 27
Cita al menos tres cosas que te pueden ayudar a desenvolverte sin problemas en otra cultura.

SOLUCIÓN

Hay muchas. Echad un vistazo a la lista del ejercicio 27. Por ejemplo:
Por ejemplo:
- Ser abierto.
- Tener buenos conocimientos de la lengua del país.
- Atreverse a preguntar cuando no se entiende algo.

Ejercicio 28
Ordena las cuatro etapas del choque cultural.

☐ Crisis
☐ Adaptación
☐ Recuperación
☐ Luna de miel

SOLUCIÓN

1. Luna de miel
2. Crisis
3. Recuperación
4. Adaptación

Ejercicio 28
Cita al menos tres medidas que pueden servir para reducir el choque cultural.

SOLUCIÓN

Hay muchas. Mira la lista del ejercicio 28.
Por ejemplo:
Por ejemplo:
- No sentir vergüenza y reconocer que se está sufriendo un choque cultural.
- Escribir un diario.
- Hablar por teléfono o videoconferencia con familiares y amigos.

Interkulturelle Kompetenz – Spanisch
ISBN 978-3-12-536961-0

Tarjetas de preguntas / Fragekarten

Nach Ausschneiden der Fragekarten den Lösungsteil jeder Karte an dieser Linie nach hinten falten und die Kartenhälften ggf. zusammenkleben.

Ejercicio 29
Cita al menos tres estrategias útiles para comunicarse con éxito en una lengua extranjera.

SOLUCIÓN

Hay muchas. Mira la lista del ejercicio 29.

Por ejemplo:
- Adaptar la velocidad a la que se habla.
- Dar resúmenes frecuentes de lo que se ha dicho.
- Usar frases simples.

Ejercicio 30
Estás haciendo prácticas en España. Tienes un malentendido con los padres de tu compañero de intercambio debido a problemas de idioma. Cita tres estrategias posibles para mejorar la comunicación.

SOLUCIÓN

Hay muchas. Mira la lista del ejercicio 30.

Por ejemplo:
- Ser capaz de hablar del problema de forma educada y abierta.
- Ponerme en el lugar de los padres de mi compañero.
- Hablar en primera persona de cómo he entendido yo la situación.

Interkulturelle Kompetenz – Spanisch
ISBN 978-3-12-536961-0

Bildquellennachweis

Umschlagfotos: dreamstime.com (Galina Barskaya), **U1.2;** Fotolia.com (auremar), **U4.1;** Thinkstock (Hemera), **U1.1**

akg-images, Berlin, **74.1;** Avenue Images GmbH (Banana Stock), **71.3;** (Corbis RF), **95.1;** (Geoatlas), Hamburg, **57.1;** Corbis (Bernard Annebicque/Sygma), **71.4;** (JORGE SILVA/Reuters), Düsseldorf, **28.1;** Delango Studio (Antje Delater), Leipzig, **26.1;** Dream Maker Software (RF), Colorado, **67.2;** dreamstime.com (Hanmon), **28.2;** (Rozenn Leard), Brentwood, TN, **26.5;** Fotolia.com (Anyka), **84.5;** (Bertold Werkmann), **84.2;** (cesar), **79.1;** (chaiyon021), **35.1, 38.1;** (Coco), **162.1, 163.1;** (drubig-photo), **45.5;** (Gina Sanders), **75.2, 75.5;** (Gisela Schuemann), **26.2;** (Jeanette Dietl), **35.9, 38.9;** (Joerg Lantelme), **35.10, 38.10;** (JPC-PROD), **36.4, 39.6;** (Klaus Eppele), **27.1;** (La Gorda), **163.5;** (Paco Ayala), **84.4;** (Pf30), **36.2, 39.4;** (sandra3107), **84.3;** (slava296), **28.7;** (Stefanie Libera), **26.4, 164.1;** (UMA), **26.3;** (Yantra), New York, **27.2;** gemeinfrei, **28.3;** Geoatlas, **67.1, 67.4, 67.6;** (RF), Hendaye, **67.3;** Image Source (Imagesource), Köln, **75.7;** iStockphoto (Andipantz), **74.4;** (CREATISTA), **35.7, 38.7, 165.3;** (FernandoPodolski), **27.5, 164.4;** (Jason Stitt), **36.1, 39.3;** (kickers), **71.2;** (Laura Hart), **74.2;** (Michael Krinke), **98.1;** (Nikada), Calgary, Alberta, **74.3;** Klett-Archiv (Marc Javierre Kohan, Barcelona), **27.4, 84.1;** (Oliver Storz), **35.5, 36.7, 38.5, 38.5, 39.9;** (Thamphald/Titeca), Stuttgart, **35.3, 35.4, 35.12, 38.3, 38.4, 39.2;** laif (Pierre Adenis/GAFF), Köln, **71.1;** MEV Verlag GmbH, Augsburg, **162.2, 163.3;** NASA, Washington, D.C., **54.1;** PantherMedia GmbH (Konrad Bak), **71.5;** (Pathathai Chungyam), **75.3;** (Phovoi R), München, **32.3;** Schäflein, Katrin, Stuttgart, **27.3, 28.6, 35.11, 36.8, 39.1, 39.10;** shutterstock (Farsh), **163.6;** (Aliaksei Smalenski), **164.3;** (CapPui), **45.6;** (Danussa), **162.3, 163.4;** (kikujungboy), **28.4;** (LongQuattro), **45.1;** (Mmarcol), **36.5, 39.7;** (mtlapcevic), **45.7;** (Nelia Sapronova), **45.3;** (Ruslan Grumble), **164.2;** (Seamartini Graphics), **45.4;** (StockLite), **98.2;** (Sunny_baby), **35.6, 38.6, 38.6;** (tmcphotos), **163.2, 165.2;** (Tom Bird), New York, NY, **84.8;** Thinkstock (Brand X Pictures), **32.1;** (Digital Vision), **28.5;** (Giuseppe Perrone), **84.7;** (Hemera), **95.3;** (iStockphoto), **36.6, 39.8, 75.1, 75.6;** (LuminaStock), **75.4;** (Photodisc), **95.2;** (Stockbyte), **32.2;** (Top Photo Group), **71.6;** (Tracy Hebden), **84.6;** (Wavebreak Media), **67.5;** (XiXinXing), München, **45.2;** Wiener, Bibiana, Bochum, **35.2, 35.8, 36.3, 38.2, 38.2, 38.8, 39.5, 45.8, 165.1, 166.1**

Sollte es in einem Einzelfall nicht gelungen sein, den korrekten Rechteinhaber ausfindig zu machen, so werden berechtigte Ansprüche selbstverständlich im Rahmen der üblichen Regelungen abgegolten.